敢闯会创东大人

——东北大学创新创业典型案例

主　审　王　强

主　编　李　鹤　黄　达　顾晓薇

东北大学出版社

·沈　阳·

ⓒ 李 鹤 黄 达 顾晓薇 2025

图书在版编目（CIP）数据

敢闯会创东大人：东北大学创新创业典型案例 / 李鹤, 黄达, 顾晓薇主编. -- 沈阳：东北大学出版社, 2025.9. -- ISBN 978-7-5517-3771-5

Ⅰ. G647.38

中国国家版本馆 CIP 数据核字第 2025SW4300 号

出 版 者：东北大学出版社
　　　　　地址：沈阳市和平区文化路三号巷 11 号
　　　　　邮编：110819
　　　　　电话：024-83683655（总编室）
　　　　　　　　024-83687331（营销部）
　　　　　网址：http://press.neu.edu.cn
印 刷 者：辽宁一诺广告印务有限公司
发 行 者：东北大学出版社
幅面尺寸：170 mm×240 mm
印　　张：15
字　　数：276 千字
出版时间：2025 年 9 月第 1 版
印刷时间：2025 年 9 月第 1 次印刷
责任编辑：段慧亚
责任校对：薛璐璐
封面设计：潘正一
责任出版：魏　巍

ISBN 978-7-5517-3771-5　　　　　　　　　定　价：60.00 元

编委会

主　审：王　强

主　编：李　鹤　黄　达　顾晓薇

副主编：张青敏　石　天　朱翠兰　王　平
　　　　杨　喆　逄　锐　钱祎琳　吕宏岩

编　委：邓庆绪　霍　楷　陆志国　丛德宏
　　　　边　家　黄　谦　宋　行　徐永超
　　　　张大禹　储逸尘　冯彦宾　王儒超
　　　　夏晨越　雷传澳　曾　振　龚佳乐
　　　　刘照松　孙兆舆　张克胜

徐永超以沉着的创新精神和实干突破，坚定追逐梦想，展示了不屈不挠的意志；张大禹在创业的艰辛旅途中始终保持着积极向上的态度，激励着身边的团队成员；储逸尘的仿生水下机器人开启了智慧渔场新时代，推动了渔业科技的发展；冯彦宾坚守初心，致力于国家安全与健康，为社会提供了实际帮助；王儒超和夏晨越通过坚持与刻苦，展现了青年学子的责任与担当，充分彰显了矢志报国的青春力量；雷传澳与曾振共同追寻梦想，制定人生规划，展现了对未来的坚定信念，成为后辈的榜样……他们以勇敢无畏的姿态积极应对挑战，展现出东大人独特的创新精神和卓越追求，为社会发展注入了强大动力。

"师者，所以传道受业解惑也。"在教书育人的神圣职责之外，更有师者以不凡之志，将智慧与热情倾注于创新创业的浪潮中。霍楷心怀艺术梦想，推动了文化创新，使艺韵绽放；丛德宏以匠心精神，有效结合科技，成为产业的先锋；陈猛致力于培养精英结构师，推动土木工程的智能化，推进行业发展的现代化进程；陆志国将理想付诸实践，带领学子共筑科技之梦。

校友是一所大学的名片，校友对于社会发展和民族复兴所作的贡献是高校人才培养工作的高度体现。东大校友在各领域百花齐放，百家争鸣。刘积仁以梦想和危机感不断探索，打破国外垄断，创造了多项中国第一；王魁汉以三代东大人的情怀和大国工匠精神致力于实业报国，激励后辈不断追求卓越；庞新星使非洲百姓享受数字电视的便利，积极传播中国文化和中国声音，搭建起中非合作的友谊之桥；雷龙则以爱为动力，走出了一条独特而充满挑战的有机农业创新之路；刘载望勇立潮头，不畏艰难，以卓越的贡献引领建筑行业的中国高度；吴景晖成功研发"超高纯钛"，为中国制造增添了强大的竞争力；郎光辉践行绿色发展理念，建立了世界一流的碳材料企业，为可持续发展贡献了力量；高始兴成为人工智能语言技术领域的创新者和开拓者，为未来科技发展储备了人才；陈潮先敏锐捕捉市场趋势，引领高端智造行业创新发展。

一批批优秀的东大学子、教师、校友，以教育为基、创新为翼，不仅在学术殿堂里点亮智慧之光,更在时代浪潮中勇立潮头,共同书写了东北大学辉煌的创新创业篇章,为社会的进步与发展贡献了不可磨灭的力量。

一路走来,每名东大人都始终坚守初心使命,以国家赋予的责任为重,将深厚的家国情怀融入血脉。面对科技领域的重重挑战,他们展现出坚定不移的探索精神和与时俱进的创新意识。东大人秉承严谨求实的学术态度,勇于攀登科技高峰,不断追求卓越,以实际行动践行着对国家和社会的崇高责任感。他们的奋斗与成就,不仅彰显了东大人的精神风貌,更是在当代以创新创业推动社会进步的浪潮中树立了光辉典范,激励着更多人投身到推动国家进步和社会发展的伟大事业中。

"长风破浪会有时,直挂云帆济沧海。"每名东大人,必将在未来的征程中坚定信念,勇敢追梦。在追求卓越的道路上,东大人携手并进,续写新的篇章,为推动东北全面振兴、推进中国式现代化作出新的更大贡献!

编委会

2025 年 1 月

目　录

学生篇

黄谦：逐梦科技路，创新前行，竞赛舞台绽放青春光芒 …………… 003

宋行：以韧性驱动，认知跃迁，以创新重构技术边界 ……………… 011

徐永超：创新沉着，实干突破，矢志创新，追逐梦想 ……………… 019

张大禹：创业路漫漫，风雨载途中 …………………………………… 025

储逸尘：仿生水下机器人开启智慧渔场新时代 ……………………… 031

冯彦宾：坚守初心，护国重安康 ……………………………………… 038

王儒超：热爱，就坚持下去 …………………………………………… 045

夏晨越：勤学刻苦不负青春梦想，科研创新尽显青年担当 ………… 051

雷传澳：以梦为马，在东大绽放青春的N种可能 …………………… 057

曾振：漫漫创业路，荆棘亦成花 ……………………………………… 062

龚佳乐：初心如磐，奋楫笃行 ………………………………………… 070

刘照松：奋斗中的星光，终将点亮追梦之路 ………………………… 076

孙兆舆：守护绿水青山，圆梦创业之路 ……………………………… 084

张克胜：创新驱动，智慧转型 ………………………………………… 089

教师篇

霍楷：我心有梦，艺韵芬芳 …………………………………………… 099

丛德宏：匠心筑梦，科技领航 ………………………………………… 105

陈猛：培育精英结构师，推进土木智能化 …………………………… 111

陆志国：理想付诸实践，勤勉共铸科技育人巅峰 …………………… 117

邓庆绪：代码为犁，耕凿科技新境 …………………………………… 125

校友篇

刘积仁：梦想和危机感让我越走越远…………………………………… 133
王魁汉：三代东大情，一生报国志……………………………………… 144
庞新星：让非洲百姓享受数字电视的美好……………………………… 156
雷龙：由爱而始的创业之路……………………………………………… 168
刘载望：江河载望千帆过，激流勇进万里程…………………………… 179
吴景晖：让"超高纯钛"贴上"中国制造"标签……………………… 192
郎光辉：践行绿色发展理念，打造世界一流碳材料企业……………… 202
高始兴：理工院校孕育人工智能创新者………………………………… 207
陈潮先：预判发展大势，引领潮流之先………………………………… 216

参考文献…………………………………………………………………… 227
后　　记…………………………………………………………………… 230

学生篇

黄谦：逐梦科技路，创新前行，竞赛舞台绽放青春光芒

  在 T-DT 团队的旗帜下，黄谦与队友携手共进，探索科技的前沿。他们在全国大学生机器人竞赛中，凭借团队的智慧与协作，一举斩获全国总冠军，用青春和创新书写了辉煌的篇章。在技术攻关阶段，他们在教师的指导下，锲而不舍地攻克一个又一个难题；在比赛现场，他们沉着冷静，以不屈的信念面对劲敌。黄谦始终坚守初心，与团队共同将技术与梦想紧密相连，通过不懈努力推动机器人领域的发展。这份荣耀是个人成长的见证，是 T-DT 团队师生共同奋斗的成果，更是东北大学"双创"教育多年努力的结晶，为后续的创新实践积累了宝贵的经验与信心。

——题记

梦想启航

  在黄谦的少年时代，他的世界因一档名为 ABU Robocon 的机器人竞赛节目而发生了深刻的变化。那时，他第一次在电视屏幕上看到由大学生设计、制作出的精巧而灵动的机器人。每个机器人都展现了不同的智能和创造力，这些科技作品不仅是技术的结晶，更是无限梦想的象征。黄谦被这些充满奇思妙想的机器人深深吸引，从那一刻起，他心中种下了一颗"学习机器人技术、为中国机器人事业贡献力量"的梦想种子。

  为了实现这一目标，黄谦付出了极大的努力。他不仅在学业上全力以赴，还积极参加各种与机器人相关的课外活动和竞赛，通过实践机会不断提升动手能力和工程思维，为未来学习生涯奠定坚实基础。黄谦坚信，成功的关键在于

坚持不懈地努力和对目标的执着追求。

进入高中后，黄谦的目标更加明确。他了解到东北大学不仅在国内机器人技术领域稳居领军地位，而且其机器人竞赛和相关科研项目更是始终站在技术前沿。黄谦深知，只有在这样高水平的学术环境中，才能真正实现他的梦想，为机器人技术的发展贡献力量。因此，他将考入东北大学作为自己奋斗的目标。

高考后，黄谦如愿考入东北大学。大学生活中，他始终没有放弃对机器人梦想的追求，开始积极参与各种机器人相关的课外活动和科研项目。2017年，东北大学学生科学技术协会举办"建龙钢铁"机器人竞赛。这一赛事吸引了来自各学院的机器人爱好者和技术精英，黄谦对此充满期待，他与几名同班同学组建了一支参赛队伍并担任队长。在比赛中，黄谦充分发挥了自己在机械设计和嵌入式开发方面的专长，带领队伍不断克服技术难题，最终赢得比赛的冠军。

黄谦在比赛中的出色表现引起了T-DT团队的关注。T-DT团队是东北大学机器人技术领域的精英团队，致力于推进前沿机器人技术的研究和应用。凭借在比赛中的优异成绩和扎实的技术基础，黄谦被T-DT团队吸纳为成员。此后，他在团队中得到更加深入的学习和实践机会，跟随经验丰富的师兄探索机器人技术的更多可能性。

在T-DT团队的培养下，黄谦参与多项机器人竞赛活动。其中，在T-DT团队组织的全国大学生机器人大赛RoboMaster机甲大师超级对抗赛东北大学选拔赛中，黄谦凭借丰富的竞赛经验和出色的工程能力，再次获得冠军。这一成就不仅展示了他的技术水平，也证明了他在团队合作和领导力方面的卓越能力。最终，黄谦凭借在校内选拔赛中的优异表现，正式成为了T-DT团队的一员，征战全国大学生机器人大赛。

逐梦竞赛

（一）研发不止，创新破难关

在T-DT团队中，创新不仅是一种理念，更是一种行动力。每次竞赛，都是一次全新的挑战，团队成员在机械设计、电子控制、视觉算法等多个技术领域，不断追求突破，用汗水和智慧浇筑了一个个卓越的成果。

在技术攻关的过程中，指导教师陆志国和刘冲的点拨起到了关键作用。他们不仅是团队的引路人，更是创新的启迪者。在2019年全国大学生机器人RoboMaster赛季中，各大战队普遍面临战车推进乏力的问题，尽管这是一个困扰多支队伍的技术难题，团队仍步步为营，攻克了这一重大阻碍。这一技术的成功，不仅展示了团队的创新能力，更证明了他们在面对挑战时敢于打破常规、敢于尝试新方案的决心。

在指导教师的影响下，T-DT团队始终保持着创新的底色。他们的创新思想不仅仅停留在想法阶段，而是通过艰苦的研发，将这些创新变为现实，每个技术难关的突破，都是团队成员集体智慧的结晶。他们往往在最为关键的时刻，拿出令人惊艳的解决方案，使整个赛场为之瞩目。

然而，创新不仅依赖于灵感和智慧，更需要团队的共同努力。T-DT团队拥有一支优秀而又刻苦努力的研发队伍，正是有了这些默默付出的成员，才能将创新的想法转化为具体的技术成果，他们在每个细节上都一丝不苟，用无数个不眠之夜，换来了团队在赛场上的辉煌。

（二）团队协作，竞赛摘星辰

近年来，T-DT团队不仅在技术上取得了长足进步，也在赛场上展现出了强大的战斗力。一路走来，他们几乎未尝一败。然而，随着比赛的深入，挑战也愈发严峻，在2019年全国大学生机器人大赛RoboMaster超级对抗赛全国总决赛，那场令每名队员铭记一生的半决赛中，T-DT团队对阵的是昔日的总冠军电子科技大学机器人队。

电子科技大学机器人队以其强大的实力和精准的操作而闻名。比赛一开始，他们便展开了凌厉的攻势，频频冲击T-DT团队的防线，将队伍逼到了将要被淘汰出局的悬崖边缘。东北大学T-DT团队此时已经连输两局，按赛制规定，只要再失一局，团队就将无缘决赛，在这种情况下，队员难免感到压力和紧张。

然而，T-DT团队之所以能够走到今天，靠的不仅是个人的技术和能力，更是整个团队的紧密协作。每当场间休息的时刻，机械组的队员便立即着手修复机器人的损伤，电子控制组则快速排查系统故障，负责设备维护的同学也会检查电池和其他关键部件的状态，确保机器人性能万无一失，整个团队像一台精密的机器，每个部分都在紧密配合，共同为最终的胜利而努力。

在这个过程中，团队成员配合无间，操作手在战术讨论时，其余的机械、电控、视觉队员就会紧锣密鼓地检修车辆、维护设备，确保每台机器人都保持在最佳状态。每个人都知道，他们肩负的不仅是自己的任务，更是整个团队的荣誉，在这种默契和协作的推动下，T-DT团队一次又一次从危机中化险为夷。

就在队员紧张不安的时候，指导教师陆志国和刘冲站了出来。他们用温和而坚定的语气安抚着每名队员，鼓励他们勇敢面对强敌，并提醒他们之前艰苦训练中的点滴积累。老师的支持让队员重新找回了信心和勇气，陆老师的一句话深深印在了每个人的心中："我们已经走到这一步，接下来就放手一搏，哪怕失败，我们也要无愧于心。"这些话语如同灯塔一般，为迷茫的队员指引了方向。此时，黄谦负责操作的英雄机器人承担起了更加重要的任务。他的英雄机器人在前几局中虽然屡次受创，但每次都在团队成员的协作下迅速修复，再次投入战斗。他明白，在关键时刻，自己必须站出来。黄谦一次又一次地操作英雄机器人冲锋在前，积极寻找对方防线的弱点，并利用他设计的远程射击功能精准打击敌方基地的装甲板，这不仅是为了赢得比赛，更是为了给队友树立信心。

进入第四局，T-DT团队依旧面临着巨大的压力。这个局面下，操作手反复讨论如何应对对方的进攻策略，他们调整战术，寻找突破口。而在他们讨论战术的同时，其他队员则紧锣密鼓地检修设备，确保每台机器人都在最佳状态。每个人都知道，这一局的胜利至关重要，不仅关乎这场比赛的成败，更关乎整个团队的荣誉。

在老师们的鼓励下，黄谦和他的队友重新振作，以更加坚定的信念投入到比赛中。他们默契配合，每个人都尽全力去做好自己的工作。在场下，指导老师继续为队员提供战术上的支持和心理上的鼓励，让他们在赛场上充满自信。终于，在第四局比赛中，T-DT团队成功扳回一局，士气大振。

在决定胜负的第五局中，T-DT团队的每个人都全神贯注，在之前积累的信心和经验下，团队其他成员也发挥出色，凭借空中机器人的优异表现，T-DT团队最终以3∶2的总比分战胜了强大的电子科技大学机器人队，成功挺进决赛。

进入决赛后，T-DT团队已经彻底释放了压力，他们用最好的状态迎战上海交通大学机器人队。决赛中，空中机器人成为了团队的核心力量，每次的攻击都精准打击敌方基地，为地面部队赢得了宝贵的时间。与此同时，团队的其他成员也各司其职，默契配合，操作手在前线拼杀，机械、电控和维护团队的队员则在后台确保设备的正常运行。

正是以这种团结协作的精神，T-DT团队最终在决赛中击败了上海交通大学，赢得了2019年全国大学生机器人大赛RoboMaster机甲大师超级对抗赛全国总决赛的总冠军。回顾整个赛季，黄谦和他的队友深感骄傲，他们明白，这一切荣誉的背后，是整个团队共同努力的结果。T-DT团队就像一个温暖的大家庭，每名成员都在为团队的梦想贡献自己的力量，无论是在场上拼搏的选手，还是在场下默默付出的技术支持者，每个人都在用行动证明，只有团结一致、齐心协力，才能在激烈的竞争中摘下胜利的星辰。

（三）齐心协力，疫情中共进

2020年，新冠疫情给全球带来了巨大的冲击，也让T-DT团队的备赛工作陷入困境。面对突如其来的挑战，黄谦毅然选择留在团队，担任T-DT创新实验室的电控组组长和战队队长，他肩负起战队的组织管理和研发管理工作。在艰难时期，他带领团队成员继续前行，为技术传承和创新贡献力量。

疫情初期，战队成员被迫分散在全国各地，线下集训计划被打乱，传统备赛模式面临前所未有的挑战。黄谦深知，要在这种困境中保持团队的凝聚力和战斗力，必须迅速适应新的环境，寻找新的备赛方式。他积极与学校和指导教师沟通，调整备赛策略，将机器人和相关物资邮寄到各个队员家中，为他们创造良好的远程研发环境。

与此同时，黄谦组织线上协同备赛工作。他通过视频会议、线上协作工具等方式，确保团队的工作有序进行。每天，他都会与队员讨论当天的任务分配、技术难题及项目进展情况，确保每个环节都能顺利推进。虽然队员分散在不同的城市，但是团队始终保持着紧密的联系，互相支持，共同克服困难。

特殊时期，为让更多人有机会了解和学习机器人技术，同时让团队成员更扎实地掌握各个技术点，黄谦组织T-DT团队成员开办了面向东北大学全校学生的公益讲座，旨在让更多学生接触机器人技术，激发他们的兴趣。此次竞培营系列课程吸引了4000余人次观看，许多学生因此受益。这不仅是一次知识的传递，更是一次精神的激励，让更多学生在特殊时期感受到科技的魅力。

2020年7月，疫情逐渐得到控制，在校领导和创新创业学院的关怀下，黄谦和团队成员获准提前返校，继续备战2020年全国大学生机器人大赛RoboMaster。重返校园那一刻，队员戴着口罩，怀着久违的热情和坚定的信念，聚集在一起。尽管疫情的阴影尚未完全散去，每个人心中仍燃起了对梦想的执着和对胜利的渴望。

备赛期间，黄谦和队员重新搭建了比赛场地的木质结构，并铺设地胶。面对盛夏的炎热和紧张的时间压力，他们在烈日下挥汗如雨却毫无怨言，这不仅仅是为了比赛的胜利，更是为了团队荣誉和梦想延续。黄谦与25名队员在酷暑烈日下，保质保量完成了2020年全国大学生机器人大赛RoboMaster线上评审所需工作，再次展现了T-DT团队的坚韧和团结。

最终，T-DT团队以出色的表现在线上评审中蝉联全国冠军，获得12项全国一等奖，总成绩排名第一，各个方面的成绩也均名列前茅。黄谦带领团队在疫情期间克服重重困难，延续了东北大学T-DT团队在全国大学生机器人大赛中的传奇地位。

（四）老兵归队，重披铠甲再出发

2021年，全国大学生机器人大赛RoboMaster比赛规则发生重大变化，许多机器人需要重新设计和开发。新规则的出台带来了巨大的技术挑战，T-DT团队面临前所未有的研发压力。新赛季的任务艰巨、工作量大，尤其是对于技术研发的要求更加苛刻。团队中的新成员在经验和技术上都还不够成熟，导致在赛季初期的研发过程中出现了人手短缺、研发力量不足的困境。

关键时刻、临近毕业，离开赛场的黄谦得知了这些困难。往届老队员深知团队当前所面临的挑战，如果不迅速增强技术力量，T-DT团队的荣誉将面临巨大的风险，往届老队员毫不犹豫地决定回归团队，共同回到曾为之奋斗的研发一线。

黄谦回归后，立刻承担起了英雄机器人和空中机器人组的研发指导工作。这两个组的任务尤为艰巨，不仅需要对原有设计进行大幅调整，还要在新规则框架下寻找到创新的解决方案。作为曾经带领团队取得成绩的队员，黄谦深知，这些机器人在比赛中的重要性，他迅速梳理了现有的技术问题，与组员展开了详细的讨论，并根据他们的实际情况制定了切实可行的研发计划。

在技术指导的过程中，往届老队员不仅凭借自己丰富的经验为学弟学妹提供宝贵的建议，还在很多关键环节亲自上手参与研发。面对复杂技术难题，往届老队员总是耐心地与队员一起分析问题、寻找解决方案。无论是机械设计中的细节调整，还是电子控制系统的优化，往届老队员都倾注了大量的时间和精力。他们深知，这不仅仅是一次简单的技术迭代，更是团队在面对新规则、新挑战时能否延续辉煌的关键所在。

在新老队员的通力合作下，T-DT 团队最终成功完成了 2021 年全国大学生机器人大赛 RoboMaster 的研发任务。尽管面对的是一系列全新的挑战，团队依然在多个技术点上实现了突破，特别是在平衡步兵和工程机器人等兵种上取得了显著的技术进展，这些技术突破不仅使 T-DT 团队在比赛中展现出了强大的竞争力，也为整个赛事带来了新的亮点。

2021 年，T-DT 团队再次以卓越表现获得全国大学生机器人大赛 RoboMaster 全国一等奖。在颁奖的那一刻，黄谦看着台下的学弟学妹，心中感慨万千。于他来说，这不仅是一次回归，更是一种责任和使命的传承。他知道，自己和同届队员的机器人竞赛生涯或许已近尾声，但这份热爱与责任将继续在 T-DT 团队中延续下去。

谱写未来

2021 全国大学生机器人大赛 RoboMaster 最后一场比赛结束后，黄谦深知自己在东北大学的机器人竞赛生涯即将落下帷幕。但 T-DT 团队的创新与传承之路才刚刚开始。回顾过去几年的参赛经历，T-DT 团队意识到，团队的持续发展不仅依赖于现有成员的努力，还必须通过系统化的知识传承，帮助新成员迅速成长，延续团队辉煌。

担任队长期间，黄谦着手推动团队知识体系的文档化。T-DT 团队成员通过整理竞赛的开发经验和技术资料，并录制配套教学视频，将这些宝贵的内容分类、汇编成系统化文档，在全体队员团结协作下，资料不仅涵盖技术细节和操作流程，还包括团队协作的心得与应对挑战的策略。他们希望，通过这些详细记录，未来的队员能够少走弯路，更快掌握关键技能，从而缩短适应期，在有限的备赛期内为团队争取更多的研发时间。

T-DT 团队成员在队内技术文档的基础上，在陆志国、刘冲两名教师的指导下编撰了《RoboMaster 步兵机器人技术基础》一书。这本书凝聚了团队多年在机器人技术方面的研究与实践成果，还融入了他们在竞赛中总结而来的经验与技巧。T-DT 团队希望，这本书能够为新加入团队的成员提供丰富的知识储备和技术指引，帮助他们更好应对比赛当中的挑战。

团队的发展不仅依赖几位核心成员的共同努力，更需要全体队员的共同参与和贡献。黄谦深知，只有通过不断吸引和培养更多有理想、有志向、有能力的同学，才能为团队注入新活力。尽管大四学年学业繁忙，黄谦依然决定继续留在团队，担任技术顾问，他利用经验与知识，为团队中的学弟学妹提供支持。此外，应东北大学招生办及创新创业学院的邀请，黄谦担任了 2020 东北大学未来卓越人才 RoboMaster 2021 "疆来计划" 线上营的学生负责人。在这个新平台，黄谦向即将填报志愿的高三学子分享自己的经验与见解，展示东北大学的独特魅力，吸引更多有志青年选择东大作为他们的大学梦想之地。

他坚信，东北大学的机器人竞赛传奇将继续书写，而他的每一份努力，都是这段传奇中的一部分。正如他所说："我的机器人竞赛生涯可能已经结束，但 T-DT 团队技术创新的事业还要继续，东北大学的传奇也必须继续。"

创新之星

黄谦，男，东北大学信息科学与工程学院 2017 级电子科学与技术专业本科生；他积极参与竞赛，累计获得 14 项全国一等奖及以上荣誉。作为核心队员，在 2019 年全国大学生机器人大赛 RoboMaster 中获总冠军；作为 T-DT 团队队长，在 2020 年全国大学生机器人大赛 RoboMaster 中带队蝉联总冠军，创下校史最佳战绩，获得"优秀队长"称号；作为顾问及项目管理者，在 2021 年全国大学生机器人大赛 RoboMaster 中获全国一等奖；2020 年获美国大学生数学建模竞赛国际一等奖，申请专利 2 项、发表论文 1 篇，组织编撰专著 1 部；荣获辽宁省优秀毕业生、东北大学第六届学生创新创业"校长奖章"等荣誉称号，并受邀接受央视访谈。

宋行：以韧性驱动，认知跃迁，以创新重构技术边界

在科研创新的道路上，每名探索者的旅程都如同一次西天取经，怀揣着对未知世界的渴望，踏上科技创新的征途。科创之路，虽充满险阻，却也是磨砺智慧、成就梦想的必经之路。每次尝试、每次失败，都如同磨刀石上的砥砺，让认知更加深刻，让智慧之剑愈发锋利。在这条路上，我们或许会遇到重重困难，但正是这些挑战，让我们不断超越自我，最终收获的远不只是成功，更是一种无畏的精神和坚忍的品格。

——题记

科研启蒙：思维体系的奠基与构建

（一）学术生态的初始触达：关键人物对认知框架的塑造

2017 年，宋行带着满心的期待和一丝紧张，踏入东北大学的校门。这个全新的环境令他既感到新奇，又有些许困惑。毕竟，独立生活对他来说是一个全新的挑战。大学的课余时间，宋行没有选择宅在寝室消磨时光，而是决定走出舒适区，去探寻自己真正感兴趣的事物。他游走在校园的各个角落，参加各种社团活动，希望能够找到那个能让自己全身心投入的兴趣点。大学一年级是忙碌而充实的，宋行积极参与各类学生组织，从中学到很多宝贵的经验，不仅锻炼了领导能力，还通过实践不断摸索，试图找到属于自己的方向。就在这时，信息科学与工程学院的学长帮扶制度为他带来一个重要机遇，他有幸结识了王雪州学长，这位已经在学术和科创竞赛领域取得一定成就的学长，对宋行的成

长之路产生了深远的影响。在王雪州学长的引荐下,宋行加入了王琦教授指导的智能光电检测团队;该团队汇聚了一批优秀的科研人才,并已在光电检测领域取得了显著的成果。

(二)系统性科研训练:导师制下的方法论迭代

王琦教授一直以来都非常重视对本科生的培养,他相信科研的启蒙教育对学生的发展至关重要。王琦教授注重细节,体贴入微,每周,他都会抽出时间对宋行进行一对一的辅导,耐心地解答宋行在学习和研究中遇到的各种问题。不论是复杂的理论还是实验中的细节操作,王琦教授都详细地讲解和分析,让宋行能够在每个问题的讨论中有所收获。王琦教授这种严谨而又和蔼可亲的教学态度,令宋行深受感动和鼓舞。

此外,尽管研究所空间有限,但王琦教授还是在紧张的办公室里特意为宋行安排了一个独立的工位。这一举措不仅为宋行提供安静的学习环境,更让他感受到团队的重视。工位的安排也让宋行有机会和团队中的博士、硕士师兄师姐们紧密接触,融入了整个团队的日常生活和科研讨论之中。在这样的氛围中,宋行并没有因为自己是本科生而感到格格不入,相反,他觉得自己仿佛成为了团队一员,真正参与到科研最前线。师兄师姐对宋行也非常照顾,他们在学术上给予了宋行许多指导,从实验技巧到数据分析,再到论文写作,师兄师姐总是毫无保留地分享自己的经验和心得。生活中,他们更是时常关心宋行的状态,像朋友一样和他交流,帮助他解决各种生活上的小问题。这种无微不至的照顾和关怀,让宋行感受到大家庭般的温暖。他意识到,自己不仅在学术上受到了帮助和启迪,在生活和情感上也得到极大支持。这都让宋行对科研团队产生深厚归属感和认同感,也更加坚定他在科研道路上继续前行的决心。

在此环境中,宋行迅速成长,从最初迷茫无措,到后来逐渐能够独立思考和解决问题,王琦教授和师兄师姐对他的帮助和鼓励起到不可替代的作用。宋行感到,自己不仅在知识和技能上获得了提升,更重要的是,在这里他学会了如何与人相处,如何去面对挑战,如何在科研的道路上保持初心和热情。王琦教授对宋行的重视和支持,为宋行的大学生活增添了不可磨灭的色彩,也让他在未来的科研道路上有了更坚定的信念和更明确的目标。对宋行来说,加入这个团队就像遇到了良师,他不仅学到前沿的科研知识,还找到自己真正热爱的领域。

（三）研究路径的研学定位：跨学科视野下的领域聚焦

在团队众多良师的悉心指导下，宋行开始了生物光纤传感的研究。这项研究对于他来说既陌生又充满挑战，但也是一次极为珍贵的学习机会。最初接触生物光纤传感时，宋行面对大量复杂的文献和晦涩的专业术语，一度感到困惑和不知所措。然而团队良师从未让他独自面对困难。王琦教授和师兄师姐总是耐心地为他讲解基础原理，帮助他理解研究领域中的关键概念和前沿技术。王琦教授还特别鼓励他大胆提出问题，任何看似微不足道的疑问都值得深入探讨，因为科研的进步往往源于对细节的极致追求。

在团队引导下，宋行逐渐掌握生物光纤传感基础知识，学会如何设计实验，如何使用精密仪器，如何分析和解释数据。这些技能的掌握不仅是一次理论知识的积累，更是他动手能力和创新思维能力的提升。师兄师姐也给予他大量实践机会，带他参与项目中的每个环节，从实验方案的制定到数据的收集与处理，再到最后的成果汇报。每次参与、每次思考，都让宋行在这个全新的研究领域里逐渐找到了方向和信心。

在反复的实验和不断的学习中，宋行对生物光纤传感的理解逐步深入，他开始思考如何在现有的研究基础上进行创新，提出了自己的研究假设和实验设计方案。在一次次失败和改进中，宋行的科研思维变得更加缜密，科研态度变得更加严谨。在这个过程中，他不再只是被动学习者，而逐渐成为科研团队中的积极参与者甚至推动者。他的研究态度和能力得到了团队的认可，也为其未来在生物光纤传感领域的深入研究打下了坚实基础。这一切都让他在科研的道路上越走越坚定，越走越有信心。

技术攻坚：复杂系统的解耦与重构

（一）问题解构与分析：基于数据溯源的深度认知模型

在科研的道路上，宋行深知"火眼金睛"的重要性——这是一种能够洞察问题本质的能力。在开展生物光纤传感研究的过程中，他需要阅读大量的文献，理解并消化前人的研究成果。每天，除了上课的时间以外，宋行几乎把所有的精力都投入到实验室里,他常常钻研到深夜,灯光下的他埋头于厚厚的学术期刊与研究报告中,不断地分析、思考、比较各种技术难题。

这种大量的沉浸式科研学习仿佛是在烈火中锤炼。刚开始时,面对海量的信息和数据,宋行感到眼花缭乱,但他并没有因此退缩。相反,他主动向王琦教授和团队中的师兄师姐请教,不放过任何一个疑问,也不轻易跳过每个细节。在他们的帮助下,宋行逐渐学会如何高效阅读文献,如何从大量的资料中提取关键信息,如何辨别研究中的真伪优劣。他的阅读不再是单纯地浏览,而是带着问题和目的的深度探究。

随着时间的推移,在这些沉浸式的科研训练中,宋行逐渐锻炼出了自己的"火眼金睛"。他学会了透过现象看本质,能够迅速捕捉到研究中的核心问题和潜在的突破点。每当遇到实验中的困难时,他会查找相关的文献和实验记录,结合自己对问题的深入思考,找出症结所在,并提出解决方案。他的思维变得更加敏锐,对细节的把握也愈加精准,这种能力让他在科研过程中如虎添翼。

这种"火眼金睛"的能力不仅体现在文献的阅读和理解上,也在实际的实验操作中得到了充分的体现。在实验室中,宋行能够迅速发现在实验中出现的问题,判断是操作失误还是设备故障,并及时调整实验方案,这种洞察力帮助他在科研的道路上避免了许多弯路,提高了实验的效率和成功率。在日复一日的科研实践中,宋行体会到,科研就像是一场持久的修行,需要不断地学习和反思。他深知,只有经过烈火般的考验,才能锻炼出真正的"火眼金睛",见人之所未见,想人之所未想。

(二)分布式协作机制:群体智慧在技术突破中的涌现效应

在科研的探索中,宋行深刻体会到团队协作的重要性。在面对科研中的难题时,团队中的每名成员都贡献自己的智慧和特长,互相配合,共同寻找解决方案。在王琦教授的支持和鼓励下,宋行迈出了新的步伐,开始建立一个由本科生组成的科研团队。这个团队中,每个人都明确了自己的职责:有人专注于仿真模拟,精确验证理论的可行性;有人负责轮班进行实验,确保数据的完整性和准确性;还有人致力于整理和分析实验数据,最后大家齐心协力,共同撰写科研论文。

在这个过程中,团队成员之间的合作和默契逐渐加深,每个人都在各自的岗位上发挥着重要作用。他们的共同努力不仅推动了项目的顺利进展,也让每名成员在科研能力和团队精神上得到了极大的提升，宋行通过建立和领导这个团队，切实体会到团队协作的力量，以及集体智慧在科研突破中的巨大作用。这段经历不仅是宋行科研生涯的重要里程碑，也为他未来的其他工作提供了宝贵的经验。

能力跃迁：科研价值创立体化延伸

本科生开展科研工作，离不开学校提供的资源和支持。在科研的道路上，创新创业学院为宋行的科研项目提供了大量的资金支持，并鼓励他将科研成果拓展到论文之外，实现更广泛的应用和影响。在这种鼓励下，宋行在教师朱翠兰的指导和帮助下，开始尝试"学研产"结合的新路径。

宋行意识到，科研不仅仅是理论知识的积累和实验结果的总结，还应与实际应用紧密结合。他首先通过课堂学习夯实理论基础，然后在研究课题中深化对这些知识的理解。随着研究的深入，宋行逐渐产出了多篇高水平的论文和一些具有潜力的专利成果。然而，他并没有止步于此，而是大胆探索将这些科研成果转化为实际产品的可能性。

在朱翠兰老师的指导下，宋行和他的团队开始尝试产业化转型。这一过程充满挑战，需要不仅要有扎实的科研基础，还要有市场的敏锐洞察力和实际操作能力。从产品的概念验证到样品开发，再到小规模的市场试探，每步都需要细致地规划和执行。在这一过程中，宋行和团队成员学会了如何将学术研究与产业需求相结合，如何进行市场调研，如何进行产品优化，以及如何通过各种方式推广他们的创新成果。

通过这次"学研产"的尝试，宋行深刻体会到科研转化为实际应用的重要性。他不仅在专业知识和科研能力上得到了提升，还学会了如何从市场的角度看待科研成果的价值。这种跨越课堂、实验室和市场的全方位体验，为宋行提供了宝贵的经验，也让他在科研道路上有了更广阔的视野和更坚定的方向。

抗压性成长曲线：不确定性环境中的认知韧性培养

在东北大学的科创历程中，宋行取得了许多令人瞩目的成就。他凭借出色的学术表现和科研成果，两次荣获国家奖学金，这不仅反映了他卓越的学术能力，也体现了他在科研领域的显著贡献。在学术论文方面，宋行共发表了6篇SCI论文，其中4篇是以第一作者身份完成的，显示了他在研究领域的主导地位。

在专利方面，宋行的表现同样出色。他累计申请了14项专利，其中7项已成功获得授权，这些专利涵盖了他在研究中的关键技术和创新点。更值得一提的是，他成功将5项专利成果转让给企业，这不仅将科研成果转化为实际应用，还为相关企业带来了新的技术支持和商业机会。

宋行还在各类科技竞赛中表现优异。他在第八届中国TRIZ杯大学生创新方法大赛中获得了全国一等奖，这一荣誉体现了他在创新方法方面的卓越能力。在"挑战杯"竞赛中，他和团队荣获辽宁省金奖，这证明了他在科技创新和项目管理方面的出色表现。

然而，除了这些显著的成果外，宋行的个人能力的全面提升更加值得关注，在个人意志和性格方面经历了深刻的锤炼。在科创过程中，他不仅提升了自己的学术研究能力，还在项目管理、团队合作和沟通表达等方面得到了极大的锻炼。他学会如何在压力和挑战中保持专注，如何整合资源，如何在科研和实践中寻求创新突破。在科研道路上，宋行面临无数的挑战和困难，从最初的挫折和失败到最终的突破和成功，每步都考验着他的毅力和决心。实验中的重复失败、数据的反复验证以及复杂问题的持续攻关，这些都需要宋行具备强大的心理素质和坚定的信念。

在面对科研的压力和艰难时刻，宋行学会了如何调整心态，保持积极向上的态度。他从未轻言放弃，而是以更加坚韧的意志迎接挑战。每当遇到困难时，他总能从失败中吸取教训，从错误中找到改进的方向。宋行在反复尝试和不断调整中，逐渐培养出细致入微的观察力和不怕困难的拼搏精神。这种在挫折中坚持不懈、在压力下保持冷静的品质，让他在科研领域中脱颖而出，也为他的个人成长和未来发展打下了坚实的基础。

此外，宋行的团队合作精神和领导能力也得到极大的锻炼。他在带领本科生科研团队的过程中，学会如何调动团队成员的积极性，如何有效沟通与协调，如何在团队中发挥领导作用。他深刻体会到，科研不仅仅是个人的努力，更是团队的协作和共同奋斗。在团队合作中，他学会了尊重不同的意见，理解团队成员的需求，凝聚大家的智慧和力量。这种能力的提升，不仅增强了他的领导力，也使他在面对未来的挑战时更加从容自信。

价值觉醒：科研精神的元认知升华

在东北大学的科研历程中，宋行深刻体会到科研对自我价值的深远影响。无论未来他会不会继续从事科研工作，这段经历都无比珍贵，成为了他人生中一笔不可或缺的财富。科研不仅带来了丰厚的学术成果和奖项，更让他在个人成长和内心探索上获得了宝贵的体验。

在科研的道路上，宋行结识了许多可爱且值得尊敬的人。这些人不仅有他的导师和同事，还有那些在学术和生活中给予他帮助和支持的朋友。他们的智慧和热情激励着他，让他在科研的过程中感受到了团队的温暖和力量。这段经历让宋行在追求知识和突破的过程中，始终感到不孤单，时刻有人支持他、激励他前行。

这段科研经历也让宋行学会了如何无所顾虑地追求自己真正想做的事情。他在面对不确定性和挑战时，变得更加坚定和自信。他形象地比喻这段经历就像选择了在无人区探索，这意味着他需要勇敢地面对未知和风险，迎接恐惧与焦虑。在这过程中，他不仅学会了如何应对这些情绪，还发现了它们背后隐藏的惊喜和自我认知的快感。恐惧和焦虑虽然让人感到不安，但是它们也促使他不断探索、不断挑战自我，最终在科研的过程中获得了成就感和自我认同。宋行体会到，科研的过程是一个充满不确定性和挑战的过程，正是这些不确定性让他体验到了自我成长和探索的乐趣。在面对未来的选择时，他将带着这段经历赋予他的勇气和智慧，继续在新的领域中追寻自己的梦想和目标。这段珍贵的经历不仅塑造了他的学术能力和个人品格，也让他在面对未来的未知时，能够以更加开放和从容的心态去迎接新的挑战。

创新之星

宋行，东北大学信息科学与工程学院2017级本科生，学生创新团队——智能光电检测团队负责人，"快精检—智能癌症早筛早诊专家"创业团队项目负责人。曾两次获国家奖学金、两次获东北大学优秀学生一等奖学金，东北大学优秀学生标兵等荣誉。师从王琦教授，从事光纤传感相关研究，大学生创新创业训练计划结题成绩为国家级优秀，并入围全国大学生创新创业年会参与经验交流；发表 SCI 论文 6 篇（第一作者 4 篇、第二/第三作者 2 篇），含 TOP 期刊 1 篇，一区 3 篇，单篇最高引用 70+；申请中国专利 14 项，已授权 6 项。在科技竞赛方面，曾获得第八届中国 TRIZ 杯大学生创新方法大赛全国一等奖，辽宁省大学生创新创业年会优秀学术论文一等奖，"挑战杯"辽宁省大学生创业计划竞赛金奖，"互联网+"辽宁省大学生创新创业大赛银奖等奖项。

徐永超：创新沉着，实干突破，矢志创新，追逐梦想

  创新，社会进步的引擎，技术创新为其核心，指引科技工作者破解难题、创造价值，引领我们前行。征途虽曲折漫长、挑战重重，但耐心沉淀智慧，积累筑牢基础，思考照亮前路。我们稳扎稳打，每次尝试都是自我超越，终将铸就坚韧与力量。徐永超，以平凡之姿，展非凡之志，在创新路上默默耕耘，诠释"滴水穿石"之精神。面对困境，他愈挫愈勇，持之以恒，成为逆境中的璀璨星光。

——题记

砥砺奋进，铸创新之基

  2019 年，怀揣着在学业道路上继续深造理想的徐永超，叩开了东北大学的大门，开启了人生旅途一段崭新的旅程。大学学习过程和高中阶段有很大程度的不同，在学习内容的广度和深度方面都有更高的要求。在日常的文化课学习之余，他也会参加一些课外活动来进行多元发展，并向学长学姐交流咨询，获取经验心得。在积累了一定的基础知识后，他确立了学有所用、学以致用的学习原则，在学习过程中始终坚持理论和实践并行。对于文化知识的学习仅仅停留在课本层面是不够的，更重要的是如何将理论内容运用在现实需求中，解决实际问题，将知识付诸实践，并通过实践知识进一步加深对于知识的理解和认知，同时纠正一些可能存在的理论知识误区，使理论和实践能够实现相辅相成、相得益彰的效果。

  创新并非空中楼阁，它需要坚实的基础作为支撑，任何科研创新都是建立

在深厚的理论基础上的，没有扎实的理论基础，就如同建造房屋没有稳固的地基，难以支撑起高楼大厦。夯实基础意味着深入学习和理解前人的研究成果，掌握所在领域的核心理论和概念，站在巨人的肩膀上，我们才可以更好地进行创新，发现现有理论的不足或局限性，从而提出新的理论假设或模型，推动理论创新。

在这样一种思想的驱使下，徐永超首先确立了学习的目标和方向：一方面需要扎实掌握专业知识，另一方面需要在此基础上，将知识转化为实用的技能和创新实践。为此，他设定了逐步参加不同层次和难度的竞赛和科研项目的发展目标，打破局限于课本知识的思维定式，学习和掌握一些必备经验和技能，走出自己的舒适区。

为了更好地打好基础，徐永超在学习专业知识的基础上，还参加了数学和英语等基础学科竞赛来扩展知识面，这些竞赛在深度和广度方面远远超过在大学课堂学习的知识，需要花费更多的时间去学习和钻研，同时极大程度地锻炼了他快速学习掌握知识和分析解决复杂问题的能力。在学习过程中需要克服许多的困难和挑战，他将每次挫折视为进一步发展和前进的动力，在创新的道路上，保持乐观的心态应对挑战和困难。即使在逆境中，他仍保持敏锐的洞察力，积极寻找新的机会和可能性。

知行合一，攀发展之巅

（一）明确目标

明确创新的目标和愿景，确实是推动个人成长与科研进步的关键所在。当创新的最终目标设定为锻炼自我的科研素质和创新能力，并致力于将这些能力转化为实践需求时，每步行动都将更加具有方向性和针对性。

创新的核心在于不断探索未知、挑战现状。他通过参与科研活动，逐步构建起严谨的科研思维，掌握科学的研究方法，培养解决问题的能力和创新思维。这一过程不仅是对知识的深化理解，更是对自我潜能的挖掘与提升。创新的最终目的是服务于社会、满足实践需求。将科研成果转化为实际应用，不仅能够解决现实问题、推动社会进步，还能为经济发展注入新活力。

具体来说，设定了阶段性的目标：首先是在基础竞赛上取得一定成绩、积累一定经验。这一阶段的目标是通过参与基础学科竞赛，如数学、英语等学科竞赛，来检验和提升基础学科知识水平。通过竞赛的激烈竞争，锻炼解题能力、时间管理能力及面对压力时的心理素质。同时，竞赛成绩也是对学习成果的一种肯定，能够进一步激发深入学习的动力。

在完成基础学科竞赛的积累后，可以进一步参与综合性的学科竞赛或科技创新大赛。这些竞赛往往涉及多个学科领域的知识交叉和综合运用，要求参赛者具备更全面的知识体系和更强的创新能力。通过参与这些竞赛，可以锻炼跨学科思维、团队协作能力及解决实际问题的能力。同时，综合性竞赛的成绩也是科研能力和创新水平的重要体现。

最终阶段目标是通过参与创新训练项目或科研课题的研究，发表高质量的学术论文和申请专利。这一过程不仅要求具备扎实的专业知识和科研能力，还需要具备独立思考、创新设计和科研论文写作等综合能力。通过发表论文和申请专利，可以将科研成果公之于众，接受同行评审和检验。同时，这是科研能力和创新水平得到社会认可的重要标志。

（二）循序渐进

徐永超由衷地说："在拥有清晰的短期目标和长期目标后，我们便拥有了前进的方向。它帮助人们在纷繁复杂的信息和选择中，找到属于自己的道路，并为之努力奋斗。"为了实现第一阶段的目标，徐永超参加了全国大学生数学竞赛、全国大学生英语竞赛和省级数学建模竞赛等来提高基础知识水平。数理基础是工科生进一步发展专业知识的奠基石，英语水平更是我们拓宽研究视野、促进学科交叉与融合的重要手段，这些都彰显出数学和英语竞赛对于创新的重要价值和意义。而省级数学建模则在此基础上，更能培养和锻炼使用基础知识解决实际问题和团队协作的初步能力。明确这些竞赛对于能力的培养和塑造的影响，并在实际竞赛中锻炼自我，不仅走好了创新发展的第一步，更具备了应对挫折和失败的韧性。

当面对失败和挫折时，他会选择思考和有针对性的改进相结合的策略。面对挫折，可能存在的问题是专业能力不够强、心态不够好、准备不够充分等各方面原因。通过思考，以及向他人咨询和讨论，往往会得出问题出现的原因，针对这个原因，进行针对性的改进，并通过定期阶段性的总结和反思，督促自己积极解决问题，积累经验，相信每次挫折都是一笔宝贵的财富，因为它揭示了存在的问题，提供了提升的阶梯和空间，相信态度决定一切。

数学建模、"挑战杯"、"互联网+"、节能减排、TRIZ 杯等竞赛，是锻炼和塑造综合创新素质的第二步，这些比赛需要同学之间的协作和沟通，有时可能还需要将不同领域的知识进行整合运用。在参加全国大学生节能减排科技竞赛时，针对节能减排的目标，徐永超所在的团队主要从数据中心的散热能耗角度出发，小组内有能源与动力工程专业的同学，主要负责设计重力驱动的自主散热墙体。通过将热管嵌入墙体，来减少数据中心通过空调制冷所产生的能耗。徐永超所在的专业主要是隶属自动化专业的人工智能方向，这时，他主要负责将这些实际散热的数据进行可视化管控，同时，基于搭建的温度和散热监测数据库进行分析处理，通过相关数据处理算法对数据进行分析处理，构建决策系统，在散热和改进上构建决策系统，提供决策方式和信息。在此分析过程中，他们将制冷方面的知识和人工智能领域内容进行了整合和利用，有利于拓宽视野、培养学生的综合素质和技能。

徐永超坦言："在实际参加比赛的过程中，挫折和困难才是常态，而成功往往只在最后才展露其光芒，这十分考验我们的坚持和对于过往的总结和反思。"回顾大学期间的数学建模比赛生涯，其实也并非一帆风顺，大学一年级第一次参加辽宁省数学建模竞赛便获得了省二等奖，但此后的比赛并不顺利，第一年参加国际数学建模，仅取得三等奖的成绩，在 9 月份的国赛也铩羽而归。在 2022 年 2 月份国际大学生数学建模竞赛即将开始之际，小组的气氛十分低沉。从大学一年级到大学三年级，多次的数学建模并没有反馈出良好的结果，直到大学的最后一年时光，他和团队把 2022 年美国大学生教学建模竞赛视作建模生涯的最后一战，并将小组的队名命名为"最后一舞"，意为最后的绝唱。每次的总结和反思都是一笔宝贵的财富，他们将每次比赛视为进步和提升的阶梯，在每次比赛中总结经验，不断进步，在不断向上攀爬的道路上全力奔跑。

实际比赛前，徐永超所在的小组召开了一次小组内部的线上会议，首先是对准备过程中的内容进行了总结整理，并对比赛过程中的时间安排、分工情况、细节点进行了详尽的总结和归纳。一次完整的数学建模竞赛需要建模、编程和论文撰写三个部分，针对每个部分，他所在的小组在之前比赛的基础上，结合学习和总结的知识进行详尽的准备和归纳。具体到比赛每天的时间安排、小组内部三个人如何进行协调合作、遇到问题如何解决等，充分的准备工作使小组成员在比赛紧张有限的四天时光中能够保持有条不紊。在会议的最后，徐永超对小组的成员说了这样的一段话："这次比赛之后我们也将进入大学三年级下学期了，无论是保研还是考研，我们都将变得十分忙碌，那么大概率这也将是我们小组的最后一次数学建模比赛了，从大学一年级的第一次参赛，到中间多个比赛的起起伏伏，这次比赛将是我们建模旅程的最后一站。无论如何，在大学时光的建模学习和参赛过程中，我们三个人作为一个团队整体，学习收获了很多，每次比赛时的全力以赴，每次比赛后的及时复盘，这都是我们不断进步的底气和助力。无论如何，作为最后的决战，我们都要有背水一战的决心和勇气。在备战和比赛的过程中，大家都付出了大量的时间和精力，我们的知识储备和经验积累都十分的充足和丰富，那么只要我们全力以赴，心无旁骛地打好这次比赛，我们一定能够在这次比赛中取得满意的成绩！"

数学建模比赛过程第一步往往是选题，从不同的实际背景中选择一道适合小组团队的题目，选题的主要出发点是结合小组内成员的专业背景和优势，系统地分析问题，找到问题的本质和关键点，从而提出解决方案。同时，如何在数以万计的参赛队伍中脱颖而出，这也是值得思考的点，也是带来启发最大的一点。通过这次参加数学建模比赛的经历，徐永超意识到，要想在众多的建模队伍中取得较好的成绩，通常需要做到如下几点：（1）熟悉比赛规则和评分标准：众所周知，知己知彼，方能百战百胜。（2）提高团队协作能力：数学建模比赛是一个团队协作的过程，团队成员之间需要密切合作、相互协调，共同完成任务。（3）良好的论文撰写能力：数学建模最终呈现的形式往往是一篇完整的论文，这要求团队成员具备清晰、准确的表达能力。

前沿弄潮，扬使命之帆

在人工智能创新发展这片浩瀚无垠的蓝海中，徐永超犹如一名勇敢的航海者，怀揣着对未知的无限憧憬与渴望，扬帆起航，驶向那光芒万丈的未来。东北大学，这座知识的灯塔，不仅照亮了他前行的道路，更在他心中种下了创新科研的种子，让它在人工智能的沃土中生根发芽，茁壮成长。

未来，在人工智能领域的科研征途中，徐永超将以坚韧不拔的精神为帆，以智慧与勇气为桨，乘风破浪，勇往直前。他深知，人工智能作为新时代的科技浪潮，正以前所未有的速度改变着世界，而他，渴望成为这股力量中的一股清流，用创新的思维去破解难题，用科技的光芒去照亮人类前行的道路。

徐永超将不断探索人工智能的奥秘，深入挖掘其潜力，致力于将这一技术应用于更广泛的领域，为社会的进步与发展贡献自己的力量。在科研的过程中，他将保持一颗敬畏之心，尊重每个数据背后的故事，珍惜每次实验的成果，不断追求卓越，力求在人工智能的每个细分领域都能留下自己的足迹。

同时，他将积极拥抱合作与分享的精神，与来自不同领域的学者、专家及同行携手共进，共同推动人工智能技术的发展。他相信，只有通过不断地交流与合作，大家才能汇聚成一股强大的力量，共同应对人工智能时代带来的挑战与机遇。

在未来的日子里，徐永超将以更加坚定的信念、更加饱满的热情、更加创新的思维，继续在人工智能领域精耕细作。他将以科研成果为笔，以人工智能的广阔天地为纸，书写出属于自己的精彩篇章。而这背后，是东北大学给予他的无尽力量与深厚底蕴，它们将永远是徐永超前行路上最坚实的后盾。

展望未来，徐永超在人工智能领域的科研之路虽长且艰，但他坚信，只要保持初心、砥砺前行，就一定能够在这片充满机遇与挑战的海洋中，创造出属于自己的辉煌与传奇。

创新之星

徐永超，男，东北大学信息科学与工程学院自动化专业2019级本科生，中共党员，自动化1902班班长，在国际大学生数学建模竞赛中获得最高奖——特等奖、美国数学学会特别奖（全球仅3项，东北大学历史首次），获得国家奖学金、竞赛卓越奖学金、东北大学就业之星、东北大学一等奖学金、东北大学学生创新创业"校长奖章"等奖励，先后被评为东北大学优秀学生标兵、优秀学生干部、优秀志愿者、一星志愿者、创新创业自强之星标兵及辽宁省优秀毕业生等。曾获中国TRIZ杯大学生创新方法大赛国家一等奖、辽宁省创新方法大赛一等奖、"挑战杯"大学生课外科技作品竞赛辽宁省金奖、"互联网+"辽宁省银奖等国内外科技竞赛奖10余项，主持国家大学生创新创业训练项目1项，发表高水平论文3篇，申请发明专利与软件著作权多项。

张大禹：创业路漫漫，风雨载途中

卫澜深海，用科技明灯照亮茫茫大海。人类对近在咫尺的海洋的了解远不如距地球 1.37 亿公里的火星。至今只有不到四分之一的海洋被绘制成足够分辨率的地图，而对海洋环境的未知限制了人类开发海洋的进程。张大禹立志于开发深远海供电基站技术，使我国海洋观测设备可以走向深远海。

——题记

缘起高中，志存高远

由于自幼生活在东北老工业基地，自小的耳濡目染使张大禹对机械结构的内部构造十分感兴趣。随着基础知识的不断完备，在高中时张大禹便设计出了可以利用各个方向水流发电的柔性叶片波动式水轮机，这一作品在辽宁省科技创新大赛上首次展出就获得了行业专家的一致认可，一举斩获了本次大赛一等奖。与此同时，凭借着高中阶段出色的学习经历和知识储备，张大禹通过了东北大学严格的自主招生考试，他带着对于未来科研的进一步展望，成为东北大学的一员。

2016 年，初入东北大学的张大禹怀揣着自信与期待。回忆起当时的状态，他说："刚上大学的时候，对自己的专业也不是很了解，自己也不是很擅长考试、成绩一般，各种打击接踵而至，感觉与自己想象的大学生活不一样，这让我一度找不到前进的方向。"随着初入大学的新鲜感慢慢消失，迷茫和困惑开始困扰着他。迷茫之中，张大禹与平日感情深厚的爷爷进行了一次又一次的促膝长谈，爷爷的奋斗史和精于钻研的学术态度使他颇受感染。于是他在心中默默坚定了初心：完善能源行业技术，造福于世界，并决心从项目做起，做出真正的成绩。他坚定地说道："我们需要先想明白，自己以后想做什么，想要什么，只要把这些想清楚，迷茫自然会不攻而破。"

深入研究，砥砺前行

经过大学一年级基础知识的学习和对科研活动的初步涉猎，在大学二年级时张大禹开始接触"大创"这一本科生创新平台，开启了他在东北大学创新创业之旅的第一步。带着用可摆动的柔性叶片，利用风能、水能、波浪能方向等流速多变的能量这一思路，张大禹联系到了韩跃新和马明旭担任此项目的指导教师。出于对项目可行性的考虑，他将研究方向定位到"小型离网风轮机的设计"，经过大量理论知识的积累和相关文献的阅读，张大禹组建团队对原有风轮机方案进行了改进设计，除安装有摆动式叶片的转子外，增加了安装有相反方向柔性叶片的定子导流罩，摆动叶片的定子改变流体的方向，减小阻力面的风速，同时形成一个固定的笼形结构。经初步试验证明，这一巧妙设计不但可以将风能利用率提高到22%，远远高于同类萨布纽斯风轮机（利用率15%）和导流式风轮机（利用率17%），而且在制作模型过程中，张大禹带领团队完成了风机实验平台的设计，通过在不同工作区间改变技术参数，进一步提升风机的性能，有望将风能利用率提升至25%。在项目实施过程中，张大禹专门学习了 Ansys Fluent 等软件的操作，以及小型风电的机械设计、实验设计、流体力学相关方面的知识，力图精钻技术，为未来的长远发展奠定坚实的技术基础。

相比于其他"大创"团队，偏重依赖指导教师的思路，张大禹的团队则是由本科生作为真正的团队负责人，提供研究思路，规划整体研究方向，调度科研资金，并打通过实验测试全链路等。由本科生做真正的项目负责人，承担主要研发工作，这对于张大禹和他的团队而言，都是一次大胆的尝试。由于缺乏专利法的相关知识，张大禹团队在专利代理人上报专利材料之后，才发现被坑骗。这让其团队走了很多弯路。张大禹回忆道："代理人整理的几百字的权利要求书完全不具备上位概念，如果这样发展下去，我们团队的心血可能会付之东流，甚至会使团队预想的专利布局濒临破产。"专利布局面临前所未有的考验，张大禹团队当即开始学习专利法，重新进行专利布局。"团队负责人不仅要学会统筹布局规划，一些涉及团队核心竞争力的非本专业技能也必须要掌握，这是这次危机给我的最大教训。"

创业初探，步步为营

张大禹带领团队通过竞赛不断在技术层面上完善项目。至张大禹的本科阶段结束之时，他作为团队负责人先后斩获了沈阳市大学生创新大赛特等奖、第四届辽宁省"TRIZ"杯大学生创新方法大赛一等奖、第七届中国 TRIZ 杯大学生创新方法大赛特等奖、第二届全国大学生创新体验竞赛一等奖、第十四届"挑战杯"辽宁省大学生课外学术科技作品竞赛特等奖、第五届辽宁省"互联网+"省赛银奖等一系列重量级的国家级、省部级奖项。在第十二届全国大学生创新创业年会上，张大禹团队项目作为东北大学唯一入选的创新展示项目，获得了评委专家的认可，获得了年会最佳创意项目。此外，张大禹还以第一发明人申请发明专利 7 项，实用新型 6 项，由以上 13 项专利构成的初步的专利壁垒可以保证基于双层动叶片技术的垂直轴风轮机技术优势，为后期项目应用建立了初步的专利壁垒。张大禹本人也通过 A 类竞赛获得了保研资格，成功保送至西安交通大学进行深造。

张大禹不仅在科研上追求卓越，也希望垂直轴风轮机的成果不单单只存在于图纸和论文之上，而且能产生一定的社会价值。一个新技术从理论上的验证到实际应用有很长的一段路要走，以导板式风轮机为例，其所用离网式供电装置要历经长时间的风场实验、优化设计才能初步具有应用价值，其过程往往是漫长的，需要一定资金支持，同时结果充满了巨大的不确定性，可谓"道阻且长"。因此，张大禹尝试将创新团队作为公司运营，进一步将技术市场化、应用化。他提出"以商养研，以研促商"的模式，考虑到可利用资源有限，张大禹团队决定优先实现小功率型号风轮机的市场化。在此基础上，通过初步完成技术应用来吸纳更多资源，以此为后期较大功率型号的研制提供支持，保证了项目实施和科研投入的可持续性，以此维持技术优势。后期依托导板式垂直轴风轮机的大功率特性，项目在产业中的竞争力也日益凸显。

为进一步推进技术市场化、商业化，张大禹团队在学习相关的知识和课程后，撰写了一份完整的商业计划书，并参加了东北大学"互联网+"校内选拔赛，以较完整的商业逻辑赢得了评委的一致认可，张大禹团队项目以校赛第一名的成绩进入省赛。虽然无缘决赛,但是正是这次经历,与其他团队的同台交流和较量,让张大禹认识到团队所存在的缺点和不足,促使张大禹团队的创业计划不断完善。他说:"结果其实并不重要,这次经历对于整个团队来说,都是一次难得的学习机会,并为我们提供了更开阔的平台,对于团队的发展,是一次重要的转机。"以此为起点,张大禹在创业的道路上一步一步丰富团队的资源。

披挂上马,剑指深海

在保研至西安交通大学郭朋华教授课题组后,张大禹接触到了更多前沿的科研课题,尤其是与海洋能量转化相关的研究引起了他的兴趣,于是他迎来了自己科研生涯的一个关键节点。张大禹发现导板式风轮机在深海超低速海流能转化中的巨大潜力,导板式风轮机的优良自启动能力和效率可实现深海超低速海流能的转化。相比此项技术在离网式风力发电机的应用,其在转化深海原位能力上可以实现从0到1的突破。这时的张大禹自然地完成了自身的研究转向,并且走上了一条全新的创业之路。在东北大学时,他已经通过不断参加创新竞赛积累了丰富的技术经验,这一次他面对的挑战更大、机遇更多。"在进入西安交通大学后,我意识到自己不仅要继续科研,更需要找到一种方式让这些科研成果走出实验室,走向实际应用。"张大禹回忆道。

张大禹带着在东北大学积累的专业知识、双创经验以及团队资源,开始着手研发基于深海超低速海流能的供电基站。这个项目不仅仅是技术的突破,更是张大禹创业生涯的延续。在他的带领下,团队开始研究如何将导板式风轮机的原理应用于深海环境,并设计出适合深海条件的供电系统。"当前我国面临的最大挑战是如何在极其复杂的海洋环境中稳定、高效地提取能量。深海海流的速度非常低,这就要求我们的设备不仅要有极高的效率,还要能够应对海洋环境中的各种复杂因素。"张大禹说道。他和团队经过多次的实验、设计优化,最终成功完成了基于深海超低速海流能的供电基站研发。随着技术的成熟,张大禹正式成立了以深海能源转化为主营业务的科技公司。

该科创公司得到了西安交通大学和郭朋华教授的极大支持。在公司的研发方向上,张大禹继续秉持"以商养研,以研促商"的创业理念,希望通过科技成果的市场化,不仅能推动公司的发展,还能为科研提供更多的资源和资金支持。由于前期丰富的技术积累,陕西西咸新区发展集团有限公司(简称西咸集团）旗下的春种基金对这个前景广阔的项目表现出了极大的兴趣。在经过多轮洽谈和项目展示后，张大禹的公司成功获得了春种基金的投资。这笔投资不仅为公司的进一步发展提供了资金保障，也让张大禹的创业道路更加坚定。创业的成功离不开技术和资金的支持，但同时需要不断地市场验证和外界认可。在成立公司后，张大禹决定参加中国国际大学生创新大赛，这项比赛不仅是对其技术能力的检验，也是一次展示公司未来潜力的重要机会。经过激烈的角逐，张大禹团队项目一举斩获金奖，在排位赛中名列全国第三，刷新了西安交通大学在这项比赛中的历史最好成绩。张大禹感慨道："这是对我们团队努力的最大肯定，也让我看到了我们项目的无限可能。"他回忆起比赛中的关键时刻，"当时面对其他参赛队伍的强大竞争，我确实感到压力很大，但我们的团队在技术上的积累和创新能力是我们的优势。比赛的结果不仅提升了我们的信心，也帮助我们找到了在市场上进一步发展的方向。"

不忘初心，上下求索

从东北大学到西安交通大学，从风能到海洋能，从学术研究到创业实践，张大禹的成长轨迹无疑是一个不断跨越和挑战的过程。在这段历程中，他不仅积累了丰富的技术经验，更逐渐形成了自己独特的科研和创业理念。"我的创业之路还在继续，这只是一个开始。"张大禹总结道。对于未来，他充满了信心，也有着清晰的规划。他计划在未来几年内进一步优化深海供电基站技术，扩大其应用范围，并将公司打造成国内领先的深海能源技术企业。与此同时，张大禹也不忘自己的科研初心。他表示，公司未来的发展仍然会以科研为核心，通过技术创新推动商业成功。"科研和创业并不冲突，反而是相辅相成的。通过创业，我们可以让科研成果更快地转化为实际应用，而科研也为创业提供了源源不断的技术支持。"张大禹非常清楚，自己的最终目标是使自己的创新设计可以改变行业现状，造福千家万户。在通往梦想的路上，前方"道阻且长"，必须时刻谨小慎微，保持初心。

前路漫漫，科研之路没有尽头，未来的张大禹还将继续沿着这条路走下去，不断深造，积累更丰富的专业知识，不断提升自己的能力，不畏艰难，不忘初心，致力于实现自己的抱负与理想。

创新之星

张大禹，男，东北大学资源与土木工程学院 2016 级矿物加工工程专业本科生，西安交通大学能源与动力工程学院在读博士，陕西卫澜深海信息科技有限公司创始人兼 CEO。张大禹在本科期间以项目负责人获得中国 TRIZ 杯大学生创新方法大赛特等奖、第十二届全国大学生创新创业年会"最佳创意项目"等 10 余项国家级、省级奖项；以第一发明人授权发明专利 7 项、实用新型 6 项。目前，张大禹以第一作者在 Top 期刊发表 SCI 论文 10 篇；带队获中国国际大学生创新大赛全国总决赛金奖（研究生创意组排位赛全国第三），并完成一项超过百万元的成果转化。目前，作为唯一负责人主持国家自然科学基金委员会青年学生项目和中央高校基本科研业务项目各 1 项。

储逸尘：仿生水下机器人开启智慧渔场新时代

  仿生科技之路，虽道阻且长，但储逸尘始终坚守初心，以科技创新为引领，致力于将仿生技术融入实际应用。从东北大学的课堂到鲧动仿生科技的创业实践，他用坚持和智慧书写了属于自己的创业篇章。在技术与市场的交汇点，他带领团队不断突破，赢得了行业和投资者的认可与支持。储逸尘的故事，是年轻一代科技创业者执着追梦、踏实前行的真实写照，也是在探索科技与自然和谐共生之路上的坚定步伐。

——题记

梦想起航

  储逸尘的竞赛之旅始于他的小学时代，那时的他已经开始在竞赛中展现出对科技的热情和潜力。在高中时期，他代表安徽省参加了国际青少年无人机挑战赛，并与来自不同国家的队伍一争高下，获得了国际特等奖并列第一的荣誉。这段经历不仅锻炼了他的技术能力，也大大激发了他对航模和机械的热情，为他后来的科研之路奠定了坚实的基础。

  进入东北大学机械工程与自动化学院（简称机械学院）后，储逸尘的科研兴趣进一步扩展和深化。大学期间，他不满足于课堂上的理论学习，而是积极寻找机会将这些理论应用于实际问题的解决中。他加入了学校的制图协会，开始锻炼自己的机械制图能力。在跟随学长学姐练习比赛一年后，他成为了制图协会的会长。并在担任会长的一年里带领团队卫冕"先进成图技术大赛"国家级一等奖，并获得了东北大学首个"inspire 轻量化设计"国家级一等奖。他个人也在"先进成图技术大赛——个人全能"中创下东北大学首个前100名的纪录。

然而，真正让储逸尘决心将自己的未来与科技创新结合起来的，是他参与的一次"三下乡"社会实践活动。在这次活动中，他和队友深入到辽宁省的多个水产养殖场，进行为期数周的现场调研。他们详细记录了养殖场的日常运作流程，并对水质管理、疾病预防和控制等方面进行了深入的观察和学习。通过与养殖户的交流，储逸尘逐渐意识到，传统养殖方法存在效率低下和资源浪费等问题，如病鱼的发现不及时、水质检测工作量大、养殖管理成本高等。

这些切身体验让储逸尘深受触动，他开始思考如何利用自己在机械工程和自动化领域的专长，来改善这些状况。结合仿生机器人对生态环境影响小、低驱动技术能进一步降低机器人成本的特点，回到学校后，他开始了对低驱动仿生机器人技术的初步探索，希望开发出能够自动执行水质检测、疾病监测和环境治理的机器人，以提高水产养殖的自动化水平和整体效率。

在此过程中，储逸尘组建了一个团队——仿生智能实验室。他们通过不断地试验和改进，逐步克服了技术上的种种困难，最终成功研发出了初代的仿生机器人原型。储逸尘所创建的仿生智能实验室在各大赛事中频频崭露头角，刷新纪录。在不断获得成绩和荣誉的同时，仿生智能实验室在不断地成长，三年中共取得国家级、国际级奖项100余项，并连续三年获得"东北大学优秀创新团队"称号。

在竞赛的过程中，储逸尘及其团队也在不断打磨、修改、优化，迭代仿生水下机器人的设计以及控制算法。这些机器人实现了在水下环境中高效进行作业的功能，不仅显著提高了养殖效率，还大大降低了人力和成本。此外，它们还具备高度的适应性和可扩展性，能够根据不同的养殖环境和需求进行快速调整和配置。

随着这一系列创新成果的逐步实现，储逸尘的梦想也开始变得清晰起来：他希望通过科技创新，为传统产业带来变革，实现产业的现代化升级。他深信，技术的力量足以解决许多看似无解的难题，为人类社会带来更多的可能性和希望。

在科研和创新的路上，储逸尘面临的不仅仅是技术问题，还有如何将科研成果转化为实际应用的挑战。这不仅需要在技术上进行创新，也要在商业模式和市场推广上进行深入探索。因此，他开始学习相关的市场知识，积极寻求与业界合作的机会。

在这一过程中,储逸尘与东北大学的多个团队建立了合作关系,共同推动仿生机器人技术的发展和应用。他的团队逐渐壮大,吸引了来自不同专业背景的学生,包括机械工程、电子工程、计算机科学等领域的学生。团队的多学科特性使得项目在解决复杂问题时能够从多角度出发,寻找最优解决方案。

通过与企业和养殖场的密切合作,储逸尘的项目开始在实际环境中得到应用。这些仿生机器人不仅在国内多个水产养殖场成功部署,还引起了国际市场的关注。他们的技术被证明可以显著提高养殖效率,减少疾病发生率,改善水质,从而增加养殖业的经济收益。随着技术的不断完善和应用的逐步扩大,储逸尘和他的团队开始考虑如何通过科技进一步推动可持续发展的理念。他们的研究开始扩展到环境保护和生态恢复领域,探索如何利用仿生机器人技术保护和修复水下生态系统。

储逸尘的科研之旅,是从一个充满好奇心的大学新生发展成为一个能够用技术解决实际问题的创新者。他坚信,科技不仅能够推动产业升级,更有力量促进社会的整体进步。对于未来,储逸尘有着更大的梦想——通过不断的科技创新,为世界带来更多正向的变化,尤其是在环保和可持续发展方面。

正如储逸尘所说:"科技的最终目的,是为了解决人类面临的问题,改善人们的生活。我们的每一步努力,都是为了让世界变得更好。"这份执着和热情,驱动着他和他的团队在科研和创业的道路上不断前行,他们用实际行动证明了年轻一代科技创业者的责任和能力。

创业经历

(一)技术研发的持续深化

储逸尘与他的团队通过精准的市场调研,并持续与养殖户进行互动,深入了解了水产养殖业的核心需求和痛点。随着养殖规模的不断扩大,传统的人工养殖模式逐渐显示出其效率低下和成本高昂的缺点。尤其在水质管理和疾病预防方面,传统方法缺乏实时监控和智能反馈,往往无法有效应对突发的水质问题和疾病爆发,导致养殖效率低下和经济损失。

在这样的市场背景下,沈阳鄹动仿生科技针有限公司(简称鄹动仿生科技)针对智能化水产养殖设备的需求,迅速提升了其研发投入,力求开发出既实用又经济的解决方案。公司的主要产品线包括仿生水下机器人，这些机器人模仿乌贼、海龟、龙虾等多种水生生物的行为和特性，具备高度的环境适应性和操作效率。这些机器人不仅能进行实时的水质监测，还能自动执行疾病预防和环境调控任务，大大降低人工成本。

例如，乌贼型机器人设计采用了先进的仿生推进技术，可以在水下静默运行，减少对鱼群的干扰；同时配备的传感器可以监测水温、溶解氧、pH值等关键水质指标，实时传输数据到养殖户的监控系统。这种技术的应用不仅提高了疾病预防的效率，也使养殖户能够根据实时数据调整养殖策略，优化生产过程。海龟型机器人则充当了能量中继站的角色，通过在养殖区内自由移动，为其他机器人提供无线充电服务，确保整个监测系统的持续运行。它还可以根据预设程序自动投喂饲料和药物，通过精确控制投喂量，减少资源浪费，并通过持续的水质监测和调整，确保养殖环境的稳定，提高养殖效率和水产品质量。龙虾型机器人专为底质检测和清理作业设计，其高度灵活的特点使其能够在复杂的底部环境中有效工作，不仅提高了底质检测的准确性，也为养殖区的生态环境改善提供了技术支持。这些机器人通过一个中央控制系统进行智能调度，实现了集成使用，优化了养殖场的整体运作效率。

通过这些创新产品的开发和应用，鄰动仿生科技不仅响应了市场的需求，更推动了整个水产养殖行业向更高效、更环保的方向发展。储逸尘团队所付出的这些努力，有效地解决了养殖业中的长期问题（如劳动力成本高、疾病控制困难、环境影响大等），为养殖户提供了一种全新的、高效的养殖模式。同时，公司通过技术迭代和市场反馈，持续优化其产品，确保能够满足不断变化的市场需求，为全球水产养殖业的可持续发展作出了重要贡献。

（二）市场需求的精准捕捉

在鄰动仿生科技的发展道路上，储逸尘及其团队始终将市场调研放在核心位置，他们深知只有真正了解市场需求，才能开发出真正符合用户需求的产品。随着中国及全球水产养殖行业的快速发展，市场对高效、智能化养殖设备的需求日益增长，特别是在精细化管理和疾病防控方面的需求。

首先，团队通过广泛的市场调研了解到，水产养殖行业面临着劳动力成本上升、养殖效率低下及环境污染等重大挑战。中国是一个水产养殖大国，随着经济的快速发展，人工成本不断上涨，传统的人工养殖模式已经难以满足现代养殖业的需求。此外，缺乏有效的监测和管理系统，突发疾病和死亡率高的问题也屡见不鲜，导致养殖户面临巨大的经济损失。

通过深入访问和调研，储逸尘团队发现，养殖户最迫切需要解决的问题是实时监控水质和鱼群健康状态。水质的好坏直接关系到养殖效果，而传统方法往往难以做到实时监控和快速响应。此外，早期发现和处理疾病也是养殖户所面临的一大难题，传统的观察方法不仅效率低下，而且往往错过最佳处理时间。针对这些问题，鄰动仿生科技的产品设计和开发围绕智能化和自动化展开，旨在通过高科技手段改变传统养殖行业的局面。公司开发的系列水下仿生机器人，能够模拟鱼类和其他水生动物的行为，进行低干扰的水下操作，如水质监测、疾病预警、环境调控等。

团队还利用现代信息技术，如物联网、大数据分析和人工智能技术，以实现对养殖水域的精准管理。例如，通过安装在仿生机器人上的传感器收集的数据，可以实时监测水温、pH值、溶解氧等关键指标，这些数据通过云平台进行分析处理，可以及时提供调整建议或自动调节水质。团队与养殖户进行了广泛的合作和试点，通过实地应用反馈不断优化产品设计和功能，确保它们能够在实际操作中发挥最大效用。例如，针对养殖户反映的操作复杂问题，团队优化了用户界面和交互设计，让不具备高技术背景的养殖户也能轻松管理。

这些精准的市场调研和产品迭代，使得鄰动仿生科技能够在激烈的市场竞争中脱颖而出，其提供的解决方案不仅提高了养殖效率和经济效益，还有助于推动整个行业的可持续发展，减少环境影响。这种以市场为导向的开发策略，确保了公司在水产养殖技术领域的领先地位，赢得了养殖户的广泛信赖和市场的广泛认可。

（三）团队打造与企业文化

储逸尘在塑造鄰动仿生科技的团队文化和企业精神方面表现出了极高的洞察力。他深知，团队的创新力和凝聚力是推动技术突破和市场成功的关键。因此，他在日常管理中特别强调每名团队成员的专业成长与个人价值的实现，努力营造一个既重视技术深度，又能灵活应对市场变化的工作环境。

储逸尘鼓励团队成员在开放和包容的氛围中自由交流思想，倡导创新思维。他认为，团队的活力和创造力源自成员们的自由探索与交流。为此，他定期组织技术交流会和战略布局会议，让团队成员能够分享最新的科研成果和技术进展,同时对行业动向进行深入讨论,这不仅增强了团队的技术敏感度,也提升了对市场趋势的快速响应能力。除了技术和市场的双重聚焦外,储逸尘同样重视企业的社会责任。他坚持认为,企业的成长不应以牺牲环境为代价,技术创新必须与环境保护并行不悖。这一企业理念深植于邻动仿生科技的文化之中,成为推动团队持续前进的核心价值。他通过实施绿色技术和可持续发展策略,确保公司业务增长的同时,对生态环境的影响降至最低。

在储逸尘的领导下,邻动仿生科技不仅在智能水产养殖领域取得了技术上的重大突破,也在企业社会责任的履行上树立了行业典范。这种深度塑造的团队文化,不仅加强了员工的使命感和归属感,更使公司在激烈的市场竞争中赢得了尊重和信赖。这种文化和精神的培养,证明了储逸尘在满足市场需求和技术创新方面不仅具有前瞻性的战略眼光,还具有对履行社会责任的深刻承诺。

(四)公司成立与发展

邻动仿生科技是一家专注于创新仿生机器人领域的高科技初创企业。其技术研发依托于东北大学机械工程与自动化学院的仿生智能实验室。近年来,经过学院双创基地孵化及学校创新创业学院的扶持,邻动仿生科技于2023年11月由博士生储逸尘在机械学院教师马明旭的指导下成立。

邻动仿生科技致力于通过仿生机器人技术改善和优化环境监测和管理,推动科技与自然的和谐共生。随着公司技术的不断成熟和市场的逐步拓展,邻动仿生科技正逐步成为仿生技术领域的重要力量。其产品在教育、水质检测、渔业养殖等多个领域展现了广泛的应用能力。公司致力于研发仿生机械机构,水下仿生机器人开发与制造。拥有包括仿生海龟、乌贼、龙虾、海马、青蛙、蝠鲼等多款自主研发水下仿生机器人,拥有完备的知识产权体系。可通过搭载TDS、pH、ORP、溶解氧等多种水质传感器进行水域循环水质检测。建设水下机器人检测监控产品矩阵,未来通过大模型赋能水下领域,实现水下机器人产品模块化、平台化发展。

短短几个月内,邻动仿生科技迅速在业界崭露头角。2024年3月,公司获得了奇绩创坛215万元人民币的投资。此后,于5月获得北京亿达投资,7月又得到谷仓科技集团的股权投资,公司估值突破3000万元,资金和资源的注入为公司的发展提供了强有力的支撑。

邻动仿生科技的成就也得到了业界的广泛认可。公司不仅获评"中国品牌创新发展工程"优秀企业，其创新技术和发展潜力还被人民网、中国科技网、中国社会新闻网等多家媒体报道。

未来展望

作为新兴产业，仿生机器人正在融合各学科的技术，进行创新发展。未来，仿生智能创新团队将积极响应这一发展趋势，吸纳更多不同专业的人才，构建多元化、高效协作的团队，期望在多样化的团队构成中，创造更加璀璨的创新火花。团队成员将东北大学校训视为创新之路上的基本准则，真正实践"自强不息，知行合一"的精神。他们在青春的征途上奋力前行，将青春的激情和智慧贡献给祖国的科技事业，为科技建设贡献青春力量。

储逸尘表示："我们非常荣幸能够与东北大学仿生智能实验室携手合作，这不仅是对我们技术实力的认可，也是对我们创新精神的肯定。我们将以此为契机，继续深化与东北大学的合作，培养更多具有创新精神和实践能力的人才，共同推动仿生智能技术的发展。"

储逸尘认为："技术的快速发展带来了前所未有的机遇，我们必须抓住这些机会，通过不断的技术创新和市场拓展，保持公司的竞争力。"鳞动仿生科技计划在未来几年内，进一步扩大研发投入，尤其是在自动化水质监控和疾病预防技术上，以确保可以提供更加高效和环保的水产养殖解决方案。此外，公司还将探索水下机器人技术在环境监测和生态保护领域中的新应用，以响应全球对环保技术的需求增长。

创新之星

储逸尘，男，东北大学机械工程与自动化学院博士研究生，沈阳鳞动仿生科技有限公司创始人兼 CEO，东北大学仿生智能实验室创始人。荣获东北大学学生创新创业"校长奖章"、东北大学"最具影响力毕业生"，入选 APEA 亚太青年领袖、达沃斯全球杰出青年。公司已完成天使轮融资，投资方包括奇绩创坛、谷仓科技集团、北京亿达控股集团有限公司等，估值逾 3000 万元。个人累计获国家级奖项 70 余项，刷新东大竞赛纪录 10 次，申请发明专利 11 项，发表 SCI/EI 论文 4 篇。

冯彦宾：坚守初心，
护国重安康

> 管道是能源运输的主要载体，油气管道的稳定运行直接关系到国家安全。IEST 团队历经四年积淀三代改进，研发出结合漏磁、红外热成像、声波、远场涡流检测技术对管道进行综合诊断的多维度管道检测机器人，应用自愈式解体方案、速度调节结构与自发电装置全面提高机器人的环境适应性。基于技术成果，学生第一发明人已申请 20 余项国家专利。勘能脉微殇，护国重安康，东北大学 IEST 创新团队不忘初心，致力于油气管道缺陷检测，用中国力量守护能源安全。
>
> ——题记

心中有梦

2020 年，初入东北大学信息科学与工程学院（简称信息学院）的冯彦宾对工业与科技充满了好奇。他经常了解前沿科技的发展，拓宽自己的知识面。在一个纪录片中，他偶然了解到 2010 年发生在墨西哥湾的石油泄漏事故，这场导致 11 人死亡、200 亿美元经济损失和重大环境污染的灾难给他的内心带来了极大的震撼，他也开始对油气开采、运输安全的重要性有了初步的认识。经过进一步的调研和学习，他了解到，油气管道是各国能源运输的重要载体，堪称国家能源命脉，其稳定运行直接关系到国家安全。我国的油气管道总里程达到 15 万公里，大量管道运行时间超过 30 年，老化严重，存在很大安全隐患。为此，冯彦宾的心中悄悄燃起了投身管道安全事业的火苗。

2021 年，在国创计划的机遇下，冯彦宾与信息学院几名志同道合的同学进行了交流。大家发现，油气管道内由于具有高压、高腐蚀性、有毒、易燃易爆等特点，采用人力对其进行大范围的缺陷检测十分困难且存在危险性。对此，国际上通常采用高效安全的管道内检测机器人来代替人力。而我国的管道检测机器人技术起步较晚，在电磁检测手段、机器人结构与控制、自适应与续航能力等方面尚存在较大的研究空间。作为工科强校，东北大学在控制、电气、机械等领域有着深厚的平台积淀和学术土壤，利用这一优势资源，冯彦宾等人决定以油气管道机器人的结构、控制与检测为课题组建团队，依托大创项目展开学习和研发。

在电气自动化实验室管道无损检测专家汪刚教授的专业指导下，由冯彦宾担任项目负责人，大家分工合作，开展了大量行业与技术调研。他们发现，我国的管道检测行业长期被美国、德国等发达国家公司的设备所垄断，采用其检测机器人服务需要支付高昂的费用，每公里的检测费用可高达10万美元，且采用外国设备对重要能源管线进行检测，存在暴露我国能源分布的风险，严重威胁国家安全。指导教师汪刚教授说："从最坏的角度考虑，一旦发生战争冲突，如果敌人掌握了我国的能源管道分布，知道了我国的生命线在哪，打击哪里能够切断我们的能源供应，将使我们陷入非常被动的局面。"

作为国家规划中的重点"卡脖子"项目，管道检测机器人亟须国产化替代！人生可以追求的浪漫有很多种，而中国人心中永远最深沉最热忱的一份浪漫，则毫无疑问地留给了为国铸剑、铸国重器、护国安康这份光荣与使命！在进行了大量的实验工作后，大创团队就管道机器人的结构、电控搭建与信号采集算法发表2项专利，初步搭建完成2台管道机器人实物，并在国创计划600多个项目中脱颖而出，被评为全校5个"最受欢迎的大学生创新项目"之一。

提到大创团队的组建和项目开展，冯彦宾回忆道："团队成员来自多个不同的专业，有着不同的兴趣与特长，有人在T-DT机器人实验室经过系统学习，精通机器人的运控搭建与算法调试；有人来自电气专业，专注于远场涡流等检测手段的搭建与实验；有人来自机械工程，对结构设计有着独到的见解……这些使得团队更好地分工合作，相互配合，最终将每个人的工作汇聚成一个整体。更重要的是，团队成员虽然在专业上不同，却有着相同的信念与团队责任感，我们都坚信科技能够改变世界，而自己也能成为这股变革中的一员。这份信念伴随着团队在东北大学信息学院的学习生涯中不断成长，最终凝聚成了一个清晰的梦想——投身于国家的重大战略需求之中，为油气管道的安全检测贡献力量。在这个过程中,团队越来越深刻地理解到个人价值与国家发展的紧密联系,这也成为了大家越走越远的动力源泉。"

眼里有光

(一)团队初创经始维艰,四年风雨初心未改

在第 16 批国创计划中,东北大学三支进行管道检测机器人研发的大创团队都来自信息学院,几支团队起初各自为营,进行小范围的技术攻关工作,在面对复杂的管道机器人整机的研究工作时常力不从心。在与其中一支团队的负责人侯涤非沟通后,冯彦宾发现,大家具有相同的目标,各团队的研究方向相似且互补,且各个团队有很多来自自动化郎世俊实验班的优秀学生,大家都有十足的信心、热情与能力去一起合作,完成更系统的机器人研究任务。大家一拍即合,决定组建更加专业系统的创新团队。

众人拾柴火焰高。经过筹备和规划,在创新创业学院黄达副院长的指导和2019级本科生冯宇霖的主持下,团队在东北大学电气自动化实验室和创新创业学院的大力支持中成立"IEST 管道检测实验室",由汪刚、刘金海、卢森骧三位业内专家担任指导教师。团队以自动化专业成员为核心,吸纳了工业智能、工商管理、软件、机械等专业的同学共同参与项目研发。团队针对油气管道检测领域国家重大战略需求,在管道无损检测、机器人设计与控制、缺陷处理方法等领域进行了大量研究与实验工作。

由于团队创建之时正处新冠疫情爆发时期,集体讨论学习、采购材料、现场实验等工作都受到了很大阻碍。团队成员在诸多不便的情况下,在家中学习相关知识,利用有限的条件进行实验,并通过线上会议沟通进展,甚至在比赛中参加线上答辩……通过集体的合作和努力,团队取得了傲人的成果,也吸引了越来越多的优秀同学加入其中。

团队核心骨干侯涤非说:"团队氛围融洽和谐,积极乐观,大家同甘共苦,目标一致,都愿意奉献自己的休息时间和精力,高强度投入到技术成果合作产出和比赛的推进中,不惜熬夜与加班。也因此,大家生活节奏类似,并肩作战共同面对各种问题。在学习上遇到问题时,坦诚交流互相促进,阶段性开展讨论分析会,交流专业课难点并共享学习资料。在复习阶段,开展课程互补帮扶

小组，相互促进，相互提醒，保持蓬勃向上的学习风貌。"在为比赛和科研加班熬夜时，大家远离喧嚣、热闹和娱乐，互相鼓励。在从科学馆回宿舍的路上，夜半的风摇曳着路灯的残影，IEST 实验室的战友携手走过有着丁香花香的春日、闷沉不安的夏日、银杏飞舞的秋月和清冽寒风下银装素裹的冬月。涉过一路冰雪，在一个个日夜披星戴月，他们共同见证刘长春雕像旁的斗转星移、火箭操场上的春去秋来。

（二）多次迭代追求卓越，矢志捍卫国脉安康

科研的道路充满挑战与未知，但 IEST 团队的成员们始终保持着对科研的热情与执着。在无数个深夜，实验室总有一盏灯亮着。这种坚持不懈的精神，让 IEST 团队在科研的道路上不断前行。

冯彦宾深知，任何成功都不是一蹴而就的。他和团队成员一起，经历了无数次的试错与修正，逐步完善了油气管道检测机器人。从最初的构想到最终的产品，每步都凝聚着团队的心血。这个过程虽然艰难，但也让每个人都变得更加坚韧和成熟。

在成功研制励磁内检测装置后，他发现最初版本存在着较多的缺点和局限性（如检测精度不高，检测方式不能满足全部需求等）。因此，时任 IEST 实验室的时任队长冯宇霖带领团队成员深入调研领域现状，并组织团队成员跟随指导教师刘金海前往中国海洋石油集团有限公司进行实地考察调研。在细致深入的调研之后，冯宇霖发现当下海洋管道检测存在较多问题（如检测成本较高、风险较高、部分技术受制于国外限制、数据泄露等）。团队成员在返回学校后，经过认真的思考与规划，就埋地管道探测、管内机器人定位、远场涡流检测等课题和难点进行大创立项，开始有针对性地攻克管道检测领域核心技术难题。

冯彦宾针对现有漏磁检测方式的局限性，主持了基于螺旋扫描原理和远场涡流检测的管道检测机器人大创项目，在教师汪刚的指导下，冯彦宾和周琪明等同学一起进行检测机器人运控系统的搭建和远场涡流检测的实验测算，完成了远场涡流检测机器人的研制。

在疫情的影响下，他们也曾面临着巨大的挑战：集体讨论、学习、材料采购、实验等工作受到了严重阻碍。尽管如此，团队成员凭借着顽强的毅力和不屈的斗志，勇敢地迎接挑战。在家中学习，利用有限的条件进行实验，通过线上会议交流，甚至在比赛中参加线上答辩，每步都经历了一次又一次的艰难

奋斗，每次团队合作都是无声的默契，让他们得以在逆境中求生存、在挑战中谋发展。

（三）国赛之路困难重重，团队合作铸就巅峰

国赛之路，漫长而曲折。团队踏上"挑战杯"等创新创业比赛之旅，历经从院赛到校赛再到省赛，他们历经千辛万苦，方能冲刺至国赛。这漫长的过程不仅见证了每名团队成员的不懈努力，更凸显了团队的默契与团结。

为参加在贵州大学举行的"挑战杯"国赛，他们从沈阳出发，跨越3000公里，从祖国的东北到西南，团队成员付出了艰辛努力，创新创业学院的教师也提供了很大的帮助和无私的付出。从PPT、海报、传单的制作到机器人的运送，从参数的优化到展示演演的完善，他们每步都在不断挑战自我、突破极限。

除了跨越距离的挑战，国赛还充斥着其他各种各样的挑战。与传统比赛的PPT讲解不同，国赛需要向一些大类领域专家，甚至是其他领域的、对本领域了解较少的专家或者是大众进行合适的讲解，这意味着作品演示不仅需要包含专业领域的重点知识，又需要添加细致入微的引导内容。为此，团队成员们每天白天与教师共同练习，夜晚也要互相模拟展示、互相抽查，经常一熬就是两三点。即便在床上躺下，大家也依然在念叨答辩流程。这种持之以恒的付出和全身心的投入成为团队在比赛中的不可或缺的支撑力量。

备赛期间，团队成员不仅面临着学业和比赛备战的双重压力，更要应对着未知的挑战。每天下课后，他们立即前往实验室，通宵达旦已成为常态，备赛期间团队成员平均每天睡眠时长只有3个小时。同时，需要面对不同学校、不同背景的专家的提问和批评，从不同角度了解行业前沿知识、提升项目水平。这不仅是身体上的挑战，更是心灵上的一次次洗礼。通过一遍遍地否定、改进和提升，面对未知的挑战，团队成员相互鼓舞、互相扶持，凭借坚定的信念熬过了最紧张的时刻，项目得以不断完善、趋于完美。

这一路赛程虽然困难重重，但正是团队成员们的拼搏奋斗以及团结协作，最终铸就了比赛中的辉煌成绩。团队先后斩获了一系列国家级奖项，如"挑战杯"国家特等奖、"互联网+"国家银奖、TRIZ杯国家特等奖等，为东大的学生科技竞赛再增光彩。

行中有果

星光不负赶路人,团队成员综合素质优异,在推免和各项评优中屡获佳绩。自团队成立以来,团队成员曾获沈阳市大学生市长奖学金、辽宁省华育大学生年度人物、沈阳市优秀大学生、东北大学十佳本科生、东北大学学生创新创业"校长奖章"等众多荣誉,2018级、2019级、2020级成员全员保研至清华大学、浙江大学、上海交通大学、南京大学、哈尔滨工业大学、华中科技大学、东北大学等国内知名985高校。

创新创业之路从来都不容易,尤其是在科技领域。冯彦宾和他的团队面临着重重困难,但他们从未放弃。无论是技术难关还是市场挑战,他们都一一克服。这种坚持和努力最终换来了丰硕的成果——团队不仅在多个重要赛事中获奖,还以第一发明人成功申请了20余项专利,发表了多篇高水平的学术论文。

IEST团队所研发的油气管道检测机器人,不仅提高了检测效率和准确性,还提高了对管道复杂环境的适应能力,实现更长续航。这一系列成就不仅为东北大学斩获"挑战杯"特等奖等荣誉,更重要的是为国家的能源安全作出了自己的贡献。

远方有志

团队虽然取得了傲人的成绩,但是在技术方面仍有改进空间,为此团队每年都会组织团队人员招新。团队会根据申请人员的学习成绩、面试表现、创新思维、团队意识等方面进行综合考量来确定入队人员,在不耽误新成员学业的基础上,培养他们的实践能力、团队协作能力及解决实际问题的能力。同时为保证团队新人可以快速适应团队节奏,团队中的老成员定期组织团队会议,来帮助新成员解决技术上的难题,会议上团队成员之间还可以相互交流自己的对机器人的改进想法,在这种模式的帮助下,团队成员迸发出了大量的创新点,团队产品每年都有较大的改进与完善。

通过在团队的不断历练,团队成员创新能力、抗压能力、科研能力得到有效提升,培养了成员勇于突破、敢于挑战的性格。目前,团队成员国内继续深造率达100%,且均为推免生,推免院校包括清华大学、上海交通大学、浙江大学等国内知名高校，其中 2020 级成员均推免至国内 C9 知名院校。冯彦宾目前已经推免至浙江大学继续攻读硕士研究生，他说："作为团队的一员，我深刻体会到了投身国家战略需求，攻克创新创业难题的艰辛与乐趣，作为新时代青年，我深知任重道远，我未来将继续从事工业机器人领域的研发与应用工作。希望 IEST 团队的这种创新精神能够传递给更多的人，激励更多青年投身于科学研究和社会实践中。"

团队的辉煌成果凝结了一代代的优秀本科生的汗水与智慧，团队未来也将延续下去，继续深耕管道检测领域，立足国家重大战略需求，不断推出管道检测领域新成果，继续深化在油气管道检测领域的研究，探索更多可能性，为保障国家能源安全贡献更多的智慧与力量。

创新之星

冯彦宾，男，东北大学信息科学与工程学院 2020 级自动化专业本科生，保研至浙江大学继续攻读工业机器人领域。东北大学 IEST 创新团队 2023 执行队长，所在团队获第十八届"挑战杯"全国大学生课外学术科技作品竞赛特等奖、中国 TRIZ 杯大学生创新方法大赛特等奖、第八届中国国际"互联网+"大学生创新创业大赛银奖、第十六批国家级大学生创新创业训练计划"我最喜欢的大学生创新项目"、东北大学 2022 年度优秀学生创新团队。

王儒超：热爱，就坚持下去

从 Robocon 赛场上的三连冠传奇，到 RoboMaster 机甲大师赛的巅峰对决，每次挑战，都是对极限的探求，每次胜利，都是团队智慧的结晶。王儒超的故事，是关于梦想与现实的碰撞，是关于创新与团队精神的颂歌。他用实际行动证明，创新不仅是技术的革新，更是思维方式的转变。在实验室的每个日夜，他与队友并肩作战，将理论与实践完美融合，创造出一台台智能机器人，为校园乃至全国的科技创新画卷添上了浓墨重彩的一笔。这是一段关于青年工程师成长的纪实，它讲述了在机器人竞赛的舞台上，他们如何以创新为帆、梦想为舵，驾驭着科技的巨轮，驶向未来的星辰大海。

——题记

拒绝平庸，挑战极限

2014 年秋，王儒超带着青春的懵懂与对未来的无限憧憬，踏入了东北大学的校门。对他而言，大学生活如同一张空白画布，等待着色彩斑斓的梦想去填涂。不久，命运之手轻轻一指，将他引向了 ACTION 机器人实验室的大门，那是创新与智慧的熔炉，也是梦想与现实碰撞的舞台。

在实验室的日子，对王儒超而言，是一段难以忘怀的旅程。在这里，他与一群志趣相投的学长学姐并肩作战，他们不仅是知识的传递者，更是梦想的引路人。从最初对机器人领域的懵懂无知，到逐渐掌握机械结构、电子电路和软件编程等关键技术，王儒超在实验室的每一天都在经历着蜕变。每一次实验的失败，都是他迈向成功的垫脚石；每一次团队的协作，都是他成长道路上的宝贵财富。

随着时光流转，王儒超和他的团队迎来了全国大学生机器人大赛 Robocon 的挑战。这是对技术、策略与团队协作的全方位考验。在激烈的竞争中，他们凭借着扎实的准备、新颖的设计和默契的配合，一路过关斩将，最终登顶，取得了三连冠的辉煌成绩。那一刻，所有的努力与汗水都化为了欢呼与掌声，王儒超感受到了前所未有的成就感与归属感。他深知，这份荣耀背后，是团队每名成员的辛勤付出，是无数次实验室里的日夜兼程。

然而，成功从来都不是一蹴而就的。在追求卓越的路上，王儒超和他的团队也遭遇过重重困难与挑战。实验的失败、技术的瓶颈、时间的压力……每次挫折，都是对意志的磨砺。但正是这些经历，塑造了他们坚韧不拔的性格，让他们学会了在逆境中寻找机遇，在失败中汲取力量。王儒超明白，真正的创新，不仅是技术的革新，更是对自我极限的挑战与超越。

如今，王儒超已经从一名充满好奇的新生，成长为机器人竞赛领域的佼佼者。但他从未忘记初心，那份对创新的热爱与对梦想的执着，始终如一。他知道，前方还有更多的难题等待着自己去解决，更广阔的天地等待着自己去探索。在未来的日子里，他将继续秉持着"拒绝平庸，挑战极限"的信念，用自己的行动，书写更加辉煌的篇章。

志行千里路，不洗尘沙

"我的目标就是将 T-DT 带成一支强大且没有破绽的队伍。"2019 年 RoboMaster《机甲大师》纪录片见证了东北大学青年工程师备赛期间的艰苦历程：T-DT 团队在比赛过程中越战越勇，连克对手并赢得 2019 年全国大学生机器人大赛 RoboMaster 机甲大师超级对抗赛全国总决赛的总冠军，实现了队长王儒超在镜头前许下的承诺。王儒超从大学二年级到大学四年级期间，一直在 ACTION 机器人实验室学习和工作，并作为主力队员连续三年参加全国大学生机器人大赛 Robocon 并取得三连冠的成绩。2019 年作为机器人战队 T-DT 团队的队长，和队友一起经历一年艰辛的备赛，经历了分区赛八强角逐，再到第十八届全国机器人大赛 RoboMaster 机甲大师超级对抗赛全国总决赛，以全胜的战绩一举夺得全国总决赛冠军。作为参赛经验丰富的元老级人物,王儒超一路走来,和东北大学机器人团队共患难、同成长。

有张有弛有成长,夺冠夺魁夺荣耀

在本科和研究生期间,王儒超分别为 ACTION 团队和 T-DT 团队效力,大部分的时间都在实验室度过。围绕机器人创造的喜悦和呐喊、理想和现实、对抗和合作,成为王儒超青春的底色,而他的成长也伴随着两支队伍的逐渐强大,王儒超在这里学到的最好的一课,就是团队发展和个人成长最好的关系应该是相互成就。研一期间,王儒超被教师陆志国指定为 T-DT 团队的队长,如何完成从队员到队长身份的转换,对于王儒超来说是一个不小的挑战。在 T-DT 团队观察适应了一段时间后,王儒超直言不讳地向指导教师提出队伍需要改进的地方,他将自己定位为改革者,并制定了"领导 T-DT 成为一支强大没有破绽的队伍"的目标。相比 ACTION 创新团队,T-DT 的团队风格更显活泼,队员个性更加鲜明;但纪律稍显松散容易导致进度拖延,有时不得不熬夜加班加点完成任务。因此王儒超管理队伍时着手安排明确目标,鼓励队员合理规划时间。

在 2019 机甲大师赛的备赛期间,为了加快团队进度,王儒超将自己几乎所有课余时间都留给了实验室,把关每个环节,紧盯每个细节。比赛日期一天天临近,然而进程受阻,实验室曾一度被压力包围。比赛结束后王儒超坦言,作为队长总是无法顾及全部,将重心放在技术质量和团队成绩的同时却忽视了队员的感受,自己也在慢慢学习如何做一名好的管理者。注意到这一点后的王儒超及时调整,组织大家举行室外团建活动。在欢声笑语中,紧张的氛围慢慢消散,王儒超和队员之间也建立了更高的默契度和协调性。每每和团队跨越一个难关,王儒超对团队的感情就更深一分。对于没有拿到国赛名额但一直为队伍默默付出的十几名队员,王儒超心怀亏欠。他说,团队的成绩离不开这些人的付出,他们每个人都是冠军奖杯的一部分,缺一不可。

让王儒超欣慰的是,比赛夺冠后他与部分队员闲聊,他们同样受益匪浅。谈及获奖感受,队员告诉他:看到奖杯的那一刻,心中的获得感无以言表,一年的努力没有白费,自己也收获了技能和成长,对 T-DT 团队的每名队员来讲,这段经历将会成为他们人生中宝贵的经验,使他们懂得坚持的意义。而王儒超也深切理解到"相辅而行,始得无蔽"的道理,是个人的坚持给予了团队不断壮大的力量,反过来团队的壮大也会使个人得到成长。

良师赠与双飞翼,益友灵犀一点通

王儒超的机器人之路并非一帆风顺,他的成长离不开良师益友的鼓励和帮助。经历了三年的历练后,王儒超在大学四年级成为了 ACTION 创新团队的主力队员。面临毕业的岔路口,王儒超在选择继续机器人创造还是专心学业研究上纠结过一段时间。当他找到研究生导师陆志国时,陆志国对他说:"我知道实验室培养你不容易,你对团队也有感情,如果你选择我做导师,我支持你将大四这一年精力全部放在 ACTION 实验室,去为实验室作更多的贡献。"而对于王儒超来说,选择了陆志国导师的同时就选择了未来的路:继续在机器人领域发光发热。陆志国理解他对实验室和机器人创造的不舍,这让王儒超很感动。拿到三连冠后,王儒超被陆志国指定为 T-DT 团队的新队长,给予了他莫大的信任。承载巨大期待的他也承受了很大压力,看到导师让自己做队长的消息的瞬间,王儒超是忐忑的。空降队长不好当,一方面,全新的队员和环境让他有些发怵;另一方面,面对上届亚军的成绩压力巨大,没有退路,要么保住亚军,要么争取冠军。当遇到压力时,王儒超喜欢找朋友倾诉,T-DT 团队骨灰级队员王法祺协助他完成了很多工作。初进队伍,个人风格稍显严厉的王儒超和队员有些生疏,而紧张的备赛期间又没有足够的时间了解彼此,这时王法祺总会从中调和,两人一个"唱白脸",一个"唱红脸",使得进程顺利开展。而王法祺也负责了很多对外交涉活动,分担了王儒超很多对外工作的负担,给王儒超提供了专注的环境带团队备赛。

一路走来,王儒超从 ACTION 创新团队指导教师丛德宏老师身上学到了科学研究的严谨,对待任何事都要认真,做到精益求精;而 T-DT 团队陆志国老师教会了他大胆创造,有想法就放手去做,不要惧怕失败。他说自己何其有幸,能够在自己热爱的领域里遇到两位恩师,收获超越师生关系的情谊。机器人领域的长跑中,王儒超不仅实现了个人突破和成长,因此而结缘的人也给他带来无限温暖和感动。

莫嫌海角天涯远，但肯摇鞭有到时

相比于将机器人比赛当成跳板、获得保研资格后选择离开的同学，王儒超做到了从一而终。从同一届入队时的十三四人到取得三连冠比赛结束后只剩三人，枯燥严苛的机器人竞赛中坚持下来的总是少数。大一下学期王儒超抱着学有所得的心态向 ACTION 创新团队提交了报名表，不承想在机器人领域一待就是四年，坚持让他收获了别人不曾得到的东西。

"如果要我做一个回顾和总结，我想进步最大的阶段是大二和研一做机器人期间。在我最初踏入这个领域时，对一切都充满好奇和求知欲，那时我的学习范围非常广，从专业知识到为了实验室的成长自学其他非专业知识，有些看似非专业的知识也为其后来的应用实践打下坚实的基础，提供了很多经验。离开了团队到科研工作中，我明显感觉到知识体系发生了巨大的变化，思考问题的深度也有了很大跃升。"如今，王儒超很感谢当初那个不放弃的自己。从大二到研一，年复一年的备赛比赛中，王儒超发现了自己心中对机器人创造和团队的热爱，而正是坚持才成就了今天的他。

谈及过往获得的成就，王儒超笑言："我自认离优秀还差很大一截。"在他看来，真正优秀的研究生不仅应该在拓宽人类已形成的知识边界上有所贡献和成就，还需要不断努力，将青春和自我奉献给机器人领域。

学海无涯，归来还是少年

在浩瀚的学海之中，这位东北大学的博士研究生，正以他独有的方式诠释着"学海无涯，归来还是少年"的真谛。自本科时期，他就投身于 ACTION 机器人实验室，与志同道合的伙伴们共同征战全国大学生机器人大赛 Robocon，三次问鼎冠军，展现了非凡的团队协作与技术创新能力。而后，作为 T-DT 团队的队长，他又带领团队在全国大学生机器人大赛 RoboMaster 机甲大师超级对抗赛全国总决赛中披荆斩棘，以全胜战绩夺得全国总冠军，将青春的热血与梦想，化作了沉甸甸的荣誉。

步入博士阶段，王儒超的求学之旅并未因过往的辉煌而停滞。相反，他深知学海无涯，每次探索都可能开启新知的大门。面对更加深入的学术研究，他保持着初学者的谦卑与好奇心，不断挑战自我，探索机器人领域的前沿课题。

在实验室里，他是那个最晚离开的身影，对每个实验数据都力求精准，对每份研究报告都反复推敲。他明白，每次失败都是向成功迈进的一步，每次尝试都是对未知世界的叩问。

机器人竞赛的经历，不仅赋予了王儒超扎实的技术功底，更磨砺了他的创新思维与团队精神。他深知，未来的机器人领域，将是集多学科交叉、技术创新与人文关怀于一体的广阔天地。因此，他渴望将自己在竞赛中学到的团队协作、问题解决能力和创新意识，融入更深层次的科研探索中，为推动机器人技术的发展贡献自己的力量。

展望未来，王儒超满怀憧憬。他希望能够将学术研究与产业应用紧密结合，让智能机器人技术更好地服务社会，改善人们的生活质量。同时，他期待着有一天能够站在国际学术交流的舞台上，分享自己的研究成果，与全球顶尖的科学家共同探讨机器人技术的未来方向。

王儒超的求学旅程，是一次心灵的洗礼，也是一场对未知世界的勇敢探索。在知识的海洋中航行，他始终保持着那份纯真的热情和对梦想的执着，在不断学习与成长的道路上，他永远保持着一颗年轻的心。

创新之星

王儒超，男，东北大学机械工程与自动化学院博士研究生，本硕就读于东北大学。第十二届中国青少年科技创新奖获得者、第五届东北大学学生创新创业"校长奖章"获得者，并获2021年东北大学"双一流"建设贡献奖。他作为ACTION创新团队主力，连续三年（2016—2018）夺得全国机器人大赛Robocon全国总冠军；2019年，出任T-DT团队队长，率队首次登顶并荣获"年度优秀队长"，完成个人"四连冠"。博士期间参与多个国家级重点项目，并发表论文多篇、授权发明专利多项。

夏晨越：勤学刻苦不负青春梦想，科研创新尽显青年担当

理想是石，敲出星星之火；热爱是火，点燃心中的灯；坚守是灯，照亮前行的路；奋斗是路，引你走向黎明。"志不求易者成，事不避难者进"，脚踏实地，以德为本，坚持热爱，他一直在追寻梦想与远方的道路上不断求索。不负青春时光，不忘报国使命，有道是——勤学刻苦不负青春梦想，科研创新尽显青年担当。

——题记

理想是石

2020年秋，夏晨越怀着无限憧憬来到东北大学。然而，通向美好未来的道路却远比他想象的艰辛。入学伊始，学院和学校为夏晨越和同学们提供了创新创业的多种选择。当他看到智能电网项目组的招募信息时，第一时间发出了自荐信。然而，他的初次尝试却遭到了拒绝——负责项目的学长认为他专业知识基础不牢，还缺乏变通应用知识的能力。令人欣慰的是，项目组的教师鼓励他"先积累知识，希望早日在智能电网项目中见到你"。

2021年夏，随着全国多地电力系统因尖峰负荷过大而频繁陷入限电拉闸的困境，夏晨越深刻感受到电力系统优化的重要性。这不仅让他意识到智能电网技术在应对这些挑战中的关键作用，也更坚定了他加入智能电网项目组的决心。面对这样的社会问题，夏晨越下定决心要通过自身的努力和所学的知识，成为解决这个问题的一份子。

但他也深知，要在智能电网领域有所建树并非易事。在教师和同学的帮助

下，夏晨越开始为自己制定详细的学习规划。他分析了自己在第一次申请时被拒绝的原因，认清了自己在专业基础和实践能力方面的不足。为此，他决定从以下几个方面进行提升。

首先，他决定从基础入手，全面夯实自己的理论知识。除了在课堂上认真学习电力系统和智能电网相关课程外，他还主动报名参加了学校组织的多场电力领域的专题讲座和研讨会。通过与专家学者的互动，他不仅拓宽了自己的视野，也进一步理解了智能电网技术在应对电力负荷过大问题中的实际应用。

其次，夏晨越意识到理论知识的积累固然重要，但将其转化为实际应用能力才是关键。因此，他积极参与各种课外实践活动，以提升自己的动手能力。他加入了学校的科技创新实验室，参与了多个小型电力系统的模拟设计项目。通过这些项目，他学会了如何将课堂上学到的理论知识应用到实际问题的解决中，这也为他未来在智能电网项目组中的工作打下了坚实的基础。

最后，夏晨越意识到与项目组成员建立良好的沟通和合作关系的重要性。他开始主动与项目组的学长接触，向他们请教专业知识和项目经验。在这些交流中，他不仅获得了宝贵的技术指导，还逐渐融入了项目组的团队文化。这些经验让他更加明白，成功不仅仅依赖于个人的努力，更需要团队的合作和支持。

时间飞逝，夏晨越迎来了大二新学期。经过一年多的努力和积累，他不但在专业知识上取得了长足的进步，还通过自己的不断实践和创新，展现了卓越的领导力和执行力。终于，他在大二时成功申请成为了智能电网项目组的一员，并且担任了大创项目的负责人。

在回顾这段经历时，夏晨越感慨万千："回想起刚入学时的自己，虽然充满了热情和梦想，但是在面对现实的挫折时也曾感到迷茫。然而，正是这些挫折让我更加坚定了自己的目标，也让我明白了成功的背后需要付出多么巨大的努力。每次失败都让我变得更加坚韧，每次挑战都让我变得更加成熟。"

夏晨越的经历不仅是一段个人成长的故事，更是一段逐梦的旅程。他通过不懈地努力，终于站在了自己梦想的起点。而他也深知，这仅仅是一个开始，未来还有更多的挑战在等着他去克服，还有更多的知识在等待着他去探索。正如他所说："只有不断学习、不断进步，才能在这条创新的道路上走得更远。我的目标不仅是加入智能电网项目组，更是通过自己的努力，为社会贡献一份力量。"

奋进向前

在成功加入智能电网项目组后,夏晨越并没有因此停下脚步,而是更加积极地投身于科研竞赛和项目研究工作。他深知,智能电网的研究不仅仅是课堂知识的延伸,更需要在实际应用中不断探索与创新。在这种信念的驱动下,夏晨越逐步将自己投入到更多的科研项目中,积极参与国家电网与东北大学的合作项目,致力于解决我国用电高峰时刻电力供给不足导致的限电拉闸问题。

首先,夏晨越在华晨宝马－国家电网－东北大学车网互动实验室和东北大学智能软件开发技术研究所担任研究员,深入参与多个项目的研发与试运行。他不仅承担了部分项目的核心技术研发,还负责了项目的初期试运行。在导师的指导下,他不断探索新的创新点,力求在智能电网领域取得突破性进展。正是这种不懈的努力,让他在科研道路上收获了丰硕的成果。他以第一作者的身份发表了一篇高水平的国际会议论文,并且申请了两项国家专利,这些成果不仅为他的研究生涯奠定了坚实的基础,也为智能电网技术的发展作出了积极的贡献。

与此同时,夏晨越并未忽视课堂上的专业学习。在大二学年,他一方面认真学习专业课程,另一方面积极寻找与自己兴趣相符的导师。他找到了在智能电网方向上有着丰富经验的邓卓夫老师,并在老师的指导下,共同创作了"负荷调度仓－电力需求响应平台"项目。这一项目旨在通过智能调度,缓解电力尖峰负荷带来的供需矛盾。在项目的开发过程中,夏晨越不仅学习了大量的新技术,还学会了如何在实践中将这些技术应用到实际问题的解决中。

在大二学年,夏晨越还积极参加了各类创新创业类比赛,尽管在初期的比赛中并没有取得令他满意的成绩,但他却从每次比赛中积累了宝贵的经验。这些经历让他明白了比赛不仅仅是技术的较量,更是对综合能力的考验,尤其在领导力、责任心及对项目的深刻理解方面。正由于他在比赛中的出色表现,使得教师更加关注他,并最终推荐他担任东北大学深度智慧创新团队的负责人。

进入大三,夏晨越带着扎实的专业知识和丰富的竞赛经验,继续在各类科创竞赛中大放异彩。在备赛期间,他不仅要优化项目的技术创新点,还要精进项目的讲述和答辩方式,以便在比赛中更好地展示项目的优势。在此期间,夏晨越面临的挑战远不止这些，他还处于推免关键期，需要同时兼顾科创竞赛和专业课的复习。这段时间对他而言无疑是极为紧张和充实的，但他凭借顽强的毅力和高度的自律性，成功在两者之间找到了平衡。

最终，他的努力收获了丰硕的成果。作为东北大学深度智慧创新团队的负责人，夏晨越带领团队不断优化项目技术方案，取得了显著的成效。他们赢得了第十一届中国 TRIZ 杯大学生创新方法大赛国家级一等奖和三等奖、中国大学生计算机设计大赛国家级三等奖、第十六届"挑战杯"辽宁省大学生课外学术科技作品竞赛金奖等 10 余个校级以上的创新创业大赛奖项。这不仅展现了他卓越的领导能力和解决问题的能力，也证明了他在智能电网领域的深厚积累和卓越创新。

三年来，夏晨越几乎参与了每项与智能电网相关的科技创新活动。他的创新思维和科研能力在这些活动中不断提升，也为他未来的科研之路打下了坚实的基础。他始终坚信，只有通过不断地尝试和学习，才能在技术创新的道路上走得更远。他的奋斗故事，既是对梦想的追逐，也是对社会责任的践行。

多点开花

在夏晨越的大学生涯中，他的成长不仅仅体现在智能电网领域的深耕与突破，还在各类科技竞赛与个人荣誉的收获中得到了全面展现。作为一个全面发展的优秀学生，他始终秉持着追求卓越的信念，不断挑战自我，在多个领域都取得了显著的成就。

在大一学年，夏晨越在班级成长发展指导员和校数学建模协会的影响下，首次接触到了数学建模竞赛。虽然初入大学，他的专业知识还处于基础阶段，但他却凭借着对数学的热爱和不懈的努力，在短时间内迅速提升了自己的建模能力。经过一个学年的刻苦学习，他与团队成员通力合作，成功在第十届 APMCM 亚太地区大学生数学建模竞赛中获得了国际二等奖。这一成绩不仅是对他努力的肯定，也为他未来的竞赛之路打下了坚实的基础。

在 2023 年国际大学生数学建模竞赛中，夏晨越凭借卓越的表现，斩获了特等奖 Outstanding Winner，成为全球仅 0.2% 获此殊荣的参赛者之一。他还同时获得了 ASA 美国统计学会冠名奖和 COMAP 冠名奖学金的双冠名奖，这是全球仅四支团队能够获得的殊荣，也是东北大学乃至辽宁省高校历史上的首次获奖。这一成绩不仅展现了他的数学建模能力，更体现了他在高压环境下的出色表现。

除了个人的竞赛成绩外，作为班长的夏晨越也积极带动班级同学一起在各类科创竞赛中发挥各自的光彩。他定期邀请班导师在班会上给同学讲解各类创新竞赛的获奖技巧，并分享导师的创新型项目，鼓励同学互相组队参与比赛。为了激励同学们积极参赛，他和其他班委一起在班级中设立了竞赛奖励基金，针对不同奖项级别为获奖同学提供不同类型的奖励。这些措施极大地调动了班级同学的参赛热情，使得班级整体在各级别竞赛中屡创佳绩，涌现出了一批批优秀的参赛者。

在学习方面，夏晨越始终保持着极大的热情和进取心。他为自己制定了符合专业发展、适合个人成长的学习目标，并为之不懈奋斗。凭借优异的成绩和出色的表现，自入校以来，他累计获得了国家奖学金、宝钢优秀学生奖学金等10余项奖学金，以及全国大学生年度人物提名奖、辽宁省大学生年度人物、沈阳市大学生标兵、辽宁省优秀毕业生、东北大学优秀学生标兵等10余项荣誉称号。这些荣誉不仅是对他学业成绩的认可，更是对他全面发展的高度肯定。

未来可期

回顾大学四年的历程，夏晨越深刻理解到，奋斗才是定义未来的关键力量。从最初选择软件工程专业，到在科技创新领域崭露头角，再到取得一系列荣誉与成就，这一路上的每一步，都在坚定地向未来迈进。

如今，夏晨越已经成功推免至清华大学，继续攻读智能电网方向的硕士学位。这不仅是他学术生涯中的一个重要里程碑，更是他迈向未来的坚实一步。在清华大学，他希望能继续深耕智能电网领域，探索更多前沿技术和创新应用，为推动中国电力事业的发展贡献自己的智慧和力量。

然而，夏晨越的目标并不止步于此。他始终心系东北，心系这片培养了他、赋予他无限可能的土地。他深知，东北全面振兴是国家发展战略的重要一环，作为一名新时代的青年学子，他渴望将所学知识和积累的经验带回东北，为这片土地的振兴和发展贡献青春力量。他希望通过自身的努力，推动东北地区的智能电网技术和产业创新，为实现中国式现代化贡献一份力量。

展望未来，夏晨越对自己的发展充满信心和期待。他坚信通过不断奋斗和努力，他能够在科技创新的道路上越走越远，为国家和社会的发展注入新的动力。他将继续秉持"奋斗定义未来"的信念，以更加坚定的步伐迈向前方，迎接属于他的辉煌人生。

创新之星

夏晨越，男，东北大学软件学院软件工程 2020 级本科生。曾任东北大学深度智慧创新团队负责人，探索解决我国用电尖峰时刻电力供给不足而导致的限电拉闸问题。在校期间获得国际大学生数学建模竞赛特等奖，同时获得 ASA 美国统计学会冠名（全球唯一）和 COMAP 冠名奖学金双冠名奖（全球仅四支团队）。还曾获国家奖学金、宝钢优秀学生奖学金、全国大学生年度人物提名奖、辽宁省大学生年度人物、沈阳市大学生标兵等 20 余项荣誉奖项。此外，还获得中国 TRIZ 杯大学生创新方法大赛国家一等奖和"挑战杯"省级金奖等 10 余项省级以上奖项。作为班长和党支部副书记，所在班级获评"校学业创新特色班集体"。

雷传澳：以梦为马，
在东大绽放青春的N种可能

果敢坚毅，追求卓越；不言放弃，挑战极致。披荆斩棘，艰辛寻声之路，初心一路相随；研究创新，追随心之所向，共谱生命之舞。回首看，懵懂少年多尝试；四载间，拨开迷雾探深渊。振凌风之翼骋创新疆场，扬创业之帆做时代青年。他是勇攀高峰的追梦人，连续三年致力于聋哑人手语智能化交互技术研究，用科技舞出无声者的心声。以自律的生活态度、敢为人先的奋勇精神、回报社会的责任担当，谱写了自己的人生新篇章。他就是东北大学计算机科学与工程学院2020级本科生雷传澳。

——题记

以终为始，青年当勇敢争先

2020年9月，懵懵懂懂的雷传澳来到东北大学读书，怀着无限的期盼，他对一切都充满着好奇，并决心要去探索这一未知的领域。对于他来说，在有限的时间内完成最重要的目标才是青春最亮丽的风景线。因为对各种社团活动充满好奇和兴趣，在大一上学期，雷传澳同时加入了10个学生组织和社团，每天晚上都要参加各部门例会，周末的时间也被各种社团活动所占据，忙碌且充实。他室友告诉他："用不了一个月，你就会退得只剩下一两个。"他也觉得太忙了，可能会耽误学习，他不知道何去何从。

有一天，在《句读》上无意看到罗曼·罗兰的一句话彻底改变了他的大学生涯。"要想使你够坚强和增加你的自信，最好的办法就是拿出胆量去做那些你认为没有把握的事。"他下定决心，克服万难，所有学生工作和社团活动都继续参加，一年内不会退，不是要证明他室友是错的，而是证明"我可以"。

为了减少不必要的精力消耗，他的手机只保留了微信、短信、电话等通信软件的消息通知，节省出的时间全部用在课业学习和组织社团活动上。在大一学年，雷传澳不仅在各个社团组织有着出色的表现，担任了校科协学术科技部部长，还获得了校优秀学生一等奖学金，用实际行动证明了"只要坚持，办法总比困难多"。从此，他变得更坚强也更自信了，"拿出胆量去做那些你认为没有把握的事"成了他的座右铭。

面对眼前的小成就，雷传澳没有丝毫的自满和停顿。出于对实践和科创的热爱，他积极积攒经验，早早地便为自己的大学生活做好规划。抱着尝试的心态，他鼓起勇气申请了沈阳舞指科技有限公司（简称舞指科技）CEO助理一职。凭借丰富的经历和负责任的态度，他成功被录用了。来到舞指科技，又是一个未知又神秘的环境，他更加认真负责，"任何事情，做到极致就是艺术"成了他的行动准则。

面对再简单的事，他也一丝不苟、精益求精。在秦皇岛市场方案建设与投标工作中，他查找资料、电话咨询，与政府及中国聋人协会建立联系，了解政府资金流动及组织架构，将公司简介、建设方案认真整理校对好，只要可以做的他都做了，而且做到了极致。后来他又亲自组织辽宁省市场方案建设，带领团队从现场调研、实地采访到撰稿、展示，精益求精的态度展现在方方面面。这些工作的背后，浸润的是他高效的时间利用、执着的追梦精神。以前进为目标，以终点为起点，不断学习充实，不断积极进取，不断坚守目标。"我是先想我要做成什么，以终为始，然后想如何做成，我具备什么又不具备什么，不具备就想如何获得。"时刻谨记目标，他迈出一步步坚定的步伐，在奋勇争先的路上不断前行。每项工作都会被看到，每次付出都是值得的。最终，他获得了主持手语教学系统研发的工作机会，并作为大创成功立项，新世界的大门向他敞开……

科创之路，迎难而上助发展

人工智能专业是新兴的重点学科之一，创新不仅一直是专业学科发展的主题，亦是时代对青年学子的要求。要想将所学化为所用，必须站在专业前沿，时刻保持批判性思维，敢于发现，持续创新。雷传澳立志做一名这样的人工智能应用研究者。但想要从只掌握理论知识的学生，成长为能够熟练应用知识的创新者，难度可想而知。雷传澳说："我觉得要有迎难而上的勇气，以及对自己解决问题的自信。"由于距离学校较远，小学四年级的雷传澳就开始了住校生活，也正是在这种"凡事靠自己"的环境下，锻炼出他"遇事首先考虑靠自己解决"的习惯和解决困难的自信。

一个大创项目就是一年多的周期，要想取得优秀的成绩绝不是件简单的事。在获得主持手语教学系统研发工作机会并作为大创项目成功立项后，雷传澳有些迷茫和不知所措。有一次和朋友聊天，朋友告诉他自己的座右铭——"道阻且长，行则将至"，顿时有种"独上高楼，望尽天涯路"的感觉。没错，行动就是答案，行动是克服恐惧的钥匙。大创团队的成员都充满热情，也正是这股热情给予他动力，向有经验的学长取经，分解细化项目任务目标，制定切实可行的措施，定期召开线上对接会，动态调整项目等。

面对雾蒙蒙的前路，他毅然起身前行，从四元数、欧拉角到DTW算法，深度学习，他一点一点摸索，学习前辈经验，与同窗交流合作，从低技术工作学习到实践，每次小小的进步都会带来大大的动力，有困难就克服困难，逢山开路、遇水架桥，渐渐地，目标也清晰起来。你不需要很优秀才可以开始，但你需要开始才可以很优秀。其间，他带领团队成员组织手语数据采集工作，开发出手语数据采集系统，将多机位摄像头、手语数据手套、肌电传感器全部连在一起。每天采集结束后，他们会根据当天遇到的问题再对系统进行完善更新，力求使得界面更加美观，采集功能更便捷高效，操作更加智能化，每条数据经过3遍采集，最终高效完成2000余条多模态数据的采集，为更好完成项目打下了坚实的基础。

从行动中试错，从尝试中探索，从失败中汲取经验。500个日夜的研发，50余次会议讨论，受挫、受挫再受挫，他始终没有放弃，他终于做到了。雷传澳的项目获得国家级优秀的结题成绩，项目为"基于多模态传感器的手部动作建模及辅助校准系统"，针对听障人士人对智能化、个性化、一体化聋人教育器具有强烈诉求之背景，实现了手语数据采集系统、基于Kinect的视频手语教学系统、手语教学与学习反馈系统、手语教学与识别系统。对比市场上目前主流手语学习软件，他们的手语教学系统实现了更为完善的闭环式手语教学。申请了3项软件著作权。

他积极参与创新创业，所在项目"农药喷洒革命——面向'双减'的低温烟雾化农药智能喷洒设备"已被评为国家级项目，在东北大学第十届"创吧"创业基金争夺赛上成功奇袭，获得近万元创业基金。他担任沈阳雅译网络技术有限公司小牛翻译技术岗实习生，完成 XML 机器翻译系统的搭建，实现了良好的翻译效果，获得教师、同学一致好评。同时，他曾带领团队获美国大学生数学建模竞赛国际一等奖、第十届中国 TRIZ 杯大学生创新方法大赛全国二等奖、"建行杯"辽宁省第八届"互联网+"大学生创新创业大赛银奖、第十一届中国 TRIZ 杯大学生创新方法大赛全国二等奖、2022"挑战杯"辽宁省大学生创业计划竞赛银奖、全国大学生数学竞赛三等奖等国家级、省级奖项 10 余项。

璀璨风华，照亮他人之灯塔

雷传澳不仅在学习和创新领域上取得硕果，在带领团队、服务社会方面也展现了优秀青年的风范。

一人进步是一枝独秀，共同进步才是百花齐放。作为负责人，他积极帮助组员打消对未知和困难的恐惧，与组员进行单独交流，时刻保持团队的高昂士气；优先定下方向、构建大致框架，为每名组员分工；每周进行两次线上会议进行对接，组内共享项目进度，同时依据进度，对下一步任务进行动态调整，制定下一阶段的计划。"安排具体的任务，做具体的事，有具体的目标，才能让大家参与进来。负责人就要掌控整体的方向，制定长远的规划，成为照亮大家前进的灯塔。"

在雷传澳和全体组员的努力下，他们的大创项目平稳进行，逐渐开花结果。从行动中试错，从尝试中探索，从失败中汲取经验。团队自主研发的手语教学系统建成，成功实现了更为完善的闭环式手语教学。该手语教学系统获得沈阳市委、科大讯飞、中国残疾人联合会等 7 家政府机关、企事业单位的一致认可，一切努力终于化作成功的喜悦。"这是我们团队实践的成果，是我继续向前的信心和动力。"毋庸置疑，这件作品对于雷传澳及其团队而言，是他们送给自己和手语教学事业的一份弥足珍贵的礼物。

他积极致力于学生工作，曾任东北大学学生科学技术协会副主席，组织并带领团队进行例会、活动、团建 50 余次，充分增强了团队凝聚力，部门 10 位部员中 8 人成功竞选为部长团；负责组织大学生数学、英语竞赛、工业数字孪生大赛、边缘计算开发者大赛、科创节等多项赛事活动，累计覆盖近5000人次。他不仅关注学习和科研，而且热心并积极参加各项实践和公益活动。作为团队队长，带领团队足迹遍布四省四市，完成多项实践成果，累计服务近百人次，获得社会实践优秀个人、优秀团队、优秀宣讲团、优秀报告、蓝精灵优秀团队等多项荣誉。

"当我们勇敢去做，最终完成目标之后，我们会发现过程没有想象中那么难。"一个怀揣勇气，自信满满的时代青年，理应敢为人先、挑浪三丈，自然无人能挡，无人可挡。雷传澳也是东北大学先锋青年、创新青年、奉献青年的缩影，知不足而奋进，望远山而前行，始终奋斗在实现人生价值的逐梦之路上。

创新之星

雷传澳，男，东北大学计算机科学与工程学院2020级本科生，曾任沈阳舞指科技有限公司CEO助理、校科协副主席等10项职务；其主持的国家级大学生创新创业训练计划获评"优秀"结题，授权软件著作权3项，负责研发的手语教学系统获沈阳市委、科大讯飞、中国残疾人联合会等7家政府机关和企事业单位认可；带领团队获美国大学生数学建模竞赛国际一等奖、中国TRIZ杯大学生创新方法大赛全国二等奖等国家级、省级奖项10余项；获国家奖学金、辽宁省优秀毕业生、沈阳市优秀大学生、东北大学"五四奖章"十佳本科生、东北大学第十九届自强之星标兵、东北大学第十二届就业之星、东北大学CSE先锋人物、东北大学CSE出彩毕业生等荣誉奖励30余项。《最强大脑第八季》全国500强（海选4.6万余人），已推免至中国科学院大学攻读博士学位。

曾振：漫漫创业路，荆棘亦成花

  舞指科技，秉持"科技向善"的初心使命，矢志为听力障碍人群营造一片温暖的交流天地。借助匠心独运的肌电信号技术，轻轻撩开沉默的帷幕，让语言的华章在指间恣意流淌。这份对社会责任的深沉承载，这份对人类福祉的虔诚祈愿，都融入了舞指科技的灵魂与使命之中。他们以科技的灵韵，抚慰每颗渴望被理解的心，以温暖的光芒，照亮无声世界里的每寸幽暗。曾振的创业故事，不仅具有时代特征和创业者特质，更是一个具有全球影响力和社会价值的创业典范。

——题记

心中有梦

  2015年初秋，曾振刚刚走进大学校园，对周遭的一切都充满了新奇与探索的欲望。校园生活丰富多彩，学业之余，他总设法挤出更多时间，投身到自己感兴趣的领域。一次机缘巧合，他结识了辽宁省残疾人联合会的一位朋友。这位朋友和姐姐都饱受遗传性听力障碍的困扰，幸运的是，朋友通过后天训练，症状得到了一定程度的改善。在深入交流中，曾振了解到一个严峻的现实：中国手语翻译人才极度匮乏，且培养一名合格的手语翻译，需要投入大量的时间与精力，过程艰辛漫长。一个大胆的想法在曾振心底悄然生根发芽——能不能用科技为听力障碍者做些什么？在后续的交流中，他惊喜地发现，这一想法与中国残疾人联合会及学校的王斐教授不谋而合。在经过几次的激烈讨论和构思之后，他们开始组建团队，研究工作逐渐起步。

最初的团队依托学校的大学生创新创业训练计划组建，成员为在校学生或应届毕业生。由于成员兴趣相投、专业互补且皆怀有强烈的社会责任感，团队组建过程比较容易。在团队发展进程中，曾振时常带领成员围绕人工智能、机器学习等前沿领域的最新技术与发展趋势展开深入研讨，并积极投身于新技术、新解决方案的研发工作。

正如人们所熟知的那样，当一个人怀抱着梦想，怀揣着追求，内心充满了热情和动力，就会散发出一股魅力，一种能够感染和吸引他人的磁场。联合创始人李荣颉说："虽然创新创业的路走得跌跌撞撞，但是只要我们在一起，就不惧任何挑战。"专攻技术的贺潇说："团队里每个人的潜力都是无限的，汇聚每个人的力量就可以打破技术屏障，就可以完成那些看似不可能完成的任务。团队的每个成员都是不可或缺的一份子，只要我们在一起，就可以创造奇迹。"

"创业是一条充满挑战和机遇的道路，需要充满激情和不竭的动力，去攻克各种困难和挑战。如果缺乏热情和活力，就很难做到这一点。我相信，一个高效协作、互相信任、相互支持的团队，才能够在市场竞争中获得成功和发展。因此，我会鼓励团队的每个成员发挥自身的优势和潜力，共同实现公司的愿景和目标。"曾振说。他也凭借着这股创业的热情和活力，吸引了更多志同道合的伙伴，凝聚成了一股巨大的力量，推动着事业的发展和进步。

眼里有光

（一）玉汝于成，功不唐捐

对于听力障碍者来说，手语是他们与世界交流的方式，是他们的心灵在指尖跳跃的舞蹈，曾振迫切希望自己能帮助这一特殊群体攻克手语难关，能够更加便捷地无障碍地与世界对话，找回属于自己的"声音"。然而将创意转化为落地的创业项目并没有想象的那么容易。

随着调查的不断深入，舞指科技发现其用户群体具有广泛性和多样性，这些听力障碍者来自不同地域、族群，有着不同的文化背景。虽然这些目标人群在年龄、性别、职业、教育程度等方面各异，但是他们有个共同点就是，需要一种智能交互设备更方便地进行沟通和交流，进而改善自己的交流能力和社交状况，积极融入社会，避免由于沟通障碍带来的孤立和隔阂。

在王斐教授的指导下，经过不断地试错和攻关，团队终于研发出了一套可以帮助听障者沟通交流的智能设备——舞指手环。在使用时，听障者佩戴手环打手语，手环上传肌电信号至云端，转为文字、语音后传至"舞指科技"App。接收者通过App把语音转成文字、手势图片反馈给听障者，完成交流闭环。这款手环凝聚了团队的智慧与心血，它的诞生为听障群体带来了新的希望。曾振邀请了省残疾人联合会朋友的姐姐来到公司进行体验。当大家怀着忐忑又兴奋的心情，看着她紧张地用手语打出"谢谢"，随后，当手环顺利将手语转化为清晰的语音时，那一刻，所有人都觉得之前所付出的一切努力都是值得的。这场"寻声"之旅，就在这一声"谢谢"中正式拉开了帷幕，也彻底点燃了曾振将创业进行到底，把产品推向市场，造福更多听障者的决心。

（二）立足国内，放眼全球

根据世界卫生组织统计，截至2021年，全球听障碍者人数约为7200万人，占全球总人口数的0.6%。舞指科技作为一家科技公司，它的产品和服务不仅适用于中国本土市场，更可以满足全球用户的需求，其在全球范围内拥有大量的用户。

曾振由衷地说："学校和老师们给予了我们很重要的经费场地支持、项目指导和精神指引。现在想来，对我来说起了决定性的作用，也更加坚定了自己用科技改变世界的初心。"为了满足全球用户的需求，舞指科技采用了一系列全球化的策略。"在国际市场中，通过建立海外分支机构寻找合作伙伴，扩大产品和服务的覆盖范围，通过多语言版本的产品和服务，来满足不同国家和地区的用户差异化需求。"曾振带领舞指科技团队凭借其独特的全球化战略思维和开放的国际视野，胸怀天下聋人群体，倡导以科技赋能实现数字化发展，积极适应和把握全球市场的发展变化，推动企业的创新和变革，提高企业的综合竞争力，进而成为推动全球经济发展和文化交流的重要力量，做到真正的"万物互联"，这种胸怀天下的理念和创新驱动的企业文化，不仅推动了企业的发展，更为社会创造了巨大的价值。

回顾舞指科技的创业史，作为一家具有前瞻性的科技企业，公司自成立之初便以技术立足，坚定地走在科技创新的道路上，并以此为基础推动其全球化发展进程。与传统企业不同，舞指科技通过引领行业技术创新，为客户创造更高的价值，在市场竞争中形成了以技术优势为立根之本的核心竞争力。莫道前路多险阻，揽月摘星未可知。经过了几年的努力，公司已经构建起了国际领先的从信号处理的 SIP 封装芯片到算法、数据库的一整套核心壁垒，对比国际当前行业指标提升 10 倍以上，解析动作数量突破 1000 种，准确率达到 90% 以上。在全球化发展进程中，曾振还表示，他将始终致力于打造生物电信号领域的 Neuralink（马斯克创立的脑机接口领域全球龙头企业），通过基于生物电信号的神经接口，随时随地控制智能设备，始终坚持技术创新和国际化战略，不断推出具有创新性和领先性的产品和解决方案，成为万物互联的基础设施之一。

曾振坦言，"我们真正的核心竞争力其实还是技术优势，为保持持续创新，公司高度重视资源投入，打造一支具有丰富经验和专业素养的研发队伍，形成了具有世界级水平的技术研发团队。同时，公司与多所高校、科研院所建立了紧密的合作关系，通过产学研一体化，为源源不断的技术创新注入新的活力。"在国内市场，公司积极开展市场营销活动，与各大电子厂商合作，推广其手势识别技术，并取得了一定的市场份额，为企业全球化发展积累经验。在国际市场中，技术创新能够帮助企业提升产品竞争力，提高市场占有率，其独有的技术方案和专利技术已在全球范围内得到了广泛应用。同时，公司积极参加各类国际展会和行业交流活动，不断拓展海外客户。

为满足全球需求，舞指科技实施了全球化战略。在海外设分支机构、找合作伙伴，扩大市场覆盖；推出多语言版本产品，满足差异化需求。在国内，舞指科技与电子厂商合作推广技术，逐渐占据一定市场份额，积累起全球化发展经验。在国际上，凭借技术创新提升产品竞争力，积极参加国际展会拓展客户。不过，全球化之路困难重重。在欧盟，要遵循严苛数据保护法规，了解当地商业文化制定策略；在日本，针对其对产品质量和安全的高要求，推出相应产品；在美国等注重创新个性化的市场，开发特色产品；通过建立伙伴关系等确保供应链稳定；采取多种措施应对汇率风险。公司通过了解当地市场环境和消费者需求，建立合作伙伴关系，以确保在全球市场中取得成功。"全球化市场中会遇到不同于国内市场的问题，我们就常常熬夜寻找解决方案，头脑风暴展开深入探讨，我们始终相信，只要目标坚定，困难总会迎刃而解。"曾振说。

在未来的市场竞争中，企业的核心竞争力将越来越依赖于人才和团队的协作与创新能力，以及公司在技术路线上积累的独特优势。这得益于公司长期以来坚持以用户需求为导向，并注重产品的实际应用场景。通过不断优化产品设计，力求打造与众不同的技术产品，以满足用户的需求和期望。这样的做法使得公司的产品具备了极高的竞争力，让用户真正感受到产品极佳的使用体验和价值。公司作为冬奥会独家官方手语转换与翻译供应商，产品入选《中国残联辅助器具指导目录》，为来自各国的聋人和听人提供跨国界、无障碍的沟通服务。而在此之前，我国相关专业领域的发展一直处于空白状态，舞指科技这项技术，不仅帮助聋人解决燃眉之急，还帮助我国肌电信号领域向前迈步，与小米科技有限责任公司（简称小米）、科大讯飞等名企携手打造全球最大的中文手语数据库。

（三）创业维艰，笃力坚持

曾振的创业之路，走得跌跌撞撞，也曾一度面临着技术难关、人员重组等多重考验，这让他逐渐意识到创业路上的一切都是"真枪实战"。众所周知，手语是一种非常复杂的语言形式，它涉及手部动作、面部表情、身体姿势等各种元素，要将这些元素准确地转换为语言文字，需要克服许多技术上的难题。为此，曾振和团队成员就在成百上千次的设备调试与技术更新中不断试错、改进，寻找最优解，这种探索和试错的精神不仅让团队成员更加坚定了自己的信念，也为技术创新注入了源源不断的活力和动力。

"手语转换技术的成功将会为无数聋人群体带来便利，让他们能够更加自由地和外界交流，这种成就感是无法用言语来形容的，只有亲身经历过才能深刻体会。过去，我们经常因改进算法升级系统而通宵熬夜，困了就睡在实验室，醒了就继续跑代码，每天睡三五个小时是常有的事儿"，说到公司产品，曾振像开启了话匣子一样，滔滔不绝地讲了起来，就像在细数过去的创业时光，每帧都值得回忆和铭记。曾振表示，他们开发的基于人工智能的语音识别技术，能精准识别用户语音指令，实现智能交互。产品采用的双向翻译技术，技术难度高、开发周期长、人才成本大，进入行业门槛颇高。所以，在开发或改进产品时，公司始终以用户需求为核心，深入了解用户使用情况与改进建议，以此指导产品设计。同时，不断对软件进行测试优化，只为打造出精度更高、体验更佳、转译更快的产品，满足用户需求与期望。在产品应用场景方面，听障者可用手语翻译设备引导参赛、处理日常。翻译系统能实时播报比赛结果，将教学内容转为手语动画辅助教学。这些多元应用，满足了用户不同需求，提升了体验与满意度，为企业差异化发展筑牢根基。

和大多数学生创业企业一样，创业者都会面临升学、就业与创业等问题的抉择，为避免人员流失风险，曾振也摸索着去建立一套相关的人员流动机制，吸引和留住优秀的人才，与拥有共同创业梦想的伙伴一起，确保团队内不缺人，更不缺人才。"我们会在公司内建立稳定的组织结构，使得团队成员之间的角色和职责清晰明确，并在此基础上，通过有效的激励机制，激发团队成员的积极性和创造力。我想，一个充满信任、尊重和支持的环境氛围会让团队成员自由地发表意见和建议，同时表达自己的想法和观点，而让团队成员都能够实现自我价值是我们一直以来的目标和追求。做企业承载着团队所有人的梦想，作为创始人就应该对伙伴的选择负责任。现在说起来可能就是三言两语，但具体的管理措施却是我们在不断地试错和调整中逐渐形成的……"说到这，他的眼神中流露出自信和笃定，仿佛有一股磅礴的能量，带领团队继续前行。

行中有果

　　创业维艰，使命必达。在创业初期那段艰难的时光，曾振也曾陷入过无数的困惑和迷茫，甚至感到前方的路太过艰辛，很难坚持下去。然而，在这个关键时刻，王斐教授的指导和开解成了他坚持下去的巨大支撑。"他从一个导师，而非创业合作伙伴的角度，给了我很重要的支持和鼓励。现在想来，王教授对我的创业起了决定性作用。虽然创业过程荆棘丛生，但很庆幸，这一切，我们都挺过来了。"曾振回忆说，"在取得了一点成绩想要更上一层楼的时候，我感觉身上的包袱更重了，在困惑迷茫的时候，那一声'谢谢'总是回荡在脑海里，支撑着我一路向前。"回想创业这几年，经历了大大小小诸如资金、人才和市场等方面的困难后，他们不断地探索和改进，一步步解决问题，为听障者打造更好的沟通环境。然而，困难并没有就此结束。在发展过程中，舞指科技还遭遇了突如其来的新冠疫情，生产和供应链受到了很大的影响。但是，曾振和团队从未放弃过，他们迅速调整业务和生产模式，采用线上会议和远程协作等方式，保证生产和服务的顺利进行。

　　在此期间，曾振与团队满怀着对未来的信心与热情，以使命和初心为持久动力。他们深知创业之路坎坷，却坚信只要坚守初心、不懈前行，必能收获成功。面对听障者的需求与期望，曾振团队坚守初心，以科技为听障者创造希望。秉持以顾客为中心、技术为依托的理念，持续推出新技术方案，提升产品性能与稳定性，增强产品竞争力。"岁寒，然后知松柏之后凋也。"曾振和舞指科技的创业历程正是如此，在经历了种种困难和挑战之后，他们也更有信心坚定地走下去。

笃力坚持，初心不改。曾振介绍说："现在我们还是一个年轻的公司，我们能做的就是尽力提升科技水平，引起更多人对这一研究领域的关注，从而在群策群力之下做出涓滴改变。"舞指科技从学生创业项目起步。自创立起，曾振及其团队凭借实力，在"创青春""互联网＋"等创新创业大赛中屡获佳绩，赢得诸多关注与支持。其致力于实现聋人与外界无障碍沟通，助聋人群体真切感受世界美好。不过，荣誉并非他们的唯一追求。曾振团队始终坚守初心，悉心聆听聋人需求，全力营造更优的沟通环境。他们深信，只要秉持初心、持之以恒、集思广益，无论遭遇何种困难挑战，都能带来真正有意义的改变。

远方有志

在全球化和数字化的浪潮下，舞指科技作为一家年轻而充满活力的企业，已经成为备受瞩目的科技公司。它的成长之路不仅是一段充满挑战和机遇的历程，更是一次探索和实践的过程。在这个过程中，舞指科技秉承着"生而社会化，天生全球化"的理念，不断探索和创新，不断提高自身的核心竞争力，取得了可喜的成绩。

"天行健，君子以自强不息"，舞指科技的成功，是一个充满勇气、创新和坚持的故事，也是一段充满激情、挑战和成长的经历。曾振带领舞指团队，用实际行动诠释了敢于突破的创业者精神，他们将自己的梦想融入企业的使命和愿景中，不断挑战自我、追求卓越、勇攀高峰。正如曾振所说："创业不是一时的热血，而是一种持久的信仰。"这信仰，是一种内心的自信，这自信让我们在人生的道路上行稳致远；这信仰是一种梦想的引领，引领我们在生命的旅程中不断超越自我；这信仰是一种人生的意义，诠释着对整个行业和社会的责任和担当。

创新之星

曾振，男，东北大学机器人科学与工程学院硕士研究生，沈阳舞指科技有限公司创始人兼CEO，全国青少年科技创新奖获得者。入选东吴科技创业领军、

5213 等高层次人才计划，获资助数百万元；目前，公司估值超 5000 万元，获科大讯飞、洪泰智造信息技术有限公司（简称洪泰智造）、小牛翻译天使轮投资。项目荣获第十二届"挑战杯"中国大学生创业计划竞赛金奖、第七届中国国际"互联网+"大学生创新创业大赛金奖（TOP5）及最具商业价值单项奖；在"慧秀中外"国际大学生创新创业成果展中，从 228 万个项目中脱颖而出做项目汇报（仅 6 项），获得高度评价，其项目成果在中华人民共和国第十一届残疾人运动会暨第八届特殊奥林匹克运动会（简称残特奥会）首次落地应用，为听力障碍者提供智能化信息无障碍技术服务。

龚佳乐：初心如磐，奋楫笃行

创新永远是科技公司发展的引擎，以创业的精神守业是公司不断前进的内驱力。创业是热血的、激情的、奋斗的、冒险的。龚佳乐用青春谱写了一首"自强不息，知行合一"的创业之歌。在读研期间创业，他身上既有创业者的激情特质，也有作为学者的严谨慎独。时代赋予了创业者创业的基土，创业者用丰硕的成果回馈这片土地；时间检验了创业者有志者事竟成，创业者让生命的宽度得以拓展；创业者的路上不是踽踽独行的孤勇者，而是带领志同道合的团队合力向前。

——题记

博学慎思，孜孜求索

心之所向，梦之所达。龚佳乐是那个真正践行东大校训"自强不息，知行合一"的东大人。从踏入东大的那一刻起，龚佳乐便坚定信念——要用勤奋努力证明自己的价值，从此走上了为实现梦想克服万难、不懈拼搏的道路。他伴着微光、踏着星辰，每天泡在实验室里探索新知。敏捷的思维和孜孜不倦的勤奋让龚佳乐成了同学和教师眼中的那道光，那个旷世"奇才"，在教师和同学眼里，他总能另辟蹊径解决难题。

他研发的基于傅里叶展开原理的共振式海浪发电装置，利用海浪蓄能，比市面上现有的技术更高效，大大地提高了能源的利用效率；他利用3D扫描技术及3D打印技术制作出来的机器人成本低廉，惟妙惟肖。执着于科研的他，稳扎稳打，步步为营，以求知探索为驱动，不断充实自己，向着科研深处前进。

躬行践履,笃行创新

创新远非想象的那么简单,需要坚持和磨炼。因此,龚佳乐参加了全国大学生创新训练计划"智能型自适应式爬楼梯轮椅"项目。在实施过程中,技术问题接踵而来,泡实验室、现场验证、熬夜调试成了他的习惯,这种坚持使得该项目得以顺利完成,荣获国家级优秀并申请多项国家专利。该项目还代表东北大学参加了辽宁省首届创新年会并获最佳项目,代表东北大学参加全国创新年会、辽宁省创新创业文化周展览并受到省领导的好评。该项目获得社会广泛关注,并与沈阳市残疾人联合会合作推广,更好地为残疾人服务。

大学本科和研究生期间,龚佳乐累计申请"智能爬楼梯轮椅""智能讲课系统""智能机器人""全方位移动系统"等20项国家专利和国际专利,并于2015年荣获东北大学首届学生创新创业"校长奖章",他所在团队荣获东北大学优秀创新团队及优秀创业团队奖。

勤勉创业,服务社会

2015年初,龚佳乐与四个志同道合的朋友联合成立了沈阳森之高科科技有限公司(简称森之高科),先后研发了森之高科无线运动捕捉传感系统、智能宣传机器人、铁路遥感控制器和食品3D打印机等项目。其中无线运动捕捉传感器作为公司主打项目已有多方意向投资,并被《中国日报》《辽沈晚报》等各大新闻媒体宣传报道。在陆志国、贾建锋老师指导下,龚佳乐等人的团队参加了在吉林大学中心校区体育馆举行的首届中国国际"互联网+"大学生创新创业大赛。大赛以"'互联网+'成就梦想,创新创业开辟未来"为主题,共吸引31个省份及新疆生产建设兵团1878所高校的57253支团队报名参加,提交项目作品36508个,参与学生超过20万人。该团队还获得了首届中国国际"互联网+"大学生创新创业大赛全国总决赛金奖,也是辽宁省在本届大赛获得的唯一一枚金奖。

2015年9月,公司研发的智能宣传机器人项目在沈阳国际会展中心展出,并得到辽宁省3D打印协会高度关注,受到参展游客和商家的广泛好评。公司同期推出的食品打印机项目,在全国"双创周"期间进行了展出。

"大众创业，万众创新"的号召为龚佳乐指引了人生方向，在这条道路上，他一步一个脚印，跨越了道道坎坷；在这条道路上，他愈战愈勇，与同伴勇敢前行；在这条道路上，他奉献青春与热血，相信一定会闯出属于他的天地，为国家民族的富强贡献自己的青春与力量！

创新的眼光发现需求，专业的技术创造价值

面对当前的科技产品的需求日益向创新、定制化发展，龚佳乐团队秉承东北大学"知行合一"的校训精神，在纷繁复杂的创业和商业市场中坚守技术立身，创新求变的理念，以团队核心技术——动作捕捉及人体生物信号分析技术为先导，找寻市场的需求点并攻坚克难研发独一无二的解决方案。

2015年是中央提出"大众创业，万众创新"的开局之年，龚佳乐团队早在2014年就与创始团队成员一起计划组建自己的公司，用东大创新创造的品牌优势和团队创新协同的能力打造自己的品牌，开拓属于自己的市场。同年，森之高科响应国家号召，应运而生。

"最开始的前三年是最难度过的，因为需要不断地寻找市场，打磨产品，挑战自己不熟悉的商业环境"，龚佳乐回忆说。在最开始的那段时间，团队推出了自己的动作捕捉系统产品，但是，从未走出校园环境和接触市场的他们在产品定位、市场开拓上犯了难。"因为我们的产品源自实验室，所以很长一段时间，我们只能想到把产品推向我们熟知的机器人实验室以及科研机构，但是市场空间有限，加上产品的不成熟，我们并不占优势，直到有一次我们参加创业大赛，评委的一席话让我们重新定位了自己在做的事。"借助在2022年北京冬奥会的机会，以及辽宁体育大省的品牌优势，他们积极拓展与省内科研机构及专业运动队的合作渠道，在体育专家的需求刺激和良好反馈下，他们推出了为有"史上最难运动项目"之称的自由式滑雪空中技巧项目专用的"高水平运动员运动表现分析系统"。在高寒、防水、高速、高冲击的工况要求下表现优异，真正做到了"全球独一"，最终成为国内唯一一家为冬奥两金一银团队自由式滑雪空中技巧国家队提供穿戴式动作分析服装传感器的公司，受到了国家队专家和运动员的肯定。并在对比中超越了美国微软、德国SIMI等大公司的明星产品，为国产化体育智能运动装备技术又弥补了一项关键空白。

坚守初心，把握公司发展方向

公司在经营中，如何为研发提供足够的资金是重要问题，但是，如何在关键时刻拒绝资金的诱惑，把握初心是创业公司更深刻的选择。2018年，北京一家知名投资公司被森之高科的产品和技术吸引，几轮磋商下来有投资意愿，对方也一再开出各种诱人的条件，反复试探龚佳乐团队的底线，并设置了种种看似宽松实则刁钻的条件。双方拉锯了半年之久，龚佳乐团队发现对方只想用最低成本买到团队的技术变现，而不是研发产品服务社会，于是，他们果断拒绝了投资。

龚佳乐总结："一个团队的主导权是至关重要的，一定要守好底线和初心，创业的动力不是只有金钱，最大的动力来源于梦想和坚持。" 2019年，又有投资团队找上龚佳乐，开出的条件也很丰厚。双方唯一争执不下的点在于公司的管理权限分配。对方公司从未从事过人工智能相关行业，也没有相关的管理经验，但提出需要掌握公司一部分主导权。最终，他们再一次果断拒绝了这笔投资。龚佳乐认为："资金问题可以采用多维度办法，但发展思路不一致会严重影响公司的未来。我需要对公司和团队的梦想和坚持负责。"

功夫不负有心人，终于在2022年，中和资本为正在发展中的公司投入A轮融资，为公司快速发展提供了强大的资金支持。

不断革新，抢占制高点

经过调研评估，龚佳乐制定了"三步走"策略。第一步的规划是专注科研领域研究，推出高利润的科研动作捕捉产品。第二步是努力做出涵盖科研、医疗、运动等多方面的技术系统，向各行各业渗透，开发高价值多应用宽领域的产品，这也是他们现在努力在做的。第三步是推进产品的市场化进程，争取让科技产品早日进入千家万户。

2019年，龚佳乐团队致力于在动作捕捉上寻找突破口，在技术领域加入了5G运用，纳入了全套人体的信息采集和方案分析，大大提高了动作捕捉系统应用的实用性。

龚佳乐团队的人体运动分析系统可通过收集人们走路的形态分析人体健康

情况，定位误差仅为 3 毫米，角度误差为 0.5 度，为医学科研提供了技术支持，推出了医用的步态分析系统。由此延伸出来的人体动态体能评估系统则通过捕捉穿戴者的动作行为，分析其动作的标准度和运动量，可以帮助健身教练评估运动者的体能，为健身提供科学合理建议。此外，龚佳乐团队还升级了一款全自动评估系统，可代替教练辅助人们自主训练。

回归科研，抢滩人形机器人赛道

龚佳乐十年创业，收获了一个不断成长的公司，也收获了美满的家庭，更是收获了博士毕业证这份迟来的大礼。鱼和熊掌不可兼得，创业给了龚佳乐不断克服困难和实现梦想的平台，但是他始终记得自己 T-DT 团队队长的荣光，始终记得自己还有一个机器人梦想。人工智能发展到今天，人形机器人的政策、理念、市场需求、技术都来到了标志性发展阶段，经过十年的技术沉淀和数据积累，公司的产品已经遍布全国 31 省市区和港澳台以及海内外市场，海量的数据为研究人形机器人的运动控制方面提供了独特的优势，他不仅是一个激情热血的创业者，更是一个具有深刻思维的学者，回归学术，回归创新，投入新的创业。

未来，森之高科的技术目标是做综合性人体信息采集与分析系统，深度应用于医疗，并深入体系化探索；另一个目标是拓展人形机器人赛道的新业务。"具身智能——人形机器人运动控制大模型"项目在创新创业大赛中获得二等奖。以振兴东北老工业基地的基础优势为契机，解决智能化关键环节中的"卡脖子"问题，为实现中华民族伟大复兴的中国梦贡献出属于自己的一份力量，为白山黑水在新时代建设的篇章中增添一笔科技的精彩。

创新之星

龚佳乐，男，东北大学博士，沈阳森之高科科技有限公司创始人兼 CEO。累计申请专利 20 余项，涵盖智能设备等多个前沿领域。2015 年，荣获东北大学首届学生创新创业"校长奖章"。公司的无线运动捕捉传感系统项目备受瞩目，不仅吸引了多方意向的投资，还获得《中国日报》《辽沈晚报》等媒体的宣传报道。在首届中国国际"互联网+"大学生创新创业大赛中，荣获全国总决赛金奖。2019年，团队将5G技术融入动作捕捉技术，开发出一系列先进的人体运动分析系统，如医用的步态分析系统、人体动态体能评估系统等，广泛应用于医疗和健身行业，助力东北老工业基地振兴，积极践行科技强国的使命担当。

刘照松：奋斗中的星光，
终将点亮追梦之路

> 浮沉中心怀梦想，风雨里坚守初心，是刘照松创业之路的真实写照。怀着"材料报国"的使命感，他以"创造价值"为目标，带领团队投身科创领域。他们突破多项技术瓶颈，成功研发出兼具高强度与轻量化特性的新型金属材料。在携手伙伴探索产业无人区的过程中，团队克服层层商业瓶颈，将理论成果转化为生产线上的现实。正如星光在黑夜中指引方向，刘照松的奋斗历程不仅展现了青年创业者的创新活力与责任担当，更体现了科研工作者对科技进步的不懈追求。
>
> ——题记

投石问路的青春岁月

2017 年，刘照松与许多刚毕业的学生一样，对未来科研道路和职业选择充满困惑。他回忆道："那时我初涉科研领域，既不清楚自身适合的方向，也不确定未来的职业路径，只能通过不断尝试寻找答案。"这种迷茫促使他多方探索。在科研之余，他频繁参与创新创业学院的活动，结识志同道合的伙伴，从同龄人的实践中汲取灵感。

在科学馆里，他接触了许多初创团队。这些年轻人组建公司、开拓业务，将抽象的商业构想转化为实际价值。刘照松被这种充满活力的氛围深深吸引："尽管当时创业环境远不如现在成熟，但这些实践让我看到了可能性与挑战。""对毫无资源与经验的大学生而言，创业无疑是冒险的。当时大家讨论的更多是失败而非成功，每一步都充满不确定性。"即便如此，强烈的好奇心驱使他迈出第一步。

抱着尝试与挑战的心态，刘照松报名参加了创新创业学院举办的秋季学生创业项目立项活动。在繁忙的科研之余，他着手组建起自己的创业团队，并全身心投入到商业计划书的撰写与路演PPT的精心打磨中。通过一次次向评委展示并阐述自己的创业项目，他的能力在实践中得到了提升。这段经历让他深刻体会到，作为项目负责人，肩上承载的不仅是项目的未来，更是责任与担当的重量。每当夜深人静，独自坐在办公室，他常常会陷入对未知挑战的思考，心中充满了对成功的渴望和对自身能力的反思。他深知，作为团队的负责人，不仅要对项目的进展负责，更要对那些信任自己的队友负责。正是在这些反复的思考中，刘照松逐渐明确了自己的认知和定位。他表示："秋季立项的经历是我首次真正意义上踏入创新创业的殿堂，也是我第一次组建创业团队。我开始深入思考自己研究生课题的社会意义，可以说这是我创新创业旅程的起点。"这段经历不仅帮助他找到创业的方向，也为他后续的科研道路奠定了坚实的基础。

通过不断历练，刘照松从一个对未来充满迷茫的大学生，逐渐成长为一个有清晰目标和责任感的创业者。他深刻认识到，创业不仅仅是将想法付诸实践的过程，更是对个人能力和团队协作的全面考验。这段初创经历，成为了他未来不断追求卓越和勇于创新的宝贵财富。

付诸行动的勇敢尝试

刘照松的创业之路充满了挑战与机遇。2018年，校园内部举办的"创吧"创业基金争夺赛成为了他人生轨迹中的一个关键转折点。经过充分的准备和不懈努力，刘照松和他的团队最终凭借出色的表现赢得了一等奖，并成功获得了超过1万元的宝贵创业基金，为他们的创业梦想插上了腾飞的翅膀。"这笔资金为我们的创业梦想提供了坚实的基础。"刘照松感慨道。带着这笔宝贵的创业经费，刘照松迅速组织团队，开始了产品的设计与样品的试制。然而，初期的努力并没有立刻带来成功。虽然他们投入了大量的时间和精力，但产品的最终试制结果仍以失败告终。尽管如此，这段经历却成为了团队成长的催化剂，他们从中积累了宝贵的经验，也锻炼了彼此的默契。这次失败并没有打消刘照松和团队的信心，相反，他们将这些失败视为进一步改进的机会，继续坚持努力。在接下来的日子里，他们不仅持续优化产品，勇于挑战自我，还逐一攻克了重重难关。经过无数个日夜的辛勤耕耘与不懈努力，团队的项目逐渐走向成熟，而成员们也在这一过程中实现了快速的成长与蜕变。

随着项目的持续优化与精进，刘照松和他的团队在第八届"互联网+"大赛中斩获佳绩，荣膺辽宁省研究生项目桂冠，随后挺进全国现场总决赛并斩获银奖。这一成就不仅标志着他们在创业道路上实现了质的飞跃，也为他们的后续奋斗注入了新的信心和动力。"每一步走来，无论是失败还是成功，都让我们变得更加坚韧和成熟。"刘照松说道。刘照松和他的团队用实际行动证明了一个重要的道理：机会总是留给那些有准备的人，坚持和努力才是成功的真正秘诀。在创业的道路上，他们一步一个脚印，坚定前行，用不懈的努力书写了自己的创业传奇。

"团队建立之初，我也曾面临着科研与创业的双重压力，时常倍感艰辛。"刘照松回忆道。诚然，探索未知领域的道路从来都不是坦途，每次技术的突破背后都伴随着无数次的失败与重来。但正是这些曲折与坎坷，铸就了刘照松坚韧不拔、永不言弃的精神。科研的严谨与创业的激情在他心中交织碰撞，既有对未知领域的恐惧，也有对成功彼岸的渴望。在这个过程中，刘照松逐渐学会了如何在繁忙与压力中保持平衡，如何在挫折与困境中寻找机遇。在接下来的几年里，他带领团队积极参与了"创青春""创客中国"等重大赛事，通过这些双创平台展示了团队在金属材料领域的决心与实力。团队屡获佳绩，每一次获奖不仅是对他们辛勤付出的肯定，更是对他们在磨难中坚持梦想的鼓励。然而，刘照松深知，比赛之外，实干才是硬道理。因此，他带着这份信念，与团队一起埋头苦干，不断挑战自我，突破极限。他在科研领域发表了多项软件著作权，并在科技竞赛中获得了数十项大奖。

经过前期的积累与磨砺，刘照松在科学问题研究、项目进度管理及专业知识储备等方面都实现了质的飞跃。他和他的团队在每个环节上都走得更加坚实而有力。从最初的装备机械设计，到电器控制调试，再到材料成分与工艺方案的制定，他们在每个阶段都稳步推进，确保了项目的系统性和整体性。刘照松和他的团队秉持着不懈的追求，通过持续的优化与精益求精，有力推动了项目在每个关键阶段的稳步前行，成功实现了技术与应用层面的实质性飞跃与突破。

2021年，对刘照松而言是人生中一个至关重要的转折点。这一年里，他首次与风险投资人建立了联系,这次宝贵的接触不仅极大地拓宽了他的视野与思维边界,更为其项目的发展注入了强劲的新动力,开启了更加广阔的成长与拓展空间。刘照松回忆道:"第一次见到风险投资人是在学校科学馆的 1923 咖啡厅。当时,我和我的伙伴作为未毕业的在校学生,面对两位经验丰富的投资人难掩紧张。然而,这份紧张并未让交流变得尴尬,反而在伙伴们的相互支持与默契配合下,整个对话流畅而愉快。" 2021 年 12 月 2 日,他再度接触了风险投资人。这次的会面地点转移到了世纪大厦,一张简单的长方桌上,坐着的是两个未毕业的学生和三位身价过亿的投资人。虽然谈话简短,却蕴含了深远的意义。这次经历深深激发了他的事业心,使他更加坚定了前进的方向。回到校园后,刘照松紧盯目标,全身心投入科研与创业。在这一阶段,他不仅在科研方面发表了多篇学术论文,还获得了多项科技竞赛大奖。他在持续的努力中,科研与创业并进,逐步实现了自我突破和成长。

刘照松的成长历程充分体现了他在科研与创业领域中的不懈追求和卓越成就。凭借对科研与创业的执着热情以及不断超越自我的决心,他在充满挑战的环境中不断前行,实现了一次又一次的突破。未来,他将继续在科技与创业的道路上奋勇拼搏,致力于实现更宏伟的梦想,并为社会发展贡献自己的智慧与力量。

科研与创业的双重飞跃

"如何在繁忙的科研生活与充满挑战的创业事业之间找到平衡点是许多在校大学生面临的重大挑战。"刘照松对此有着深刻的见解,"关键在于明确自己研究课题的社会价值,以此为导向,不断推陈出新,在研究方法上寻求创新。同时,采用高效且切实可行的管理策略,优化时间分配与资源利用,是通往成功的较为理想的路径。"随着研究生学习的深入,刘照松逐渐认识到,国家航空航天事业正以前所未有的速度发展,每代航空装备对金属材料的性能要求都在不断提高。然而,现有的航空材料往往无法满足高端航空装备的需求,这已经成为制约我国航空航天事业发展的关键因素。此外,部分发达国家在高性能航空材料的制备技术、核心原材料及高端应用方面保持领先,对我国实施了全面的技术封锁战略,限制了我国在该领域的发展。刘照松深知,唯有通过技术创新才能打破国际封锁,才能实现自我突破,创造更大的价值,让我国的航空航天事业进一步飞跃。这份信念如同火种，燃烧在他的心中，驱使他专注于新型金属材料的研发。正是这份梦想与信仰，成为了他不懈奋斗的动力源泉。刘照松坚定地表示："我立志为国家航天材料研发事业贡献青春力量，渴望成为助力国家实现科技自立自强的年轻一员。"

回望过去的成长历程，刘照松感慨道："将青春奉献给自己热爱的事业，不仅需要勇气，更是一种责任。唯有将专业研究方向与行业缺陷紧密结合，深入攻关课题的关键问题，才能有效实现大学生的专创融合，帮助自己更好地找到发展定位。"刘照松所带领的团队汇聚了来自五湖四海、怀揣梦想的伙伴。这些团队成员共同秉持着探索未知、勇于创新、精益求精的信念，每一个日夜的努力，都是为了突破技术的边界。正是这种不懈的追求和执着的精神，让他们在科学前沿不断前行，为未知领域的开拓持续作出卓越贡献。

刘照松坚定地表示："我们将继续秉持初心，坚持技术创新，以实际行动践行对社会的承诺。我们的目标是不断推进科学技术的发展，为实现人类的技术进步贡献我们的智慧和力量。在面对挑战与机遇的过程中，我们将不断突破自我，迎接新的挑战，以无畏的姿态走向更加辉煌的未来。"的确，团队的每次突破，都是对技术极限的挑战，每次创新，都是对梦想的追逐。刘照松和他的团队深知，科学的探索之路永无止境，唯有持续迈进的脚步，方能继续前行。未来，他们将继续以饱满的热情和坚定的信念，开拓新的领域，创造更多的可能。

刘照松坚信，快速变化的时代，固守传统的方式已经无法满足不断升级的需求，创新不仅仅是技术的突破，更是思维方式的颠覆。"面对行业痛点时，必须始终保持专业与创新的态度。"刘照松说道，"在前期的成分设计阶段，每当结果与最初设想不符时，我都会深入分析问题的根源；在工艺窗口的摸索阶段，每当遇到力学性能数据不理想时，我都会仔细研究数据规律，寻求突破。当我们第一次成功制造出性能优越的样品时，我才真正领悟到'东大拓荒牛'的真正意义——勇于开拓，不怕失败，在未知领域中坚持探索。"

不论是科研之路还是创业之路从来都不是一帆风顺的。刘照松和他的团队在前进的道路上遇到了无数的困难和挑战。"我记得第一次参加的大型创新创业大赛，是第五届中国国际'互联网+'大学生创新创业大赛，当时也是第一次了解到国家在大学生双创领域的支持力度竟能如此之大，猛然间我的认知被刷新，开始萌生了是否能将个人的研究课题融入这股国家双创的洪流之中。"刘照松回忆道，"但由于是双创领域的新手，缺乏实战经验，尽管最终获得了省级金奖,但这份荣誉背后也映射出了我们项目的青涩与不足。但好在面对初次尝试的失利,我和队友并未气馁,而是认真分析原因、总结经验、吸取教训,深入调研自己所研究的课题在双创领域中的定位。通过持续性的深入调研,我们不仅对课题本身有了全新的视角,更对国家发展脉络、政策导向及行业变革趋势有了更为透彻的理解。"

从资金筹措的艰难到技术突破的瓶颈,从市场拓展的荆棘到团队管理的不足,每步都充满了未知与变数。但刘照松从未放弃过对梦想的追求和对事业的热爱,以不屈不挠的精神面对每个难关。每当遇到挫折和失败时他总是能够及时调整心态、总结经验教训,将失败转化为成长的养分,再次整装出发。正是这种不断进取、勇于探索的精神,让刘照松和他的团队在风雨中茁壮成长,在挑战中积累宝贵的经验。他们明白,成功之路从不平坦,但只要心怀梦想,勇于面对困难,不断自我优化与策略调整,终将迎来辉煌的明天。

坎坷铸就辉煌成果

随着团队成员步入人生的新阶段,升学与就业的双重重担如同两座大山,沉甸甸地压在每个人的肩头。科研的紧迫任务与学业的繁重负荷,使得每个成员都不得不在双重角色间艰难平衡。夜深人静之时,许多成员仍在灯火通明的实验室与堆满书籍的书桌间徘徊,内心充满了对未来的迷茫与挣扎。而技术壁垒则如同横亘在前的巍峨高山,难以轻易翻越。尽管团队汇聚了来自四面八方的精英才俊,但在新型金属材料的研发过程中,仍频繁遭遇技术瓶颈的阻碍。从材料性能的细微优化到工艺参数的精确调控,再到成分配比的微妙调整,每个环节都如同精密的齿轮,考验着团队的智慧与坚韧不拔的毅力。面对实验的屡次失败,团队不得不重新审视理论框架,不断尝试新的思路与方法,这一过程漫长且充满挫败感。与此同时,资金短缺也成为制约项目顺利推进的一大难题。无论是科研设备的更新换代,还是原材料的采购储备,乃至团队成员的基本生活开销,无不构成巨大的经济压力,让团队在科研的道路上步履维艰。

在如此严峻的环境下,团队成员间的默契与合作愈发显得至关重要。他们相互鼓励、共克时艰,在困难中寻找机遇,在挫折中磨砺意志。正是这股不屈不挠、锐意进取的精神,推动着团队在逆境中砥砺前行,逐一攻克技术上的难关,实现了一个又一个的突破性成就。历经无数次的试验与策略调整,团队终于在技术上取得了显著的进步,并逐渐解决了资金问题。每次实验的成功,每点进展的取得,都为团队注入了更加坚定的信心与强大的动力。坚持和努力不仅让他们在科学研究中取得了令人瞩目的成就,也为他们的创业梦想铺就了一条光明的道路。这一路上的风雨兼程,让团队更加深刻地理解了成功的内涵,也为应对未来更多的挑战做好了充分的准备,满怀信心地迈向更加辉煌的明天。

心怀梦想继续前行

面对材料科学的无限可能与挑战,团队始终秉承"创新驱动发展,科技引领未来"的核心理念,不断探索金属材料的新边界,致力于打造出更加高性能、环保、可持续的新型材料,以满足日益增长的工业需求与环境保护的双重目标。

未来,团队的研发方向将紧密围绕"绿色、智能、高效"三大方向,深化基础研究与应用开发的融合,推动金属材料技术的革新与升级。"团队将加大在纳米技术、复合材料、先进合金以及智能材料等领域的研发投入,坚定不移地推动技术创新,推出具有变革性的产品和服务,以满足用户不断升级的需求。团队所研发的产品力求在材料强度、韧性、耐腐蚀性、导电性等方面实现重大突破,为航空航天、新能源、汽车制造、电子信息等关键领域提供强有力的材料支撑。"负责人刘照松说道,"团队深知技术的进步离不开人才的培养与引进。因此,团队将持续优化人才结构,构建多元化、国际化的研发团队,吸引全球顶尖科学家和工程师加入,共同推动金属材料科学的进步。"目前,刘照松和他的团队正初步建立并完善科研激励机制和人才培养体系,以此激发每名成员的创造力和潜能,让创新的火花在团队中持续燃烧。

"路漫漫其修远兮,吾将上下而求索。"面对未来,刘照松和他的团队将以更加坚定的步伐、更加饱满的热情、更加开放的姿态,继续攀登科技高峰,用他们的智慧和汗水谱写金属材料研发的新篇章。刘照松表示:"在全球化战略上,团队也会积极响应国家'一带一路'倡议,加强与全球科研机构、高校及企业的合作与交流,共同开展跨国界、跨领域的科研项目,推动金属材料研发成果的国际化应用。通过参与国际标准制定,提升我国金属材料在全球市场的竞争力和话语权。同时,作为负责任的企业公民,我们将积极履行社会责任,关注环境保护与可持续发展。在研发过程中,团队将优先采用绿色、低碳的生产工艺和技术路线,减少资源消耗和环境污染。同时,我们还将关注材料回收与再利用技术的研发，为实现循环经济贡献力量。"

相信在不久的将来，在团队成员的共同努力下，他们一定能够创造出更多具有世界影响力的科技成果，为人类的进步与发展贡献我们的力量。

创新之星

刘照松，男，轧制技术及连轧自动化国家重点实验室博士研究生，与世达先进制造（镇江）有限公司创始人兼 CEO，参与发表学术论文 20 余篇，发表软件著作权 20 余项，申请发明专利 5 项，出版专著 1 部。获辽宁吉嘉投资管理有限公司等私募基金战略投资意向，获中国青年创业就业基金会资金支持。荣获 2022 "创青春"沈阳青年创新创业大赛金奖；2022 年"挑战杯"辽宁省大学生创业计划竞赛金奖；第五届全国大学生冶金科技竞赛全国三等奖；第八届中国国际"互联网＋"大学生创新创业大赛全国银奖；首届全国大学生职业规划大赛全国金奖（辽宁省唯一）；中国国际大学生创新大赛（2024）金奖；第十四届"挑战杯"中国大学生创业计划竞赛金奖。

孙兆舆：守护绿水青山，圆梦创业之路

"月明星稀，乌鹊南飞。绕树三匝，言叶可依。"这句诗描绘出一种寻觅归宿的意境。在创业的浩瀚星空中，孙兆舆如同一只南飞的乌鹊，一直在寻找着可以栖息、可以让人才依附的地方。"要做人才可以依附的科技公司"，这便是言叶科技名字的来由，也体现了孙兆舆的创业初心和愿景。他希望打造一个能够吸引人才、留住人才的科技企业，让每一个有才华的人如同乌鹊最终找到可以栖息的树枝一样，都能在这里找到自己的价值和归属感。这一理念贯穿于他的创业历程，成为他不断前行的动力和指引方向的明灯。

——题记

公司初创，从0到1的转变之路

在东北大学创新创业氛围感召下，孙兆舆在完成学业的同时，积极参加学校各项创新创业活动。他带领团队参加了美国大学生数学建模竞赛、大学生创新训练项目以及创业训练项目。他带领团队始终践行着东北大学的校训——"自强不息，知行合一"。

2016年，正值酷暑季节，夏日炎炎，同学们都早已陆续回家，但还在东北大学自动化专业就读大二的孙兆舆带领团队启动了辽宁省水利行业自动化应用的调研。在调研过程中，他发现当前水文行业中，信息采集存在不及时、不方便、数据点位少、人力消耗大等缺点。孙兆舆敏锐地感觉到自动化在河道、湖泊等天然水体监测上的应用或将大有可为，于是他迅速投入到了数字化流速仪研发中，以解决水流流速测定时容易遭遇的信号处理难题。

他为了采集最真实的水流信号，亲自去辽阳的一个水文气象监测站进行实地监测。为了未来方便实验工作，他便在辽阳当地建立了一个工作室，开始搭建并模拟真实水流模型，其间他和他的团队搭建了三维打印样机，并进行建模仿真，在这个过程中，遭遇了数不清的挫折。水文检测是伴随着很多噪声信号的，而噪声对于真实信号的还原产生了不小的阻力，为了解决这个问题，他从硬件和软件上同时进行滤波处理，尽管遭遇了数百次失败，但最终还是实现了河水流速的检测，并与沈阳水文局签订了合作协议。

以此为契机，孙兆舆在2016年成立了水云织梦项目组。经过多年的技术沉淀和项目实践，项目组攻克了水文监测领域中监测端、云平台和客户端的多项数据治理技术和管理难题，大幅度提高了水利部门及农林牧渔业水文监测的精度和效率，率先实现了辽宁省范围的水文数据互通。截至目前，项目组所研发的设备已全部通过国家计量测试中心精度认证，申请专利6项（已授权4项），拥有13项软件著作权。

2017年孙兆舆注册成立了沈阳言叶科技有限公司（简称言叶科技），带领团队开发出了新一代产品——智能检测终端。孙兆舆认为，只有专业技术的积累沉淀，才能做出有创新力的产品。同年，该项目产品迅速落地转化，使公司当年实现营收，完成了由0到1的转变。孙兆舆说："站在巨人的肩膀上，才能看得更远。未来，公司不掌握核心技术，产品就没有竞争力。"

从传感器硬件通信到信号的滤波算法，公司产品已经具备了一定的核心技术，成功申请4项专利，其中已有2项实现成果转换。但孙兆舆不愿止步于此，他立志要将公司打造成一家具有国际化视野的技术驱动型企业。这成为他决心赴法留学的驱动力。2017年，在学院推荐下，孙兆舆参与了东北大学的中法本硕联合培养项目。

知行合一，奋勇前行

随着经济社会快速发展，中国河湖管理保护出现了一些新问题，如河道干涸湖泊萎缩，水环境状况恶化，河湖功能退化等，给水源安全带来严峻挑战。为解决上述问题，推进河湖生态系统的恢复和水文环境的改善，河长制逐渐走进国人视野，经过十多年发展，河长制逐渐在全国范围内推广实施。

孙兆舆介绍："传统的水文环境监测设备，已然不能满足河长制的服务需要。目前每年的水环境监测数量巨大，但监测点位有限，监测到的数据远未满足需求，而且在水质在线自动监测方面，很多水源地没有覆盖无线网络，不能传递信号；另外，监测终端传递信号的能源提供不足也使得自动监测应用不广，严重束缚了环保智能监测的发展。"

察觉到市场的迫切需求，2018年，孙兆舆继续带领团队对产品进行了迭代升级，研发一系列终端检测设备，推出河长云服务项目。

河长云服务项目，通过现代先进传感器技术、物联网技术，可以将数据实时、准确地传达到用户手中，能为国家政府部门尤其是水文相关部门分析水文环境、制定政策、保护和管理水资源提供强有力的数据支持，让河长制如虎添翼。同时，河长云平台作为物联网的重要应用，有望在智慧环保领域发挥巨大作用，加速产业发展。

把握住河长湖长制在全国的大力推行的发展契机，孙兆舆带领公司实现了营收的几何式增长。相关业务面向政府与企业，智能监测终端设备销售已覆盖辽宁全省各地水文局，并与全国近20个省市达成合作意向；与世界五百强企业蒂森克虏伯、辽阳第地嘉农产品有限公司和光华化工等20余家企业签订合同。公司成立以来累计销售设备1963套，提供技术服务42项，总销售额达1301万元。

公司立足东北，面向全国，目标是成为智能监测行业国内优秀的物联网整体解决方案提供商。公司将积极推进监测技术与互联网、大数据的有机融合，延展价值链条，与多行业实现联动发展。为国家守护绿水青山，是孙兆舆的创业梦想。他坚信，"言叶科技"终将开辟出智能监测行业的新篇章。

创业本质上是学习管理的过程

2021年对于孙兆舆和他的公司来说都是一个全新的转折点。对于孙兆舆本人而言，2021年的他再次考入了东北大学，和之前身份不同的是，这次他已经是研究生了，并且从学技术转向学管理。企业发展意味着企业管理变得愈发重要，为了更好地学习管理知识，并且做到知行合一，孙兆舆考取了工商管理硕士研究生。他的公司在这一年也完成了一次转变，由于业务的发展，公司于2021年8月在武汉成立武汉茉尼施特科技有限公司，并且在那里成立了

MNIST 大数据大模型实验室，主要探索环境相关的数字孪生产品。得益于武汉市政府对创业人才的支撑，孙兆舆本人入选了武汉市车谷青年英才计划，公司也获批武汉市科技型中小企业立项支持以及国家高新技术企业补贴支持。

在企业发展的过程中，孙兆舆不断运用专业知识，进行企业管理，真正做到产学研一体化。在实践过程中，不断进行理论抽象，形成学术论文，在第七届 MSI 学术会议上，孙兆舆代表东北大学与众多海内外管理学者探讨企业数字化转型议题。

2023 年，言叶科技已经不再单单只做水文行业的数字化，而是要助力所有中小微企业的数字化转型。这是孙兆舆就读工商管理专业以来的一项重要公司决定，如果说本科的学习让他看到了一个行业的面貌，那么硕士阶段的学习则让他看到了一个社会乃至国际的大势。企业只有不断超越不断创新才能有立足和发展，孙兆舆正是意识到这点，对公司进行了全新的定位，即言叶科技致力于以"万物互联+数字孪生"的设计理念提供"智慧物联+元宇宙系统"解决方案，实现对万物互联与数字化世界交互的智能化、人性化、个性化的顶层设计，做物联网设备和可视化管理领域的优秀厂商。言叶科技的技术团队由来自新材料、自动化和机械设计等硬件学科和计算机工程、软件工程、人工智能等软件学科的专家和工程师组成，专注于人机交互的不断创新，以"成人达己，畅想未来"为企业愿景，自主创意并研发了专业的各类物联网终端、人机交互设备、新一代物联网可视化言叶云平台和言叶数字孪生系统。凭借前瞻的战略眼光、超强的技术实力和跨界的创新理念，言叶科技正在成为国内大数据、AI 驱动的物联网数字孪生提供商。

习近平总书记在 2023 年新时代推动东北全面振兴座谈会上，说的一句"重振雄风、再创佳绩！"让孙兆舆以及他的创业伙伴们备受振奋。孙兆舆正带领着一支年轻而有活力的团队在不断努力，让外界看到了东北在创新上正在累积的积极因素，这种持续性的良好势头势必将影响到资本的选择，那些刻板的论调，终将随着新生代东北学子在技术创新上的不懈努力而土崩瓦解。

创新之星

孙兆舆，东北大学工商管理硕士毕业生及自动化专业本科毕业生，全国大学生创业英雄十强，辽宁省高校毕业生创业就业先进典型，入选沈阳市拔尖（D

类）人才，武汉市车谷人才。现任武汉茉尼施特及沈阳言叶科技有限公司创始人兼 CEO。拥有多项发明专利和数十项软件著作权，研发的产品和项目已落地全国 24 个省市。带领公司先后获国家高新技术企业、辽宁省首批雏鹰企业认定，并牵头在武汉东湖成立 MNIST 实验室，进行水文模型的算法研究。其团队基于图像识别、语音识别和深度学习，打造可智能交互的数字孪生系统，项目获团中央攀登计划资助。自 2017 年（本科大三期间）创办沈阳言叶科技有限公司以来，率队斩获国际金融 Fintech 创新创业大赛第二名、第七届中国国际"互联网+"大学生创新创业大赛国家级银奖等 30 余项省级及以上奖项。

张克胜：创新驱动，智慧转型

在智慧矿山领域的浩瀚星空中，张克胜及其团队就如一颗璀璨的星辰，闪耀着勇敢探索与持续突破的光芒。他们的创业历程，宛如一部波澜壮阔的史诗，激励着无数大学生踏上创业之路。

——题记

破晓之光：矿业新纪元孕育中的磨砺与智慧

辽阔的东北大地，矿产资源丰富，矿业作为这片土地的重要支柱产业，为经济发展贡献着巨大的力量。然而，随着全球经济数字化转型的浪潮涌来，传统矿山行业面临着前所未有的挑战和机遇。如何在保持经济增长的同时，实现产业升级和绿色转型的双重目标，成为摆在所有矿业人面前的重大课题。

正是在这样的背景下，一群充满激情和梦想的年轻人聚集在一起，他们中有东北大学控制科学与工程专业、矿物加工专业的毕业生，也有长期从事矿业技术研究和实践的专家。他们共同关注着一个问题：如何借助现代科技的力量，让传统的矿业焕发新的生机？

"志不立，天下无可成之事"，明代思想家王阳明的这句名言，恰如其分地诠释了张克胜创业梦想的起源。在东北大学的学习生涯中，张克胜初步接触科研领域后，内心便燃起了用创新解决实际问题的梦想之火。2017年，随着学习的不断深入，他越发渴望将所学转化为实践。在导师柴天佑院士的鼓励与支持下，张克胜和几名志同道合的同学，被选派到抚顺罕王进行生产实践。在那里，他们深入每个生产工序，与操作工交流，了解实际生产情况和问题；调查工厂的调度协调手段，研究工序上下游衔接生产过程中的难题。他们深刻体会到流程工业生产的复杂性，尤其是发现以人为主的生产决策难以应对动态多变的生产进程，国内矿山上下游工序设备之间协同运行优化困难。这让他们意识到，解决"人力不足"问题是关键。

于是，张克胜提出了一个大胆的设想：研发一套贯穿生产全流程的指标决策业务的智能系统，利用人工智能弥补人在工作中的不足。这个想法得到了团队成员的一致认同，他们正式组建出创新创业团队，踏上了充满挑战的创新研发之路。

革故鼎新，矢志奋斗

"宝剑锋从磨砺出，梅花香自苦寒来"，大学生创业之路充满坎坷，张克胜团队也不例外。在研发过程中，他们遭遇了重重困难和挑战。工业数据质量参差不齐、算法与实际应用场景匹配性差、传统行业对新技术接受度低等问题，都需要他们逐一攻克。

一天晚上，数孪智科［中科数云（辽宁）智能科技有限公司（简称中科数云）初期团队］团队负责人张克胜在实验室里忙到深夜。他抬起疲惫的双眼望着繁星点点的夜空，陷入了沉思。突然，他灵机一动，想到了一个大胆的设想：如果将人工智能技术与大模型协同架构应用于矿业领域，或许能够实现选矿流程的智能化管理和优化控制，从而提高生产效率、降低成本。

张克胜兴奋地将这个想法告诉了团队成员。大家听后纷纷表示赞同和支持。然而，当他们开始深入研究这个设想时，却发现要实现这个目标并不容易。他们需要面对的技术难题和市场挑战都非常大。但是，他们并没有被吓倒，反而更加坚定了实现这个目标的决心。

为了验证这个设想的可行性，团队成员开始了艰苦的创业之旅。他们首先从市场调研入手，深入多家企业了解实际需求和生产痛点。在调研过程中，他们发现我国贫杂难选铁矿占比97%以上，矿石利用难度大，所以选矿工艺流程更长、工艺更复杂，许多矿山企业都面临着工序协同效率低、设备欠负荷率高、成本高等问题。这让他们更加坚信自己的设想是正确且有价值的。

调研初期，他们需要对实际生产异常工况进行原因溯源，并学习解决问题的方法。所以，每次出现生产故障时，他们迅速从学校出发，花费两个小时抵达现场，第一时间掌握故障原因并采集异常数据。后来，在项目研发过程中，团队初始搭建的系统架构考虑不周，导致每次系统的迭代升级都需要花费大量的时间进行系统重组和设计，重复的开发量使得团队项目进展缓慢，遇到了研发停滞。为此，他们摒弃了已经开发一年多的原有项目代码和架构，重新花费了一个月的时间去学习最先进的系统架构和算法嵌入方案，从基础底层代码开始一步步搭建复用性强且具有可扩展性的项目系统。

面对这些困难，他们从未动摇对科技力量和技术创新的信念。为了攻克技术难关，团队成员日夜奋战，进行了大量的试验和测试。他们不断优化算法，提高数据质量，使其更好地适应实际应用场景；同时，积极与矿山企业沟通，了解他们的需求和痛点，根据实际情况调整技术方案。接下来，团队成员着手研发产品。他们常年深入生产一线，白天在生产车间调研学习专家知识，晚上则回到实验室里埋头苦干，聚在一起讨论技术方案和产品方案。经过无数次的尝试和改进，团队终于取得了突破。他们逐一攻克遇到的技术难题，研发了基于工业大模型的智能闭环决策算法、交互式数字孪生可视分析技术、端边云协同技术架构等一系列核心技术。这些技术不仅在国内处于领先水平，还具有较强的国际竞争力。

创业维艰，寻求共赢

张克胜的创业之路并非一帆风顺，也曾面临着诸多困难和挑战。技术难关、市场竞争、资金压力等问题都曾让他感到困惑和迷茫。产品研发成功只是第一步，如何将产品推向市场并获得客户的认可才是更大的挑战。团队成员没有退缩，他们积极寻求外部支持和合作机会。

张克胜深知，创业是一条充满挑战的道路，需要有坚定的信念和不屈不挠的精神。他带领团队成员不断努力，攻克了一个又一个技术难题，推出了一系列具有创新性和竞争力的产品和服务。在技术创新方面，中科数云高度重视资源投入，打造了一支具有丰富经验和专业素养的研发队伍，形成了具有世界级水平的技术研发团队。并与多所高校、科研院所建立了紧密的合作关系，通过产学研一体化，为源源不断的技术创新注入新的活力。

在国内市场，中科数云积极开展市场营销活动，与各大矿山企业合作，推广其智能化解决方案。其产品和服务得到了国内众多大型矿山企业的认可和采用,为企业全球化发展积累了宝贵的经验。在市场推广方面,中科数云也遇到了不少困难。由于传统矿山企业对新技术的接受度较低,中科数云需要花费大量的时间和精力去说服客户,让他们了解和认可中科数云的产品和服务。为了解决这个问题,中科数云通过提供试用服务,让客户在实际操作中体验到系统的优势;同时,全方位的技术支持和培训服务确保了客户能够充分利用系统提高生产效率。这些举措不仅打消了客户的顾虑,也赢得了市场的广泛认可。

此外,张克胜还非常注重团队建设。他认为,一个优秀的团队是企业成功的关键。他努力营造一个良好的工作氛围,让团队成员能够充分发挥自己的优势和潜力。他鼓励团队成员勇于创新,敢于尝试,不断追求卓越。同时,他注重团队成员的培训和发展,为他们提供更多的学习和成长机会。

在各级政府和东北大学的大力支持下,中科数云逐渐打开了市场的大门,行业影响力不断扩大,获得了越来越多客户的认可和支持。政府出台了一系列优惠政策和资金扶持措施,为中科数云等创新型企业发展提供了广阔的发展空间。这些政策涵盖了税收优惠、融资支持、人才引进等多个方面,为以中科数云为代表的创新型企业营造了良好的发展环境。同时,东北大学作为一所科研实力雄厚的学府,为中科数云提供了宝贵的创业资源和优质的导师团队。在东北大学创新创业学院的孵化支持下,中科数云获得了丰富的创业指导和产学研资源对接机会。这些支持不仅加速了公司的技术研发和市场推广进程,也为公司的可持续发展奠定了坚实基础。

行中有果

经过多年的深耕与不懈努力,中科数云已取得了显著的成绩,形成了完整的技术体系。公司的技术研发团队不断进行创新和改进,使这些技术能够更好地满足市场需求。例如,中科数云通过优化算法,提高了智能闭环决策算法的准确性和稳定性;通过改进交互式数字孪生可视分析技术,使其能够更加直观地展示矿山生产的实时情况,为决策提供更加准确的依据。

中科数云提供的产品与服务在国内外市场上均得到了广泛应用与高度认可。公司产品线覆盖了从智能矿山规划到生产运营管理的整套解决方案。不仅国内的大型矿山企业纷纷采用,国际市场也对其赞誉有加。根据客户反馈,中科数云的智能化系统显著提升了矿山的生产效率,成功降低了运营成本,并大幅增强了作业的安全性。例如，在某大型矿山企业的应用中，该系统使选矿流程的效率提高了30%，运营成本降低了20%，同时，事故发生率大幅降低。

在品牌建设上，中科数云也取得了令人瞩目的成果。公司通过参与国内外矿业展览、组织技术研讨会以及发布行业研究报告等多种途径，持续提高了自身在行业中的影响力。其展现出的专业水准和创新能力，赢得了业界专家和客户的一致好评，从而使得品牌形象和社会声誉日益提升。例如，在一次国际工业互联网展览会上，中科数云的展示吸引了众多国内外客户的关注，他们对公司的技术和产品给予了高度评价。

在积极开拓市场的同时，中科数云也致力于回馈社会，并积极履行其企业社会责任。在发展战略上，始终秉持着"创新驱动、服务先行"的理念。面对快速变化的市场环境，中科数云不断调整和完善自身的产品与服务体系，以满足客户的多元化需求。同时，注重与产业链上下游的紧密合作，共同推动智慧矿业的持续发展。如今，中科数云与东北大学的基层学院建立了创新人才培养示范基地，为敢闯敢拼的年轻人提供逐梦的舞台和空间。中科数云通过提供实习机会、开展培训课程等方式，培养了一批批优秀的人才，为行业的发展注入了新的活力。

中科数云的成功不仅为自身带来了发展机遇，更为整个行业树立了榜样。中科数云通过持续的技术创新和商业模式创新，为其他企业提供了借鉴和参考，推动了整个智慧矿业行业的发展。

远方有志

"时势造英雄"。在全球化和数字化的浪潮下，中科数云作为一家年轻而充满活力的企业，面临着前所未有的机遇和挑战。随着技术的不断进步和市场的不断变化，新的需求和机会不断涌现。然而，也面临着诸多挑战，如技术更新换代快、市场竞争激烈、法律法规和政策环境的变化等。中科数云需要不断提升自身的技术实力和创新能力，以适应市场的变化和满足客户的需求。

中科数云通过自主研发，实现了工业人工智能与大模型协同新架构的突破，这一创新成果有效解决了选矿产业多工序决策协同优化和降本增效的难题，充分彰显了技术创新在推动产业升级中的关键作用。该案例为行业内的其他企业提供了明确的发展方向，激励了更多企业加大技术研发投入，共同推动智慧矿业的持续进步。这一示范效应不仅体现在技术层面的引领,更在于其创业模式和市场策略的创新,为整个行业树立了新的标杆,体现了"思知行"三创融合理念在实践教学中的成功应用。

作为东北大学创新创业学院的孵化项目,中科数云的成功进一步凸显了高校创新创业教育的重要性。其创业模式和发展战略不仅为高校加强产学研合作、推动科技成果产业化转化提供了有益的启示,更是创新创业教育"五育并举"育人特色的具体体现。中科数云团队在创新创业教育的熏陶下,培养了敏锐的市场洞察力和创新思维,能够将所学知识转化为实际应用,解决行业痛点问题。这一成功案例证明了创新创业教育在培养学生创新思维、提升创业能力方面的显著成效,为广大学生提供了宝贵的学习机会和实践平台,激励着更多学生勇于探索、敢于创新。

未来,中科数云将继续肩负起"科技服务社会,引领流程工业智能化转型"的使命,致力于技术创新和人才培养,为人们的生活带来更多的便利。继续加大在技术研发方面的投入,不断推出具有创新性和领先性的产品和解决方案。同时,加强与高校、科研院所的合作,进一步提升自身的技术实力和创新能力。并且加强团队建设,提高团队的凝聚力和战斗力。

中科数云的创业模式展现了市场需求与技术创新的紧密结合,其成功实践为创业者提供了宝贵的启示。该公司以市场需求为导向,通过技术创新和产学研合作,成功实现了科技成果的产业化转化。这一模式为创业者提供了明确的创业方向和思路,有助于降低创业风险,提高创业成功率,进一步体现了创新创业教育的实践价值和引领作用。

中科数云的创业案例不仅展现了其在智慧矿业行业的领先地位和示范效应,更充分体现了高校创新创业教育的育人成果和引领作用。这一成功案例证明了"思知行"三创融合理念和"五育并举"育人特色在创新创业教育中的成功实践,为广大学生提供了宝贵的实践经验和学习机会,有助于激发他们的创业热情和创新能力,进一步推动高校创新创业教育的深入发展。

创新之星

张克胜,东北大学流程工业综合自动化国家重点实验室控制科学与工程专业博士研究生,东北大学数孪智科创新团队创始人。曾获辽宁省优秀大学生党员标兵、沈阳市优秀研究生干部、沈阳市优秀研究生、东北大学学生创新创业"校长奖章"。以第一作者申请发明专利、软件著作权 10 余项，曾获第三届工业人工智能国际会议最佳博士研究奖和第六届工业人工智能国际会议学术沙龙"工业智能创新成果奖"，在中国科学院一区 Top 期刊上发表多篇高水平的学术论文。

  在校期间，他带领团队获第十三届"挑战杯"中国大学生创业计划竞赛全国金奖、中国国际大学生创新大赛（2023）高教主赛道全国银奖；第十届"创青春"中国青年创新创业大赛全国银奖、2023 年全国高校商业精英挑战赛创新创业竞赛全国总决赛一等奖、第八届"创客中国"大数据中小企业创新创业大赛全国一等奖等国家级竞赛和国际荣誉 7 项，省、市级荣誉奖项 20 余项，并多次受邀在国际工业人工智能大会作报告。2024 年，张克胜被新华社、《人民日报》、《光明日报》等国家级新闻媒体刊登报道，并作为全国高校青年代表登上央视《新闻联播》。

教师篇

霍楷：我心有梦，艺韵芬芳

"一切皆因你有梦想"，这句校领导莫大的鼓舞与勉励，使我在艺术创新的道路上迎风破浪、执着前行。在这充满挑战的道路上，荣誉是对莘莘学子无数个日日夜夜奋力付出的最好褒奖；他们高举奖杯奖牌的一刹那，控制不住的欢笑和泪水，让我深深理解了拼搏创新的价值与意义。

——题记

点燃梦想之火

2005年的秋天，正值中国艺术设计界顶尖赛事——中国之星设计大奖开始征集。霍楷对该赛事敬仰久已，正准备积极备赛投稿。他深知当时艺术设计正在如火如荼地发展，如果能在权威赛事中获奖，将是对自己专业能力的最好证明。时任东北大学艺术学院副院长、中国包装联合会设计委员会副主任王亚非教授说，"小霍啊，你把投稿作品拿过来。"随即在报名表上签写了"直接推荐优秀作品"八个字，并签署了推荐人姓名，作品直接进入了复评。这让霍楷惊诧不已，他深知中国之星设计大奖在业内的分量，感受到亚非前辈对自己莫大的支持、鼓舞与提携，立刻意识到前辈的力荐引领对自己日后的教书育人起到的重大启迪作用。于是，霍楷决心踏入竞赛育人的行列，将亚非前辈的栽培之恩传递下去。更重要的是，他想通过努力拼搏和付出，让东北大学在中国的艺术设计界有一席之地，让更多的东北大学的学子站在中国设计的最高领奖台上。他深知，在千军万马过独木桥的竞赛道路上充满了挑战与荆棘，但只要努力就一定会成功。这是霍楷后来成立创意设计创新团队，孜孜不倦指导学生参赛的动力之源。

经过五年的努力,霍楷指导的学生在各类竞赛中崭露头角,获奖范围也从国内走向了国际。于是,他着手谋划资源,决定成立一支专门参加国内外高水平竞赛的队伍。在东北大学创新中心(现创新创业学院)的支持下,于2011年组建了创意设计创新团队。他坚信,有学校的大力支持、有教师的育人梦想、有学生的积极参与,这个学生团队不久一定能够取得突破性育人成果,一定能够在中国顶尖艺术设计竞赛中拔得头筹,一定能够构建东北大学的艺术设计创新品牌,为高水平大学建设乃至中国设计教育事业的发展贡献力量。

在团队建设的过程中,霍楷与学生整天在工作室"打成一片",共同研究竞赛、参与竞赛、指导创作,在赛中教、赛中学、赛中研,体现了深厚的团队凝聚力和创新育人责任感。他几乎利用全部业余时间坐镇工作室,召开竞赛推广会、指导学生选题、调研、创作、投递、答辩演练、带队参赛、参加颁奖论坛、竞赛育人经验分享会等,全流程、全方位开展创新竞赛育人活动。他不但指导学生参赛,还指导学生撰写发表竞赛研究论文、申请专利、申报大学生创新训练计划项目、组织出版竞赛教材、申报竞赛课题、申报竞赛教学成果奖……不断培养学生的创新思维、探索竞赛育人方法、积累竞赛经验,这为学生创新能力、创新意识和创造精神的培育奠定了基础。他深知,只有做好比赛的全过程研究与立体化深度参与,不断总结经验、积累方法,才能够将竞赛育人这条道路越走越远、越走越宽。

砥砺前行的旅程

在回忆团队创建之初的情景时,霍楷感慨万千却又激情澎湃。当时的团队可谓白手起家,没有空间,没有场地,没有设备,有的是一颗教师火热的心和团队学生的激情。他找到当时的学生创新中心,借了一间教室作为学生创作的场地;找到学院,要了10余张旧桌椅;找创新中心谋划资源,捐给工作室两台电脑,创新团队建立起来了。在师生的积极努力下,团队在2011年的中国大学生计算机设计大赛(当时为中国大学生文科计算机设计大赛)国赛中获全国一等奖;同年,创意设计创新团队获得东北大学优秀学生创新团队的殊荣。

然而,参赛的道路并非一帆风顺。2012年,团队积极备战中国大学生计算机设计大赛,培育一支具有竞争力的队伍,在前期准备、校赛答辩、省赛答辩中都非常顺利,得到评委的一致认可和好评;但在国赛中最终却获得二等奖,这让霍楷陷入了思考、质疑和忧虑之中。问题出在了哪个环节?是作品本身有硬伤?还是答辩环节失利?还是PPT设计问题?抑或是视频设计问题?痛定思痛,霍楷开展问题分析的同时,对往年一等奖作品的优点进行总结与归纳。2012年底开展竞赛推广会,在会上分享往年一等奖作品,分析2013年竞赛主题,组建多个竞赛队伍,备战2013年的竞赛。

经过前期调研、创作指导、答辩演练,在校赛和省赛中一路过关斩将,有四组作品顺利挺进国赛。最终,三组作品获国赛一等奖、一组作品获二等奖。其中,两组一等奖作品在特色作品点评环节面向全国师生评委进行了作品展示,受到一致好评和认可。在颁奖会环节,学生手捧沉甸甸的奖牌,流下了喜悦的泪水。霍楷在指导学生创作过程中,从失败中总结经验、吸取教训,不畏艰辛,从未气馁,重整旗鼓,组建队伍,熬过多少个通宵,亲自带队校赛、省赛和国赛现场指导,应对可能突发的各种问题和挑战,成为学生国赛答辩现场的坚强后盾。霍楷和学生都深知,比赛的过程除了看作品质量,还包括团队合作能力、应变能力、语言组织能力、写作能力等综合能力的检验。在一个又一个创作瓶颈的突破、一次又一次的答辩演练、一级又一级竞赛的晋级中,他们凭借勇于创新、坚守初心的精神,不断探索未知、战胜困难、突破自我,表现了强大的创新能力和创造精神,最终站在最高领奖台上夺得桂冠。

参赛同学徐晓锦多年后撰写了一篇《一切为了桥|东大黑帮之厦门历险记》。据她回忆,"那(参赛)依然是我人生中的高光时刻之一。"她写道:"荣誉证书至今摆在我的书架上,跟我的毕业照和结婚照放在一起。这段经历是个奇迹,是我的精神力量的源泉。每当我想陷入自我怀疑,或者自怨自艾之时,我都会回想起那段时光,然后,没有任何理由不重新信心满满。"据她回忆,计算机设计大赛是她们入校的时候,在新生家长会上学院给她们"打的一针鸡血"。可见学院对该赛事的自豪与骄傲,这也成为学院宣传的一张名片。她对霍楷在指导竞赛时的描述是:"霍楷老师,是我们大学里很重要的一位老师,他最厉害的一点在于,永远对学生进行赏识教育。不管你成绩怎样,总是鼓励你,加油,参赛,你就是一等奖。""虽然眼前貌似一片迷雾,但是我们就是相信,我们会创造奇迹,如有神助。这位'神'可能就是霍楷老师。"霍楷说:"怕啥的?动漫大赛一组能有五个人呢!你们可以再找两个人嘛!实在不行,一遍遍地改!你看你们学姐这组一等奖的作品,多棒啊!但是你看他们的初稿,这

别说一等奖，三等奖也拿不了啊！"霍楷太会鼓励学生、激励学生了。

在学生创作过程中，霍楷不但指导创作反复修改，这些陪伴与关怀更是成为学生的巨大精神动力。经历了无数的曲折，最终获国赛一等奖，该组学生激动地回忆："主持人老师把我和冬冬叫上去采访，我们作品的易拉宝摆满了整个颁奖台，还在大屏幕上播放了视频！就是有面子！虽然比赛只有一、二、三等奖，但是我们已经毫无疑问地 carry 全场，是当之无愧的无冕之王！不但是一等奖，而且是冠军，我没有说错！"

回想起那段时光，霍楷说："我们指导比赛很辛苦，学生参赛更辛苦，作品从无到有、从简单到复杂。校赛、省赛、国赛，一级一级就像过山车似的。有的校赛过了却没进入省赛，有的省赛过了却没进入国赛，层层过关斩将充满了惊险和刺激。在每一次晋级中都会遇到各类挫折和问题，这都是我们努力拼搏积累的宝贵经验，而如何克服和解决这些困难更是我们取得成功的法宝。"竞赛育人的过程就是不断发现问题、解决问题，最终突破自我、战胜自我的过程，这些过程是充满挑战但又充满乐趣的，对短短的大学本科、研究生阶段都是一种不断了解自己、提升自己的过程，这种经历对人才培养过程是难能可贵的。正是在年复一年、日复一日的竞赛指导过程中，创意设计创新团队克服了一个又一个困难，取得了一个又一个成果。多年来，霍楷指导的团队学生连续获众多国内外大赛一等奖（金奖）。"获一次一等奖容易，但连续获一等奖确实很难，这需要不断地坚持、创新和提升，作品需要好上加新，好上加好。我会一直指导下去，因为学生需要这个成长成才的竞赛舞台。"

铸就荣耀未来

艺术设计业界的快速发展和中国高等教育学会对高水平竞赛的规范，为学生带来前所未有的机遇与挑战。霍楷作为创意设计创新团队的指导老师，紧抓时代机遇，把握竞赛脉搏，带领团队不断探索和挑战一个又一个高水平竞赛，摘取了一项又一项桂冠，取得了一个又一个成功。

20余年来，霍楷心中有梦，坚守初衷，在创新育人的道路上探索出竞争式、挑战式和危机感竞赛育人模式。培养了1000多名优秀的团队成员，他们在全国乃至国际艺术设计大赛中屡获殊荣，为学校赢得了很高的荣誉。团队有组织参加国内外高水平竞赛，在全国普通高校艺术类指数排名 A+（全国1098高校中仅有 22 所 A+ 高校）。获意大利 A'设计奖金、银、铜奖等 20 余项，几乎囊括中国高等教育学会赛事中所有设计类赛事一等奖，包括蓝桥杯大赛视觉设计赛一等奖第一名、全国大学生广告艺术大赛一等奖、米兰设计周-中国高校设计学科师生优秀作品展一等奖、未来设计师·全国高校数字艺术设计大赛一等奖、中国好创意暨全国数字艺术设计大赛一等奖、中国大学生计算机设计大赛一等奖、中国研究生"美丽中国"创新设计大赛一等奖、中国包装创意设计大赛一等奖、中国之星设计大奖金奖、教育部公益广告大赛一等奖、连续三届获教育部廉政文化作品大赛精品项目（最高奖项）等一系列国内外顶级赛事。作为项目负责人，霍楷累计指导学生获国内外设计奖项超过 4000 项，指导中国大学生计算机设计大赛一等奖数量位居全国第一。"中国大学生计算机设计大赛领跑者——东北大学创意设计创新团队的创新实践案例"获第三届全国大学生创新创业实践联盟年会大学生创新创业实践优秀实践案例，"'五位一体，流程示范'——东北大学创意设计竞赛育人实践案例"获工业和信息化部人才交流中心（蓝桥杯大赛组委会-高等教育学会排行榜赛事）"以赛促教、以赛促学"典型案例征集一等奖等教学奖项 30 余项。

霍楷竞赛育人成果和经验受到业内和高校普遍关注，受邀在北京大学、清华大学、鲁迅美术学院等 10 余所高校、大赛组委会和行业年会中作主题报告 50 余场分享育人经验，成果惠及参会的全国高校教师 10000 余人，活动受高校和组委会媒体广泛报道。

寄语学子

把优秀做成习惯，把习惯做成优秀。作为一名创新团队的指导教师和新时代的教育工作者，真诚地希望每名学子都能投身创新的浪潮中，在竞赛中感受创新价值，在创意中促进灵感迸发，在创新中推动专业实践。让他们体验创新实践的魅力，理解创新内在的意义，感受创新之美的浸润；让他们在赛中学、做中学和乐中学，学有所创、学有所用、学有所成。

同时，我也提醒他们不能为了成绩而参赛，竞赛是手段而不是目的。尤其在德智体美劳五育融合背景下，要树立正确的价值观和人生观，通过艺术设计创新与竞赛，让经历更加丰富、让体验更加多样、让成果更加丰硕。同时，我也深刻意识到创新竞赛的国际化，不但要参加国内顶级赛事，还要尝试参加国际顶级赛事,与国际接轨,在国际赛事中讲好中国创新故事,传播好中国文化。

育人之星

霍楷,东北大学副教授,硕士生导师,东北大学创意设计创新团队创始人及指导教师,中国大学生计算机设计大赛沈阳决赛区负责人之一。获中国设计事业突出贡献奖、中国大学生计算机设计大赛教学名师奖(全国5人,两年一届)、辽宁省课程思政教学名师、北京-辽宁-吉林-黑龙江优秀设计教育工作者等称号,入选沈阳市高层次领军人才。发表论文300余篇,其中核心期刊20余篇,出版教材、著作27部。主持教育部人文社科规划基金项目、中国高等教育学会课题(2项)、教育部产学合作协同育人项目、全国高校计算机基础研究会项目(3项)、中国学位与研究生教育学会课题等20余项。设计作品累计荣获包括米兰设计周(一、二、三等奖)、俄罗斯、美国、墨西哥、西班牙、德国、伊朗、意大利、波兰、日本、韩国等30余个国家、地区竞赛奖项800余项。担任国际设计理事会 ico-D 会员、国际设计师协会(IAD)会员、国际设计俱乐部(IDC)会员、中国高等教育学会美育专业委员会理事、全国高等院校计算机基础研究会文科专委会常委、中国包装联合会设计委员会常委、中国电子视像行业协会数字影像创意委员会常务理事、中国好创意暨全国数字艺术设计大赛评审专家入库常务理事、全国高等院校计算机基础研究会理事、创意中国设计联盟理事、未来设计师·全国高校设计艺术大赛评审专家与学术委员会委员、中国包装创意设计大赛评委及副主任和学术委员、国际商业美术设计师协会高级设计师、A'设计奖与竞赛评委、秘鲁国际海报展评委、"互联网+"大学生创新创业大赛评委、中国大学生计算机设计大赛评委、米兰设计周-中国高校设计学科师生优秀作品展评委、教育部廉政文化作品大赛评委、中国-东盟高校大学生公益设计创意大赛评委等国际级、国家级评委100余项。

丛德宏：匠心筑梦，科技领航

在追求梦想的道路上，难免会遇到挫折和困难，但只要我们保持积极的心态，勇于面对并努力克服这些挑战，就一定能在未来的道路上，走得更远更稳。

——题记

点燃梦想之火

时光追溯至 2002 年，全国大学生机器人大赛 Robocon 作为我国科技创新领域的新兴赛事，引起了广泛关注。丛德宏教授对机器人领域的热爱，源自他内心深处对科技进步的无限向往和对未知世界的探索欲。他深知，机器人技术不仅是工程技术的巅峰之作，更是人类智慧与创造力的集中体现，其背后蕴含着推动社会进步、改善人类生活的巨大潜力。因此，当全国机器人大赛 Robocon 这一赛事逐渐兴起，成为展现大学生科技创新能力的新舞台时，丛德宏立刻意识到，这是一个极为难得的机会，是一个能够激发青年学生科技创新热情的绝佳平台。对丛德宏而言，决定投身这项事业，并非一时冲动，而是深思熟虑后的坚定选择。他深知，科技创新的道路充满荆棘与挑战，但正是这些挑战，才更能激发人的潜能，推动科技的不断进步。更重要的是，丛德宏怀揣着一颗科技报国的初心，他希望通过自己的引导和努力，能够吸引更多有志青年加入到机器人研究的行列中来，共同为中国的科技创新事业贡献力量。

于是，丛德宏毅然决定，不仅要亲自参与全国机器人大赛 Robocon 的指导工作，更要亲手组建一支充满激情与梦想的创新团队——ACTION 创新团队。他相信，通过团队的共同努力，一定能够在机器人领域取得突破性的成果，为中国乃至世界的科技创新事业添砖加瓦。

在组建团队的过程中，丛德宏展现出了深厚的情怀与高度的责任感。他亲自筛选团队成员，不仅看重学生的专业技能，更重视他们的创新精神、团队合作精神及对科技的热爱。他深知，只有具备这些品质的学生，才能在未来的科技创新道路上走得更远、更稳。同时，丛德宏投入了大量的时间和精力，对团队成员进行悉心指导，不仅传授他们专业知识，更培养他们解决问题的能力和创新思维，为他们的成长成才奠定了坚实的基础。

在丛德宏的引领下，一群怀揣着科技梦想的年轻人汇聚一堂，共同创建了ACTION创新团队，踏上了科技创新的征程。面对团队初创时的简陋条件和种种困难，团队成员们凭借着对梦想的执着追求和不懈努力，克服了种种技术挑战和资源限制。在一间简陋的实验室里，他们夜以继日地钻研、设计、调试机器人，为了每个微小的进步而不断努力。

砥砺前行的旅程

丛德宏在回忆团队初创时期的情景时表示，尽管当时条件并不优越，但他和团队成员始终坚信，只要坚持不懈、勇于探索，就一定能够实现科技创新的梦想。他们怀着坚定的信念，面对"抢攀珠穆朗玛峰"这一充满挑战性的比赛主题时，不畏艰难、敢于创新，力求在比赛中展现出最佳水平。然而，首次参赛的ACTION创新团队并未如愿夺冠。面对比赛的失利，丛德宏和团队成员们并未气馁，而是从失败中汲取经验教训，不断优化设计方案和技术路线，为下一次比赛做好充分准备。他们深知，科技创新的道路并非一帆风顺，但只要坚守初心、持续努力，就一定能够取得突破性的进展。正是凭借着这种坚守初心、勇于探索的精神，ACTION创新团队在后续的比赛中逐渐展现出强大的实力和创新能力。他们攻克了一个又一个技术难关，取得了一个又一个令人瞩目的成绩。这些成绩的取得，不仅是对他们努力的肯定，更是对科技创新精神的赞颂。

回想起那段时光，丛德宏回忆道："我们做比赛的，确实很辛苦。这是一个解决工程难题的过程，从设计到调试，每个环节，都是一个难题，这种方法能不能行得通，能行得通的前提下会不会受到其他因素的干扰，如果真的会被干扰又该怎么解决，过程虽然曲折坎坷，但其中还是有很多乐趣的，这是在解决问题中提升自己，这种提升对每名队员来说，意义都是巨大的。准备比赛的时间过得很快，检验一年来成果的时候到了。但是那次比赛，由于场地各个方向上强光灯的照射，机器人上的摄像头无法正常工作，我们很遗憾地输掉了比赛。事后想想，我们是为数不多能完成全套动作的团队之一，实力其实还是有的。但当时大家都沉浸在比赛的失利中，而我也是最不甘心的，用现在年轻人文艺点的说法，那是一年的努力之后，希望被一把捏碎的感觉。"丛德宏深知，科技创新的道路并非一帆风顺。他始终坚守初心，相信只要坚持不懈，梦想就能照进现实。

转眼到了2004年末，主题为"登长城，燃圣火"的第四届全国大学生机器人竞赛即将于次年揭开帷幕。同年12月，学校正式委派丛德宏为机器人大赛的负责老师，此时距离比赛已经不到半年时间了。时间紧，压力大，丛德宏经常翻来覆去夜不能寐，脑子里全是大赛的事。为了更好地备赛，他招募了十几个学生组成一个小团队，这就是ACTION创新团队最初的样子。

在整个备赛过程中，丛德宏的作用至关重要。他不仅为团队提供了宝贵的指导意见，更在关键时刻给予团队成员精神上的鼓舞和支持。他深知，科技创新的道路上充满了未知和变数，只有勇敢面对挑战，才能取得成功。因此，他鼓励团队成员不要惧怕失败，而是要从失败中吸取教训，不断总结经验，提高自己的能力。在丛德宏的指导下，ACTION创新团队逐渐形成了一种敢于挑战、勇于创新的氛围。他们不满足于现有的成果，而是不断追求更高的目标。他们深知，只有不断攀登科技高峰，才能为国家的科技进步和产业的发展作出更大的贡献。然而，攀登高峰的道路并非一帆风顺。在团队的发展过程中，他们也遇到了许多困难和挫折。有时，他们会因为某个技术难题而陷入困境，甚至陷入自我怀疑的境地。但是，他们从未放弃过。他们相信，只要坚持下去，就一定能够找到解决问题的办法。

正是在这样的信念支撑下，ACTION创新团队克服了重重困难，取得了一个又一个成果。当时丛德宏和团队成员的目标很明确，认真备赛拿冠军。既然第一次比赛失败了，那么这回一定要争回来。"后来有人问我，这场比赛是不是我人生中最关键的，支持我走下去的一场。我说不是，每次比赛都同样重要。至于说是不是支持我走下去的一场，这次比赛确实给了我信心和鼓舞，即使这场比赛失败了，我还是会继续。"丛德宏说道。

在丛德宏的带领下，ACTION团队砥砺前行，不断取得新的突破。遇到技术难题大家就一起想办法解决，寻找软件、硬件、机械方面存在的问题，然后进行改进和优化。他们不断地试验、调整、再试验,直到达到最佳状态。丛德宏深知团队合作的重要性。他还经常鼓励团队成员相互支持、共同进步,逐渐形成一种积极向上、勇于探索的学习氛围。在这种氛围的熏陶下,团队成员不仅在学术上取得了优异成绩,更在创新创业的道路上不断前行。他们结合市场需求和自身优势,研发出了一系列具有自主知识产权的机器人产品,成功地将科研成果转化为现实生产力。他们不仅在全国大学生机器人竞赛中屡创佳绩,更在亚太地区大学生机器人竞赛中崭露头角。这些荣誉的背后,是团队成员无数次的尝试和失败、是他们对技术的不断追求和突破。

铸就荣耀未来

随着科技日新月异的发展,机器人领域成为了全球科技竞赛的焦点,同时带来了前所未有的机遇与挑战。丛德宏作为 ACTION 创新团队的指导教师,不仅敏锐地捕捉到了这一时代脉搏,更以坚定的信念和深沉的情怀,带领团队勇攀科技高峰。在丛德宏的悉心指导下,ACTION 创新团队紧跟科技发展的潮流,积极探索新的技术领域和市场应用。团队不仅在机器人设计、制造和控制方面取得了显著成果,更在人工智能、物联网等前沿领域取得了突破性的进展。

20 余年来,团队秉持"拒绝平庸,挑战极限"的理念,不断进行创新实践和技术突破,设计制作了 90 余台机器人,培养了 600 多名优秀的团队成员,他们在全国乃至国际机器人大赛中屡获殊荣,为学校赢得了极高的荣誉。团队先后在全国赛中获得过 4 次冠军(目前国内唯一获得四连冠的队伍)、2 次亚军、4 次季军,以及多次八强;连续 5 次代表中国参加国际赛,在国际赛中获得过 2 次亚军、1 次季军和多次"最佳技术奖"。团队除参加全国大学生机器人大赛 Robocon 外,还积极参加全国大学生电子设计竞赛、全国大学生机械创新大赛、辽宁省大学生机器人竞赛及大学生创新创业训练计划项目等赛事,并多次荣获全国一等奖等奖项。

2014 年,团队成功孵化沈阳艾克申机器人技术有限公司;2017 年,公司成为我校第一个由学生创办的国家级高新技术企业;2018 年,荣获"小平科技创新团队"称号;2010 年,ACTION 团队正式更名为 ACTION 创新团队。对于一个工科人来讲,最重要的一点是创新。没有创新,就永远都不会有进步,但问题是怎么去创新。其中最重要的一点就是行动,如果没有行动,永远都不会知道离目标还差多远，还需要付出多少努力。在丛德宏的带领下，团队不断拓宽视野，深化研究，逐步在机器人技术领域取得了突破性成就。他们不仅在国内外各类机器人竞赛中屡获佳绩，更在机器人技术的研发与应用方面取得了实质性的进展。在丛德宏的引领下，ACTION 创新团队不仅在全国大学生机器人大赛 Robocon 等国际国内赛事中摘金夺银，更在机器人技术的研发与应用方面取得了实质性的进展。团队研发的智能巡检机器人、医疗康复机器人等产品已在多个领域得到广泛应用，不仅显著提高了工作效率和安全性，也为人们的生活带来了便利和舒适。

丛德宏对科技创新的执着追求和深厚情怀，在 ACTION 创新团队中得到了充分体现。他以身作则，用自己的行动诠释着创新创业的初心和使命。对丛德宏而言，实验室就像他的第二个家，比赛则是人生的一部分。他每天关注着实验室的倒计时屏幕，思考着技术提升的空间和夺冠的可能性。这种对科研和比赛的投入与热情，不仅激励了团队成员不断进步，也为整个科技创新事业注入了强大的动力。

丛德宏和 ACTION 创新团队的故事引起了各大新闻媒体的广泛关注。新华社、央广网、《中国日报》等权威媒体纷纷报道他们的成就和故事。这些报道不仅展示了 ACTION 创新团队的实力和价值，更传递了他们对科技创新的执着追求和对社会的奉献精神。在新华社的报道中，丛德宏被赞誉为"机器人团队灵魂铸造工程师"，他的故事激励着无数年轻人投身科技创新事业。央广网通过专访的形式深入报道了 ACTION 创新团队的成长历程和最新成果，让更多人了解了这支优秀团队背后的故事。《中国日报》从国际视角报道了 ACTION 创新团队在机器人领域的突破性进展和全球影响力，展示了中国高校在科技创新方面的实力和潜力。

寄语学子

憧憬教育新篇，心怀期许绘宏图；祈愿学子翱翔，创新逐梦舞翩跹。作为一名教育工作者，我真诚地鼓励每名学子都能积极投身于科技创新的浪潮中，亲身体验实践的魅力，深刻理解创新的价值。这既是我对他们个人成长的期望，也是我对未来高等教育发展方向的一种期许，强化创新思维的培养，注重实践，让学生在实践中学习，在学习中不断创新。

同时，我深刻意识到高等教育国际化的重要性和紧迫性，要始终将与国际一流大学的交流合作视为重要任务，这不仅仅是为了引进先进的科技资源和教育理念，更是为了让我们的学生能够拥有更广阔的国际视野，与世界各地的精英们共同学习、共同进步。我相信，这样的交流将极大地促进我们的教育质量提升，让我们的学生更具国际竞争力。

展望高等教育的未来，我坚信它应该是一个更加开放、包容和灵活的系统，这就要求我们更加关注高等教育的本质——它不仅要进行知识的传授，更要做到价值观的塑造，引导学生关注社会热点问题，积极参与社会实践和公益活动。只有这样，我们的学生才能成为有担当、有情怀、有能力的未来领袖，为社会的和谐与进步贡献自己的力量。我坚信，在全体师生的共同努力下，我们一定能够推动高等教育向着更加开放、包容、创新、责任的方向发展，为国家的繁荣和社会的进步贡献我们的智慧和力量。

育人之星

丛德宏，东北大学教授，硕士生导师，东北大学 ACTION 创新团队创始人及指导教师，辽宁省大学生机器人竞赛专家委员会秘书长。在国内重点期刊发表论文 10 余篇；以第一发明人获得发明专利 17 项；为企业研发的项目及产品 6 项；自主研发项目 8 项，包括康复机器人、巡检机器人、定位系统、驱动器、伺服轮、走行运动导航卡、三轴自稳云台等；承担纵向课题 2 项。主要研究方向为利用机器人技术恢复、代偿、增强人体机能，如下肢康复训练机器人、导盲轮杖等；移动机器人相关的各种技术，如定位、轨迹规划、伺服驱动、SLAM、导航等。

陈猛：培育精英结构师，推进土木智能化

在工程的世界里，结构是无声的语言，而创新则是它跳动的心脏。在一往无前的征途上，我们一次次面对挑战，勇敢探索，凭借不屈的信念与卓越的技艺，书写着属于我们的创新篇章。这段旅程，既是对结构设计的不断追求，也是对工程理想的执着坚守。每一步都是前行的力量，每一个成果都见证着智慧的结晶。让我们在创新的路上，携手并肩，走向更加辉煌的未来。

——题记

点燃梦想之火

全国大学生结构设计竞赛自 2005 年发起，由中国高等教育学会工程教育专业委员会、高等学校土木工程学科专业指导委员会、中国土木工程学会教育工作委员会及教育部科学技术委员会环境与土木水利学部共同主办。作为土木工程领域最高级别、规模最大的学生创新竞赛，这项赛事被誉为"土木皇冠上最璀璨的明珠"。该竞赛不仅展示了中国高校在土木工程领域的卓越创新能力，还为学生提供了一个展示才华和锤炼技能的重要平台。通过这一赛事，参赛的学生们不仅能在实践中磨炼自己的专业技能，还能在激烈的竞争中发现自我、提升自我，为未来的职业生涯打下坚实的基础。

陈猛教授对结构设计的热爱深植于他对土木工程领域的无限向往和对创新教育的深刻理解。他认识到，结构设计不仅仅是工程技术的集大成者，更是创新思维与实践能力的具体体现。作为一名资深的土木工程教育工作者，陈猛意识到培养学生的结构创新设计理念与实践能力是至关重要的。这种对教育的热情和对学生发展的关注促使他决定投身于创新团队的建设，将自己多年的教学

经验与工程实践融入学生的培养过程中,以帮助他们在未来的职业生涯中取得成功。

在这种坚定的信念驱动下,陈猛决定不仅要亲自参与结构设计竞赛的指导工作,还要亲手组建一支充满激情与梦想的创新团队。他深知,一个成功的团队不仅需要优秀的成员,还需要一位具有前瞻性的引导者。2017年,未来结构师创新团队在陈猛的指导下正式成立。陈猛相信,通过团队的共同努力,必定能够在建筑结构设计领域取得突破性的成果,为中国乃至世界的土木创新事业贡献力量。

团队成立之初,陈猛便设立了明确的目标——通过创新竞赛与科研训练,培养出一批具有卓越创新能力和工程素养的优秀土木工程师。他深知,科技创新的道路充满荆棘与挑战,但正是这些挑战,才更能激发学生的潜能,推动工程教育的不断进步。为此,陈猛不仅亲自参与团队的组建与指导工作,还为团队成员提供了系统的训练和全面的支持。他组织了系统的培训课程,邀请行业专家举办讲座,并通过模拟训练和实战演练提升团队的实际操作能力。

在陈猛的带领下,未来结构师创新团队逐渐成为一支充满激情与梦想的队伍。通过严格的选拔与悉心的指导,陈猛将来自全校各学院的优秀学生汇聚一堂,共同追寻结构设计的创新之路。在这条路上,团队成员们经历了无数个日夜的奋斗,迎来了一个又一个挑战,同时取得了丰硕的成果。这些成绩不仅展示了他们在结构设计方面的才能,也标志着他们在土木工程领域的潜力与发展。每次的成功都让他们更加坚定了对未来的信心,也进一步巩固了他们在土木工程领域的地位。

团队的成长和成就离不开陈猛的辛勤付出和团队成员的共同努力。他们的每个进步都凝聚了大家的智慧和汗水,正是这种不懈的努力和坚持,使得未来结构师创新团队在土木工程领域取得了一个又一个令人瞩目的成绩。每次比赛的经历,都是他们成长的历程,也是对他们能力的一次次验证。

砥砺前行的旅程

回忆起未来结构师创新团队初创时期的情景,陈猛坦言,尽管面临诸多挑战,但团队成员们始终充满信心。陈猛记得团队成立之初,大家对未来的憧憬和对结构设计的热情是推动他们不断前进的重要动力。他们相信,只要坚持不懈、勇于探索，就一定能够实现结构设计的创新梦想。

团队在初期积极参与各类创新竞赛，从"结构设计"到"节能减排"、从"互联网+"到"挑战杯"，每场比赛都是一次全新的挑战。陈猛深知，竞赛不仅是展示团队实力的舞台，更是检验和提升团队能力的试金石。虽然每次参赛的准备工作都繁重而艰辛，但是他们从未因此而气馁。每一次的挑战都促使他们不断提升自我，完善设计理念。

尽管如此，多次参赛的未来结构师创新团队并未如愿在全国大学生结构设计竞赛这个被誉为"土木皇冠上最璀璨的明珠"的赛场上取得理想成绩。团队曾遇到过多次挫折，例如因细节处理不到位导致的结构突然坍塌，或因结构体系创新程度不够而未能获得高分。这些问题不仅让团队遭遇了压力，也让他们深刻认识到自身的不足。然而，陈猛与团队成员并未因比赛失利而气馁。相反，他们从每次失败中汲取了宝贵的经验教训，认识到改进的方向，并为下一次的成功奠定了坚实的基础。

在整个备赛过程中，陈猛的作用不可或缺。他不仅为团队提供了宝贵的指导意见，还在关键时刻给予了团队成员坚定的精神支持。陈猛明白，创新的道路充满挑战与未知，面对这些挑战与困难，只有勇敢地探索和不断地努力才能取得突破。因此，他不断激励团队成员要从失败中吸取教训，总结经验，提升自身能力，永不气馁。他常常与团队成员分享自身的经验，鼓励他们面对困难时要保持乐观，并从失败中找到进步的机会。

在陈猛的引领下，未来结构师创新团队逐渐形成了敢于挑战、勇于创新的氛围。团队成员在每次挑战中都表现出了不屈不挠的精神，他们不满足于现有的成果，而是不断追求更高的目标。通过不断探索和创新，他们希望能够为国家的工程科技进步和产业发展作出更大贡献。然而，这条路并非一帆风顺。团队在发展过程中遇到了诸多技术难题和挫折，有时甚至陷入困境和自我怀疑。但他们从未放弃，因为他们坚信，只要持之以恒，必能找到解决问题的办法。

正是凭借这种坚定信念，未来结构师创新团队克服了一个又一个困难，取得了一个又一个突破。每当面临挑战时，团队都会明确目标，全力以赴备赛，力求在比赛中获得优异的成绩。陈猛曾表示："有人问我，这些比赛是否是我人生中最关键的时刻，是否是推动我前行的动力。我认为每场比赛都同样重要。尽管这些比赛确实给予了我信心和鼓舞，但即使遇到挫折，我依然会继续前进。"

科技创新的道路并非一帆风顺。陈猛鼓励学生要在挫折中不断总结经验，提升自我，继续朝着更高的目标迈进。正是这种不懈地努力与坚持，使得团队在后续的比赛中逐渐展现出强大的实力与创新能力，取得了一个又一个令人瞩目的成绩。每次突破不仅是对团队努力的回报，也为他们未来的发展奠定了更加坚实的基础。

铸就荣耀未来

随着科技的日新月异，建筑结构设计领域成为了土木行业的焦点，同时带来了前所未有的机遇与挑战。每年，来自全校近10个学院的80余名学生积极参与到团队的科创训练和竞赛中。这些学生不仅带来了不同学科背景的知识和技能，还为团队注入了新鲜的创意和活力。通过系统的训练和参与各类创新竞赛，团队成员们不断提升自身的能力，并取得了丰硕的成果。这些成果不仅是对团队努力的认可，也体现了团队在建筑结构设计领域的卓越表现。

近年来，未来结构师创新团队的成员在各类创新竞赛中屡获殊荣。其中，有1名成员荣获了东北大学学生创新创业"校长奖章"，这一荣誉标志着他在创新和创业方面的杰出表现和贡献。此外，42名团队成员获得了研究生推免资格，为他们进一步深造和研究提供了宝贵的机会。这些成就不仅体现了团队的实力，也为成员的未来发展奠定了坚实的基础。

在学术研究方面，团队成员也取得了显著的成绩。他们在国内外权威期刊和会议上发表了20余篇高水平的学术论文。这些论文涵盖了建筑结构设计的多个前沿领域，展示了团队在技术创新和理论研究方面的深厚实力。这些学术成果不仅丰富了团队的学术积累，也推动了建筑结构设计领域的技术进步。

在此期间，受指导的学生获得省级以上学科竞赛奖项50余项，包括全国大学生结构设计竞赛一等奖和二等奖，"挑战杯"全国大学生创业计划竞赛铜奖，全国"互联网+"大学生创新创业大赛铜奖，全国商业精英挑战赛创新创业竞赛创业计划赛道全国总决赛一等奖，全国大学生节能减排社会实践与科技竞赛三等奖2项，中国TRIZ杯大学生创新方法大赛三等奖2项，全国高校城市地下空间工程专业大学生模型设计竞赛一等奖，全国大学生结构设计信息技术大赛一等奖2项、二等奖6项和三等奖8项，辽宁省大学生结构设计竞赛一等奖6项、二等奖3项、三等奖3项、最佳创意奖2项、最佳制作奖2项,"挑战杯"辽宁省大学生课外学术科技作品竞赛一等奖,"挑战杯"辽宁省大学生创业计划竞赛金奖,辽宁省"互联网+"大学生创新创业大赛金奖等。

团队通过将科技创新竞赛经验和成果反哺课堂,将"学赛一体"的理念融入本科教学,实现了"专创融合"的目标。这种教学与实践相结合的模式,不仅提高了学生的工程实践能力,还为学校培养了一批批具备创新思维的优秀土木工程师。

展望未来,陈猛和未来结构师创新团队将继续砥砺前行,秉持创新精神,不断探索土木工程领域的新技术与新应用,为国家的工程建设和科技进步贡献智慧与力量。

寄语学子

在追求卓越的道路上,希望同学们能够积极投身于科技创新的浪潮中,勇敢地迎接挑战,亲身体验实践的魅力。创新不仅是个人成长的重要途径,也是高等教育发展的核心方向,要加强创新思维的培养,注重实践,从中不断学习和进步。

亲爱的同学们,且以青春赴山海,青舟无惧万重山。作为教师来说,我们的使命不仅是传道授业解惑,更是要塑造你们的社会责任感。路漫漫其修远兮,愿你们在群英荟萃的竞技殿堂中收获知识、提升自我,在百花争妍的赛场中绽放出属于自己的青春之花,鼓起"扶摇直上九万里"的劲头,把每一件小事做好,塑造为社会繁荣和民族复兴而不懈奋斗的信仰和价值观,积小胜为大胜、积跬步至千里。我坚信在你们的努力下,定能以青春之我、奋斗之我,在百折不挠的攀登中收获累累硕果,用拼搏与奋斗绘就新时代青年的青春担当。

育人之星

陈猛,东北大学土木工程系主任、教授、博士生导师。辽宁省普通高等学校本科教学名师,住房和城乡建设部执业资格中心专家,辽宁省建筑材料工业协会理事,辽宁省土木建筑学会建筑材料专业委员会委员和辽宁省土木建筑学会教育工作委员会委员。主持并参与国家自然科学基金面上项目、国家重点研发计划课题等 20 余项；发表学术论文 50 余篇，授权发明专利 5 项。曾获东北大学、沈阳市、辽宁省和全国高校教师教学竞赛奖励 14 项。指导学生获省级以上学科竞赛奖励 50 余项。主要研究方向为高性能混凝土、组合结构、隧道支护结构优化、固体废弃物建材化利用。

陆志国：理想付诸实践，
勤勉共铸科技育人巅峰

> 理想，宛如高悬于天际的璀璨星辰，每一颗都闪耀着独特且不甘平凡的光芒。而实践，恰似承载着我们"飞天梦"的火箭。我们被星辰的光芒深深吸引，于是铸就了这逐梦的登天利器，渴望借助它冲破云霄，探寻通往那看似遥不可及之理想的路径，去征服那片洒满璀璨星芒的无垠苍穹。我们的每一次实践，就如同火箭的每一次点火，是向着理想奋勇迈进的勇敢尝试。
>
> ——题记

点燃梦想之火

陆志国教授，是东北大学 T-DT 机器人创新团队的创建者、指导教师。作为东北大学培养出的优秀学子，他在东北大学机械工程与自动化学院完成了本科与硕士学业，随后带着母校的期望，公派远赴日本名古屋大学攻读博士学位。在名古屋大学的求学经历，让他接触到了世界前沿的机器人技术，也更加坚定了他回国投身科技创新与教育事业的决心。学成归国后，他选择回到东北大学机械工程与自动化学院机械电子研究所，开启了在东大的科研求实之路。

他深知，自己肩负着科研的重任，同时也承担着培养下一代科技创新人才的使命。2012 年，怀揣着对机器人研究领域的热爱，以及对机器人行业未来发展的期冀，陆志国创建了 T-DT 机器人创新团队，并负责团队的实践教学工作。自 2012 年以来，从 T-DT 机器人创新团队走出的学生已超过千人，这些学生中绝大部分都成为了能够独当一面的科技创新型人才：有人留学深造，有人成为科技创新的栋梁，有人成为自主创业的领军人物。

陆志国教授探索出了一种新型实践教学模式。T-DT 机器人创新团队自成立以来，通过整合校内外各种优质资源，打破了传统的刻板教学模式，构建了以竞赛为导向、以实践为根基、以理论创新为目标的新型培养模式。跨学科、跨专业，为东大学子搭建了以机器人为载体的创新实践教学平台。在搭建平台、汇聚英才的同时，陆志国教授还注意加强团队的文化建设。T-DT 团队精神体现在"要有想法，并付诸实践，经过不断的思考与实践将初始的想法提升为通用型理论"，形成了"理想臣服实践，勤恳铸就巅峰"的团队理念，这种精神和理念贯彻始终，一直伴随着每一位队员。

砥砺前行的旅程

2015 年盛夏，全国大学生机器人大赛 RoboMaster 正式创立，并成功举办了首届赛事。作为全球首个以射击对抗为核心玩法的机器人竞赛，它自诞生之初便以颠覆传统的比赛形式、震撼的视听呈现及硬核激烈的竞技风格，吸引了全国数百所高等院校、近千家高新科技企业，以及数以万计科技爱好者的广泛关注与深度参与。赛事创办伊始，陆志国教授便敏锐洞察到，全国大学生机器人大赛 RoboMaster 是一个推进机器人技术交流与发展的绝佳平台，其蕴含的创新活力与发展潜力不容小觑。他毅然决定投身其中，不仅期望借此平台与各方精英碰撞出智慧的火花，更希望为推动国内机器人技术的进步贡献自己的力量。

在学校里，他是学生眼中和善亲切、耐心细致，能够将疑难困惑讲清，用真心实意温暖学生的教师；在赛场上，他仍是那满怀一腔热血，把拼搏干劲使足的少年。2018 年全国大学生机器人大赛 RoboMaster 国赛，这是 T-DT 团队打出自己名声的一战。在 16 进 8 淘汰赛中，战队与赛前未尝败绩的电子科技大学战队展开对决，在首局失利的情况下奋起直追，连扳两局，打破了其不败神话。陆志国教授在比赛期间 30 多个小时未曾合眼，始终与学生共同面对这场比赛。2018 年全国大学生机器人大赛 RoboMaster 国赛，T-DT 战队与冠军失之交臂，遗憾收场。但这份遗憾没有成为他们的绊脚石，反而转化为奋进的燃料。2019 年、2020 年，T-DT 战队带着 2018 年的遗憾卷土重来，在全国大学生机器人大赛 RoboMaster 国赛中势如破竹，连续两年斩获金冠。他们的空中机器人在赛场上表现卓越，被冠以"天降正义"之名。它飞行能力稳定，自瞄能力精准度高，可快速锁定并精准打击目标，成为其他队伍难以应对的强劲对手。

"T-DT 最重要的就在于传承。"陆志国教授在对新入队的 T-DT 队员进行培训的时候经常提及这句话，而这句话也得到了现实的印证。2020年全国大学生机器人大赛RoboMaster赛季受到疫情影响，绝大多数队员在拿到了线上评审的冠军后选择离开实验室，2021年全国大学生机器人大赛RoboMaster赛季留下来指导的老队员只有寥寥数人。而刚刚入队的新队员对于全国大学生机器人大赛RoboMaster这个比赛可以说知之甚少，整个赛季由于缺少领路人，每个兵种的研发都或多或少走了许多弯路。当队员还沉浸在加入了"双冠王"队伍的喜悦中时，联盟赛给了所有人当头一棒。2021年全国大学生机器人大赛RoboMaster赛季高校联盟赛在刘长春体育馆举行，让大家始料未及的是，在小组赛对战大连理工时遗憾败北。大家这才意识到，那个曾经无敌的T-DT原来也会输。当晚，陆志国教授和队员们彻夜未眠，全身心投入对机器人问题的检修中。终于不负众望，最后在联盟赛成功卫冕冠军。但是这次的跌宕起伏让陆志国教授也发觉，2021年的T-DT已经不是2019年夺得总冠军的T-DT了。每个兵种、每个机器人还是需要有人把握进度，让研发少走弯路的。

联盟赛后，陆志国教授与很多有经验的老队员进行了谈话，晓之以理、动之以情，希望老队员可以发挥一下余热，教一教学弟学妹如何做好每一个机器人。除了让老队员回实验室加速研发，陆志国教授也在方方面面帮助队员。队员们发现，老师来实验室检查图纸的次数更加频繁了，对机器人设计改进的想法更多、更现实了，制定机器人制作方案也越来越具体了。有时候队员有考试没时间组装机器人，陆志国教授就让队员把图纸交给他，他来帮助队员组装。因为T-DT团队的测试场地很小，没有地方测试飞镖机器人，陆志国教授就多次与教学馆的管理人员沟通，在深夜闭馆的时候为实验室争取到了宝贵的测试机会。后来，陆志国教授提出了工程机器人吸盘取矿方案。这是一次冒险而又伟大的尝试。当然，事实证明，这个想法是极为超前并行之有效的，吸盘取矿方案在2021年全国大学生机器人大赛RoboMaster赛季后被现在几乎所有队伍学习和效仿，以至于现在的比赛几乎见不到经典夹爪的构型，已经是工程机器人的标配了。但是由于多方面因素的影响，T-DT团队最后在国赛仅拿到了全国赛殿军的成绩。

2022年全国大学生机器人大赛RoboMaster赛季，疫情如一场骤雨，让线下国赛无奈搁浅，但T-DT团队对机器人研发与技术创新的热忱从未冷却，始终在技术海洋中蓄力待发。待2023年与2024年全国大学生机器人大赛RoboMaster赛季曙光初现，他们如振翅的鲲鹏，再度翱翔于科技竞技之空。2023全国大学生机器人大赛RoboMaster赛季，赛事组委会创新推出全自动哨兵兵种，将人工智能技术深度植入机器人控制与决策，瞬间点燃了机器人竞技领域的技术革命烽火，各大队伍纷纷陷入技术攻坚的狂潮。在这场技术变革风暴里，陆志国教授宛如定海神针。他凭借对机器人技术敏锐的洞察力与深厚的专业积淀，带领 T-DT 团队披荆斩棘。团队日夜钻研，反复调试算法、优化硬件，最终自主研发的全自动哨兵机器人惊艳亮相。赛场上，这款哨兵机器人仿若智慧战将，依托先进算法迅速洞察战场形势，精准决策、灵活行动，无论是敏捷的移动还是精准的打击，都让对手难以招架，赢得了赛场内外的一致赞誉，"东大哨兵"之名响彻赛场。同时，T-DT 团队在定位技术上实现重大突破。其研发的定位系统精度惊人，在 2023 年全国大学生机器人大赛 RoboMaster 赛季的官方评测中，团队凭借这一卓越能力，成为公认定位精度最高的参赛队。

荣耀加冕的背后，是 T-DT 团队无数个日夜的辛勤付出与不懈努力。他们用实际行动诠释了什么是团队精神，什么是科技创新的力量。而陆志国教授，作为团队的灵魂人物，更是用他的智慧与汗水，为团队铺就了一条通往成功的道路。他对于机器人领域的坚持与执着，不仅激励着团队成员不断前行，更为东北大学乃至全国的机器人技术创新与人才培养树立了榜样。

铸就荣耀未来

在机器人竞赛领域取得显著成绩的同时，陆志国教授并未止步，而是将目光投向了更广阔的科研领域。"十二年里，我带领团队勇攀高峰，与同学们共同奋战在机器人竞赛场上。如今想起赛场上的一幕幕，我依旧心潮澎湃，热血沸腾。T-DT 团队时刻以培养卓越人才为己任，我想培养更多具有东北大学特色的创新实用型人才。理想臣服实践，勤恳铸就巅峰。"这是陆志国教授在东大百年校庆活动上关于《我想在东大做的一百件事》的发言。当他带领 T-DT 队员站立在舞台中央时，背后的大屏幕上，是队员共同托举的金色奖杯。它闪耀着荣耀与梦想的光芒，那一抹璀璨的金色，已深深镌刻在每名东大人的记忆深处，成为永恒的骄傲与激励。

陆志国教授与 T-DT 团队的每一位成员，不仅是赛场上胜利的见证者，更是科研征途上无畏的探索者。他们的身影在无数个日夜的实验室灯光下拉长，每滴汗水都浇灌着创新的土壤，每次失败都铸就了通往成功的阶梯。陆志国教授，作为团队的领航者，以其深厚的学术造诣和不懈的探索精神，引领着团队穿越未知的迷雾，破解一个又一个技术难题。他不仅是知识的灯塔，更是心灵的导师，用实际行动诠释了"学高为师，身正为范"的深刻内涵。在他的带领下，T-DT团队成员学会了如何在挫折中寻找机遇，在挑战中锤炼意志，将每一次跌倒都视为重新站起的起点。

在科研探索过程中，团队遭遇了诸多复杂的技术瓶颈。例如，在面对新的赛规制度时，团队所设计的机器人需要去适应地形复杂度逐年递增的挑战。面对新的赛事难点，陆志国教授迅速组织团队成员展开深入调研，广泛查阅国内外相关文献资料，汲取先进经验。在此基础上，他提出了一系列创新性的解决方案，不仅着手改进机器人的底盘结构，甚至大胆构思并提出了全新的底盘设计方案，以增强机器人在崎岖不平地形上的通过性与运行的稳定性。

同时，T-DT团队还面临着异常激烈的竞争。在机器人技术领域，国内外众多科研团队都在不断发力，各种新技术、新产品层出不穷。T-DT团队并没有被竞争的压力吓倒，反而将其转化为前进的动力。陆志国教授鼓励团队成员积极关注行业动态，学习借鉴先进经验，同时不断创新，打造具有自身特色的技术和产品。在无数个深夜，实验室灯火通明，团队成员对方案进行一次次迭代，进行一场场模拟测试。每个细节都不放过，每个问题都深入探究。

科研之路，从无坦途。面对复杂的技术瓶颈和激烈的竞争，陆志国教授和他的团队从未退缩。他们深知，唯有不懈地努力与持续地创新，方能在这片科技蓝海中破浪前行。于是，无数个深夜的灯火通明、无数次的方案迭代、无数场的模拟测试，都凝聚成了他们手中那份沉甸甸的成果——不仅是奖杯的闪耀，更是对科研精神的最好诠释。

在科技创新的广阔天地里，T-DT团队如同一颗璀璨的星辰，不仅照亮了学生们的未来之路，更在陆志国教授的悉心培育下，成为一片滋养创新人才的沃土。"T-DT成就了学生，学生撑起了T-DT。"这句话，是对陆志国教授育人理念最生动的诠释。

作为一名深谙教育真谛的教师，陆志国教授从不追求个人的飞黄腾达，亦不奢望功成名就的虚名。他心中怀揣的，是对学术无尽的热爱与追求，是对培养下一代科技创新人才的深切期望。"只希望能在有生之年，穷毕生精力，在学术海洋的边缘留下一两个脚印，只希望能够为社会为国家培养出一大批有东北大学特色的创新实用型人才！"这是陆志国教授对自己教育生涯的朴素愿望，也是他不断前行的动力源泉。

在陆志国教授的眼中,教育不仅仅是知识的传授,更是灵魂的触碰与启迪。他常以一棵树自喻:"有那么一棵树,扎根厚土,吸天地之精华,不以翠叶彰显其姿,不以直干标榜其材,栉风沐雨,数载默默无闻,方能养育脚下一片沃土,方能成栋梁之才。"这棵树,正是陆志国教授育人精神的真实写照。他深知,真正的教育,需要时间的沉淀与耐心的浇灌,需要以身作则,用实际行动去影响和感染每名学生。

在 T-DT 团队中,陆志国教授不仅是技术的领航者,更是精神的灯塔。他用自己的言行,诠释着什么是"埋头钻研,勇攀高峰"的求道精神,什么是"以身作则,苦心育人"的传道情怀。在他的影响下,学生学会了如何面对困难与挑战,如何在挫折中寻找机遇,在失败中汲取力量。他们懂得了,真正的成功,不在于一时的荣耀与光环,而在于对梦想的执着追求和对社会的无私奉献。

陆志国教授深知,团队的力量源自每个成员的共同努力与传承。因此,他格外注重团队文化的建设与传承。在 T-DT 团队中,"要有想法,并付诸实践,经过不断的思考与实践将初始的想法提升为通用型理论"的精神深入人心。这种精神,不仅激励着学生们在机器人技术的道路上不断探索与创新,更成为了一种宝贵的财富,代代相传,生生不息。

在陆志国教授的精心培育下,T-DT 团队走出了众多优秀的科技创新人才。他们有的留学深造,有的成为科技创新的栋梁,有的则踏上了自主创业的征程。但无论身在何处,他们都不忘初心,牢记陆志国教授的教诲,将"理想臣服实践,勤恳铸就巅峰"的团队理念融入自己的工作和生活中,用实际行动诠释着东大人的精神风貌。

在育人传承、匠心永续的实践中,陆志国教授不仅深耕机器人创新领域,以 T-DT 团队为平台,培养出一批批科技创新人才,更在日常教学工作中倾注心血,将育人理念渗透于每次课堂讲授与每次学生指导之中。他深知,每个班级、每名学生都是独一无二的,面对学习两极分化、兴趣偏离等共性问题,他总能因材施教,通过分享个人求学路上的起伏与感悟,用鲜活的故事触动学生心灵,激发他们的内在动力。他不仅关注学生的学业成绩,更重视培养他们的创新思维与实践能力,鼓励学生积极参与科技竞赛,将所学知识应用于解决实际问题中。在他的悉心引导下,一届又一届的学子实现了从迷茫到明确方向、从被动学习到主动探索的转变,涌现出一批批在学术与科技竞赛中脱颖而出的优秀人才。陆志国教授以匠心育人,用实际行动诠释了"传承不息"的教育精神,为机械工程及自动化学院乃至更广泛领域培养了一大批高素质、有担当的创新人才。

"相信在陆志国教授的努力下，更多的学子会被他的精神所感染，在求学的路上不再迷茫。"这是对陆志国教授育人成果的最高赞誉，也是对他未来教育事业的无限期许。在未来的日子里，陆志国教授将继续以匠心筑梦、以科技领航，为东北大学乃至全国的机器人技术创新与人才培养贡献自己的力量，让T-DT团队的辉煌篇章在更多学子的心中续写。

寄语学子

作为一名长期投身于机器人技术与教育事业的教师，我内心深处对科技创新的热爱与期待如潮水般汹涌澎湃。在这条既漫长又充满挑战的科技之路上，我见证了无数梦想的萌芽与绽放，也深刻体会到实践、团队协作、国际视野及传承精神对于科技创新的重要性。此刻，我满怀激情与期许，愿将这份感悟与学子们共享，共筑属于我们的科技梦想。

我深知，每名怀揣科技梦想的学子，都渴望在这片浩瀚的宇宙中留下自己的足迹。我真诚地鼓励你们勇敢投身于科技创新的浪潮，亲身体验实践带来的无限魅力，深刻领悟创新所蕴含的巨大价值。科技之路虽布满荆棘，但正是这些挑战，铸就了无数辉煌的成就。我期待你们能以无畏的勇气，踏出坚定的步伐，用智慧和汗水在科技的画布上绘制出属于自己的壮丽篇章。

在我的教育生涯中，我深刻体会到实践对于培养创新思维的关键作用。理论知识是基石，但唯有将其应用于实践，才能真正领悟其精髓，激发创新的火花。我鼓励你们不仅要学好专业知识，更要勇于探索未知，将所学应用于解决实际问题中。每次的尝试，无论成功与否，都是宝贵的经验积累；每次的失败，都是通往成功的必经之路。我期待你们能在实践中不断成长，突破自我，实现自己的科技梦想。

科技创新，从来不是一个人的孤军奋战，而是需要团队的智慧与力量。一个优秀的团队能够激发出每个成员的最大潜能，共同攻克科研难题，创造奇迹。在T-DT团队的岁月里，我们携手并进，共同见证了团队的力量与辉煌。我鼓励你们积极参与团队活动，学会与他人合作，相互支持，共同进步。在团队中，你们将学会倾听、学会分享、学会承担，这些品质将成为你们未来科技道路上最宝贵的财富。

在全球化日益加剧的今天，拥有国际视野对于科技创新至关重要。我鼓励你们要拓宽视野，关注国际科技动态，积极参与国际交流与合作。通过与国际同行的交流，你们可以接触到最前沿的科技知识，了解最先进的科研方法，为自己的科技创新之路注入新的活力。同时，这将帮助你们更好地融入全球科技社区，为未来的国际合作与竞争打下坚实的基础。

作为教育工作者，我深知传承与创新的重要性。我期待你们能够传承前辈们的科研精神与育人理念，同时勇于创新，不断进步。在未来的日子里，无论你们身处何方，从事何种职业，都请铭记这份对科技的热爱与追求，用实际行动诠释科技创新的力量与价值。让我们携手并进，在科技创新的道路上不断前行，为国家的科技进步和产业发展贡献自己的智慧与力量。

最后，我想说，科技之路虽长且艰，但只要我们心怀梦想、勇于探索、团结协作、开放包容，就一定能够共筑属于我们的科技梦。让我们以满腔的热情和坚定的信念，迎接未来的挑战与机遇，共同书写科技创新的辉煌篇章！

育人之星

陆志国，东北大学教授、博士生导师，辽宁省设备诊断专业技术创新中心主任，东北大学机械电子工程研究所所长，东北大学 T-DT 机器人创新团队创始人、指导教师。长期从事仿人机器人智能控制、欠驱动自适应智能机构设计、力/位混合控制及竞赛机器人等领域的研究。

在科研领域，陆志国教授凭借深厚的学术造诣和不懈的探索精神，主持并参与了多项国家级与省部级科研项目。自 2016 年起主持国家自然科学基金青年项目以来，持续获得国家重点研发计划"智能机器人"重点专项的支持，为智能机器人技术的发展及国家科技进步作出了重要贡献。其研究成果丰硕，以第一作者身份发表 SCI/EI 论文 30 余篇，其中多篇论文影响因子超 6.0，彰显了其在国际学术界的影响力。此外，陆志国教授还获得美国发明专利 1 项及中国发明专利授权 10 余项，为技术创新与知识产权保护作出了积极贡献。

在人才培养与竞赛指导方面，陆志国教授带领 T-DT 机器人创新团队在国际国内赛场上屡获殊荣，包括 IEEE ICRA 国际移动搬运机器人技术挑战赛的世界冠军与特别大奖、全国大学生机器人大赛 RoboMaster 机甲大师超级对抗赛总决赛冠军，以及中国首届"互联网+"大学生创新创业大赛的国家金奖等。

邓庆绪：代码为犁，
耕凿科技新境

> 科研是一场与时间的赛跑，更是一场与自我的较量。在实时系统的迷宫里，我愿做手持火把的探路者，用代码雕琢精度，以模型搭建高度。当多核调度难题横亘眼前，工业场景需求如战鼓般催征，我带领团队在实验室深夜逐光而战，在国际学术舞台发声亮剑。
>
> ——题记

点燃梦想之火

在 20 世纪 90 年代中国计算机科学领域深刻变革的背景下，邓庆绪毅然选择投身东北大学这片充满机遇与挑战的学术天地，专注于实时系统、嵌入式系统及可重构计算等前沿研究。彼时，国内相关研究基础薄弱，学术资源匮乏，实验室设备陈旧简陋。但邓庆绪投身科研的信念坚定不移。

攻读硕士与博士学位期间，他如饥似渴地研读国内外相关经典著作与前沿学术论文。为紧跟国际研究动态，他逐字翻译晦涩难懂的外文文献，每个关键信息都被他精准捕捉，反复钻研，力求吃透其中精髓。在实时系统理论学习进程中，单调速率调度（RMS）和最早截止时间优先（EDF）等经典算法成为他重点攻克的对象。他通过大量的理论推导，并结合实际案例的深入剖析，不仅对算法核心原理烂熟于心，更是前瞻性地思考如何将其巧妙应用于现实复杂场景之中。

1998 年，邓庆绪凭借优异的学业成绩与科研潜力，在东北大学留校任教，自此获得了更多参与科研项目的宝贵机会。2002 年，命运的齿轮开始转动，他迎来了科研生涯中极为关键的转折点——担任国家863课题《手持智能化大型旋转类设备故障监测与诊断设备》的项目组长。该项目从一开始便困难重重，从设备硬件选型时对性能、成本、稳定性的综合考量，到软件架构设计时对系统兼容性、扩展性的精心规划，再到故障监测算法开发与优化时对准确性、实时性的严苛要求，每一个环节都犹如一座难以逾越的高山横亘在团队面前。

为获取精准的设备运行数据，邓庆绪亲自带队深入工厂车间。那里环境嘈杂、油污弥漫，大型旋转设备持续散发着高温，但他们全然不顾。团队成员在这样恶劣的环境中，对设备进行长时间、不间断地监测与数据采集，一待就是数月。经过无数个日夜的艰苦奋战，团队成功开发出具备实时故障监测与诊断功能的设备原型。该成果不仅为企业解决了实际生产中的"卡脖子"难题，更为后续实时嵌入式系统在工业领域的广泛应用筑牢了根基。在此期间，邓庆绪还踊跃参与多项省、部级研究课题，在实践中不断积累丰富项目经验，逐步在实时嵌入式系统领域崭露头角，其专业能力与科研精神开始受到业内关注。

2006年，因在教学与科研方面的卓越表现，邓庆绪荣获"辽宁省优秀青年骨干教师"称号。这一荣誉既是对他过往努力的高度认可，又是激励他在科研道路上继续奋勇前行的强大动力。

砥砺前行的旅程

进入21世纪初叶的中期阶段，多核处理器技术的迅猛发展如同一颗投入平静湖面的巨石，在实时嵌入式系统领域激起千层浪，带来了前所未有的挑战与机遇。邓庆绪凭借敏锐的行业洞察力，迅速将研究重点聚焦于多核/多处理器实时嵌入式系统这一新兴方向。当时，国内在该领域几乎处于从零起步的状态，缺乏成熟完备的技术体系可供借鉴，也没有行之有效的研究方法能够遵循。然而，邓庆绪骨子里那股不服输的劲儿被彻底激发，他没有丝毫退缩之意，而是积极主动寻求国际合作与交流的契机。

他频繁出席嵌入式实时系统国际会议（RTSS）和设计自动化大会（DAC）等国际顶尖学术盛会，多次担任会议程序委员会委员，积极在国际学术舞台上展现中国学者的独特视角与卓越贡献。在与国际同行的深入交流和思维碰撞过程中，邓庆绪不断汲取灵感，持续优化自身研究思路。回到学校后，他带领团队白手起家，着手搭建多核实时系统研究平台。面对科研经费紧张、设备资源有限的困境，团队成员充分发挥创新精神，对现有的硬件设备进行巧妙设计与改装。他们如同技艺精湛的工匠，将看似普通的设备重新组合、调试，最终构建出能够满足实验需求的多核实验环境。

在研究深入推进过程中，多核任务调度难题逐渐浮出水面，成为横亘在团队面前的核心障碍。传统调度算法在多核环境下犹如"小脚穿大鞋"，无法充分发挥处理器性能优势，导致系统效率极为低下。邓庆绪带领团队针对这一问题展开全方位、深层次研究。他们在实验室中度过了无数个不眠之夜，进行大量理论分析、算法设计及实验验证工作。功夫不负有心人，团队成功提出一系列创新性的多核任务调度策略。其中，基于任务属性的动态分区调度模型堪称一大亮点，该模型能够依据任务的实时性要求、计算复杂度等关键属性，动态灵活地对多核处理器进行任务分区，大幅提升了系统整体调度性能。相关研究成果在 DATE、RTSS、IPDPS、TODAES 等国际知名会议和杂志一经发表，便迅速吸引了国内外同行的广泛关注，众多学者纷纷对其研究成果展开后续探讨与应用拓展。

与此同时，邓庆绪深知科研成果只有落地转化，才能真正发挥价值。于是，他积极投身产学研合作，与国内多家企业建立紧密合作关系，将团队研发的多核实时调度技术广泛应用于工业控制、智能设备等诸多领域。在与某工业自动化企业的合作项目中，团队将新调度算法成功嵌入企业生产控制系统。改造后的生产线运行效率实现质的飞跃，原本频繁出现的产品次品率显著降低，为企业带来了极为可观的经济效益，切实让企业感受到科技创新的强大力量。凭借在科研与成果转化方面的突出贡献，2007 年邓庆绪荣获辽宁省科技成果转化一等奖，2012 年又斩获辽宁省技术发明一等奖（排名第三），2014 年更是凭借在多核实时嵌入式系统领域的系统性、创新性研究成果，一举荣获辽宁省科技进步奖一等奖（排名第一）及国家科技进步奖二等奖（排名第六）。这些沉甸甸的荣誉背后，是邓庆绪和他的团队多年来持之以恒的坚持、勇于创新的拼搏与不计回报的付出。

铸就荣耀未来

自 21 世纪初期，物联网、信息物理系统（CPS）等新兴技术蓬勃发展，宛如璀璨星辰照亮了科技发展的新征程。邓庆绪敏锐地察觉到了这一技术发展趋势，进一步拓展自身研究领域，将实时嵌入式系统与物联网、CPS深度融合，开启了一系列前瞻性与创新性的研究工作。他以负责人身份承担了国家重点研发计划、国家自然科学基金、国际合作基金等多项重量级科研项目。随着项目推进，科研经费持续稳定增长，团队规模不断壮大，吸引了众多优秀学子与科研人才加入。

在物联网工程研究中，邓庆绪带领团队攻克了海量、数据传输实时性要求高、网络环境错综复杂等难题，开展了从感知层、网络层到应用层的全链条研究。在感知层，团队研发新型传感器与高效数据采集技术，能够精准快速地获取物理世界的关键信息；在网络层，提出适用于物联网的实时通信协议与数据传输优化算法，保障数据在复杂网络环境下的高速可靠传输；在应用层，构建了基于物联网的智能监控、智能管理等系统解决方案，并在智能交通、智能工厂、智能医疗等领域进行实际应用验证，成效显著。例如，在某智能交通项目中，团队部署的车辆监测与调度系统实现了对城市交通流量的实时精准监测与智能调控，有效缓解了城市交通拥堵状况，提升了城市交通运行效率，为市民出行带来极大便利。

在CPS研究领域，邓庆绪致力于打破信息世界与物理世界的壁垒，实现深度融合与协同控制。他带领团队开展基础理论研究与关键技术攻关，提出一系列CPS系统建模、分析与优化方法。通过建立精确的物理系统模型并结合先进信息技术，成功实现对工业生产过程、能源系统等复杂物理系统的实时监测、精准预测与智能控制。这些成果为我国制造业转型升级、能源高效利用等国家重大战略需求提供了强有力的技术支撑，助力我国在相关领域逐步缩小与国际先进水平的差距，走向世界前沿。

邓庆绪团队在科研成果方面成绩斐然，已在国内外著名期刊和会议上发表论文180余篇，获得22项发明专利。其课题组在多核实时调度理论研究方面的成果论文荣获RTSS2009最佳论文奖、DATE2013最佳论文奖，以及多次RTSS、RTAS最佳论文提名，在国际学术界树立了良好声誉。

作为东北大学物联网工程研究所所长、博士生导师，邓庆绪始终牢记立德树人的根本任务，注重培养学生的创新能力与实践能力。他亲自指导的研究生在国内外学术竞赛和科研项目中屡获佳绩，多人毕业后迅速成为相关领域的技术骨干和科研精英。凭借在教学与科研方面的卓越贡献，他荣获"方大奖教金""东软奖教金""我最喜欢的教师""我最喜欢的研究生导师"等荣誉称号，深受学生的尊敬与爱戴。

此外，邓庆绪作为教育部新世纪人才、辽宁省"兴辽人才"科技创新领军人才及政府津贴获得者，积极活跃在学术组织和行业活动中，担任中国计算机学会嵌入式系统专委会副主任、辽宁省嵌入式软件重点实验室主任等职务，为推动我国相关领域的学术交流与行业发展倾尽全力。他构建起一个集科研创新、人才培养、学术交流与成果应用于一体的良性循环、蓬勃发展的科研生态系统，持续为我国科技事业发展注入新的活力与动力。

寄语学子

同学们，站在时代的潮头，我仿佛看见知识的星河正迸发出璀璨星光，而你们，恰是手握星辉、奔赴未知的追光者。教育的真谛，从来不是将知识的种子埋进土壤便静待花开，而是要在你们心中点燃创新的火种，让这簇火苗照亮实践的原野。

放眼世界，教育的版图早已跨越山海界限，高等教育国际化的巨轮正破浪前行。我盼望着，你们能像振翅的鲲鹏，借由与国际一流学府交流的东风，飞越知识的重洋。在与全球精英思维碰撞的课堂上，在跨国科研项目协作的舞台中，拓宽认知的边界，汲取多元智慧的养分。这不仅是为了习得前沿的科技理念，更是为了锻造海纳百川的胸怀与俯瞰世界的视野。

教育的长河奔涌向前，其本质始终如熠熠明珠，照亮育人之路。它不仅是知识的薪火相传，更是塑造灵魂的匠心独运。我期待你们在代码与公式之外，更要做心怀天下的逐梦人。关注人工智能浪潮下的伦理困境，思索物联网技术如何赋能乡村振兴，用科技的力量回应社会的呼唤。

愿你们成长为有创新之智、实践之力、家国之怀的时代栋梁，以青春之名，在高等教育迈向开放包容、创新担当的征程中，镌刻下属于你们这一代人的璀璨印记！

育人之星

邓庆绪，1970年12月生，东北大学计算机学院教授、博士生导师，东北大学物联网工程研究所所长，辽宁省嵌入式软件重点实验室主任。中国计算机学会杰出会员、嵌入式系统专委会副主任，IEEE 和 ACM 会员。教育部新世纪人才、辽宁省"兴辽人才"科技创新领军人才，享受政府特殊津贴。

邓庆绪教授长期致力于实时嵌入式系统、可重构计算、CPS 物联网工程等前沿领域研究。在多核 / 多处理器实时嵌入式系统、物联网等方向，他以负责人身份承担 40 余项重要课题，涵盖国家 863 计划、国家支撑计划、国家自然科学基金、国际合作基金、国家重点研发计划等，展现卓越科研领导力。其科研成果丰硕，获发明专利 22 项。2012 年获辽宁省技术发明一等奖（排名第三）；2014 年获辽宁省科技进步奖一等奖（排名第一）及国家科技进步奖二等奖（排名第六）；2022 年再获辽宁省科技进步奖一等奖（排名第一）。发表 180 多篇论文，研究成果被广泛引用，引领行业发展。在国际学术交流方面，邓庆绪教授多次担任 RTSS、DAC 等国际会议程序委员会委员，积极参与国际学术对话，推动学术交流，提升我国相关领域国际影响力。

教育教学中，他以渊博学识、严谨态度培养众多优秀学子，荣获"方大奖教金""东软奖教金""我最喜欢的教师""我最喜欢的研究生导师"等称号，深受学生尊敬爱戴。

校友篇

刘积仁：梦想和危机感让我越走越远

"东软活得根本就不是一条命，我们在不断创造另外一条命。东软的活法是在持续叠加，持续创造新生命的过程中，延续着。"刘积仁如是说。他把东软当成一个生命来构造，把这种构造当成一种使命和乐趣，他要让这个生命欣欣向荣、利国利民。

——题记

创业之基——东工求学，成为他人生的重大转折

1966年，全国高考被取消，直到1970年，大学才重新开始招生，实行群众推荐、领导批准和学校复审相结合的招生制度。后来，人们把这些从工农兵中选拔出来的学生称为"工农兵大学生"。到1977年恢复高考前，全国高等院校共招收了94万名基于推荐制的"工农兵大学生"，刘积仁幸运地成为了最后一届学员。

1976年8月，当时在本溪钢铁公司动力厂任职的刘积仁接到了东北工学院的录取通知书。对于他来说，这一纸通知书意味着他能够离开那个每天巡视检测高炉煤气管道，随时都有煤气泄漏危险的工作环境，从一位煤气救护工转变为一名大学生。

然而，这份喜悦不久就变成了焦虑。在入学之后的摸底考试中，知识基础薄弱的刘积仁成绩垫底，这让他惶恐不安。"那时候经常做梦，梦到自己考试成绩不好被退回到工厂里。所以，我经常天不亮就起床，从宿舍窗户跳出去背英语单词，甚至连走路、排队打饭都在背单词。白天都待在图书馆里，通读各类专业书籍。那几年，我两耳不闻窗外事，直到毕业，有些同学的名字我都叫

不出来。"刘积仁说，这是他人生中最艰苦的时期。

凭借勤奋好学，刘积仁的英语和专业知识逐渐扎实，1980年顺利考取了李华天教授的硕士研究生。

李华天教授是哈佛硕士，1949年新中国成立后，他放弃在美国攻读博士学位的机会回国，回到东北大学任教，是中国最早几位从事计算机与网络研究的科学家之一，也是中国第一台模拟电子计算机的研制者，在国内自动控制和计算机领域享有盛誉。

在刘积仁看来，恩师李华天教授对他影响最大的不仅仅是渊博的学识，更多的是老师身上独特的人格魅力。李华天教授以谦逊豁达、淡泊名利的品行及浓厚而强烈的家国情怀，改变着刘积仁对国家、对学术、对事业乃至对自己和他人的认知。"那是我第一次真正确立自己的梦想，希望成为一个好学者、好教授，用学识和修养培养出优秀的学生，就像我的老师一样。"刘积仁说道。

1986年，刘积仁在李华天教授的建议下，奔赴美国国家标准局留学深造。在美国留学期间，刘积仁置身于绿树成荫、宽敞明亮的科研环境，惊异于中美之间在科研领域的全方位差距，对美国科研机构与社会之间畅通的成果转化渠道有着清晰的感受。同时，计算机应用和软件技术在美国社会和经济发展中已经迸发出的巨大能量也让他树立了坚定的信念：这样的变革在未来一定也会在中国发生。

刘积仁说："在当时的美国，科研机构和工业的合作非常密切。那时我就想，中国人也要改变软件研究与开发的方式，将学术与产业更紧密地结合。"

在实验室里，刘积仁夜以继日地潜心科研，顺利完成博士论文，赢得了美国同事的认可。1987年，刘积仁拒绝了实验室提出留美工作的邀请，学成回国，留在东北工学院任教，与李华天教授一起从事科研工作。1988年，刘积仁被破格提拔为教授，年仅33岁，成为当时中国最年轻的教授。

直至今日，刘积仁每每想起这段难忘的求学经历，总是会提起自己的恩师——李华天教授，言语之间充满了无限的敬仰和感激。他正在用自己的努力和行动，成为像李华天教授一样优秀的人。

创业之初——科研经费短缺，让刘积仁走上产学研之路

20世纪80年代，中国的改革开放还处在初步实践探索阶段，学者和企业家之间存在深深的沟壑。连刘积仁本人也未曾想到，未来的自己会成为一个下

海的教授,并且在商海中获得成功。刘积仁说:"那个时候,教授下海从商是一件让人不齿的事儿,别人会觉得下海从商是因为你教授做得不好,科研做不下去了。"

在当时,刘积仁也不想下海,一心想做好科研的他,面对科研经费短缺、科研工作难以为继的困局,迫于无奈才提出要创办公司。而对于"大学能否办产业",学校内部也经过了一番激烈的讨论。最后,时任学校党委书记蒋仲乐斩钉截铁地表示:"大家不要争论不休,我们可以做一个尝试。如果办砸了,我们永远不办就是了;如果办成了,你就让他办就是了。用实践来证明嘛!"一句"用实践来证明",说服了校里的老师们,也给了刘积仁创业的机会。

就这样,刘积仁与两名青年教师在东北工学院主楼一间半的研究室里,以3万元经费、3台286电脑,创建了计算机软件与网络工程研究室,试图搭建一个技术转移中心,把科研成果转移到企业,获取充足的科研经费。

"3个人、3台电脑、3万元经费"成为东软集团(简称东软)的创业佳话。但当时的中国并没有创业的环境,没有资本、没有人才、没有市场,大多数人还不知道软件是什么、能做什么,就更不用说软件产业的未来发展方向在哪里了。

机遇总是留给有准备的人。1989年,日本阿尔派株式会社(简称阿尔派)一行人来到东北工学院寻求合作,由刘积仁负责接洽谈判。由于实验室条件简陋,没有资金购买会议桌,刘积仁就将四张课桌临时拼在一起,再蒙上一块红色的绒布窗帘撑场面。谈判结束送走日本客人后,窗帘布撤掉了,谁料一名日本代表因为遗落了东西突然返回教室,看到破旧的课桌惊愕得半天说不出话来。即便如此,日本阿尔派株式会社的会长沓泽虔太郎对刘积仁的博士论文仍表现出了极大的兴趣,因为刚好符合了他们对汽车内部软件系统开发的需求。同时,沓泽先生也看中了刘积仁的团队和科研能力。

会议结束后,阿尔派对刘积仁发出专门邀请,希望他到日本详细谈一谈他的论文方法论,以及关于研究室未来的发展思路。在阿尔派看来,刘积仁是一位业务精干的学者和技术专家,但不太相信他会成为一位优秀企业家。当刘积仁在日本说完对实验室未来发展的计划之后,一位阿尔派的高管直截了当地说:"老师做企业,我没见过能成的。"刘积仁后来告诉他们,这是激励他持续创业的一个原因,想证明一下教授也可以成为企业家。

这次日本之行,刘积仁的博士论文中的方法论得到了阿尔派技术团队的一致认可,他也因此获得了"第一桶金"——30万美元。"资金还没到账,我们就拿着合同去北京，进口了一批最先进的 IT 设备，学校也把主楼二层的一半教室都给了我们，我们就打造了中国一流的实验室。"

当日本阿尔派第二次来到东北工学院洽谈时，看到实验室工作环境整洁有序、科研设备焕然一新，再一次被刘积仁团队的快速拓展力和高效执行力而震惊，这更加坚定了双方合作的意向。两年之后，基于良好的合作基础，双方组建了沈阳东工阿尔派软件研究所（有限公司），后来又成立了东北工学院开放软件系统开发公司，这就是东软的起点。

刘积仁说，他最初创办实验室只是想做好科研，成为好的教授，东软后来的发展完全超出了他的预料和所有人的想象……

巨轮启航——东软成为中国第一家上市的软件企业

1990 年 1 月，东北工学院开始建设大学科学园，成为当时世界大学科学园组织中唯一的中国大陆大学会员单位。科学园（后更名为科技园）的建设直接带动了沈阳市三好街高科技商业一条街的蓬勃发展，成为上世纪 90 年代我国最有影响力的 IT 产业发展聚集区之一。东北大学科技园与三好街的互应式发展，形成了东北大学强大的创新创业基因，开启了具有东大特色的产学研合作发展之路。

1992 年，为了支持刘积仁团队的发展，学校决定在临近三好街的第四学生宿舍西边建设东北大学科学馆。科学馆的建筑外观像一艘迎风破浪的航海巨轮，承载着东大人的创业梦想，扬帆起航，助推东北软件园从一个条件简陋的研究所逐步成为一个现代化和国际化企业。

然而，在东软发展到不足 200 人的规模时，刘积仁又做出了一个惊人的决定：要在沈阳建造一个软件园。"建造软件园，是我在美国留学时萌生的想法。我不想让我们国家的年轻人像我们以前那样，做研究还要到国外去学习，我希望他们能在自己的国家追求和实现自己的理想。"刘积仁说。

1995 年，坐落于沈阳市南湖科技开发区（今沈阳市浑南区）的东大软件园正式奠基并投入建设，占地面积 50 余万平方米。很多人都对刘积仁的这次决定不理解，200 人的公司就建了这么大的园区，太冒进了。然而，东软仅用了 5 年时间，公司规模就达到了 3000 人，10 年后，东软的员工人数已接近 8000 人。

经过近 30 年的持续建设,如今的软件园里,一座座低矮的欧式建筑错落有致地镶嵌在绿树红花之间,清澈的同心湖与高耸的慧聚塔交相辉映,一群群朝气蓬勃的年轻人穿梭在园区里静谧的小路上,构成了一幅美丽的校园风光图。

然而,刘积仁并没有满足于此。1998 年,刘积仁又看好了高校和 IT 人才相对集中的大连,在当时还是棚户区的由家村开始建设大连东软软件园,引领大连这座城市正式走上软件发展之路。从 1998 年的由家村,到 2008 年旅顺南路落成大连东软软件园河口园区,东软引领大连打造了规模化的软件产业带,使软件产业成为大连重要的城市标签,成为大连近 20 年经济发展的重要支柱,推动大连成为软件产业名城。

(一)推动公司上市——以员工持股计划激励和保留人才

1996 年,中国软件行业发生了一件大事,那就是东软在上海证券交易所上市,成为中国第一家上市的软件企业。

这时,很多人担心东软成长太快,马上要从东北大学"飞出去"了。而时任东北大学校长的赫冀成却给予了东软极大的支持和鼓励。他说,大学将产业办到一定规模之后,会有一定的局限性,学校的氛围与企业的氛围不同,这是很多高校办产业发展不起来的原因。他提出,东软要想做得更大,就必须融入社会,融入市场。

后来,赫冀成校长还积极推动宝山钢铁股份有限公司对东软进行投资,同意东软员工的持股计划,这让刘积仁感受到了一种强大的力量和信心。刘积仁说:"正是因为有了东北大学历任校领导的支持和帮助,我才有了创业的机会,东软才有了成长壮大的可能。"

东软借力资本市场谋求发展的同时,曾先后多次通过员工持股、股权激励、期权等方式激励员工,实现了企业和员工的共同发展。刘积仁说:"员工是公司的核心资产,他们为公司创造了财富,公司也要给他们合理的回报。"事实证明,员工持股是激励员工与公司共同创业和成长的有效手段,它使员工更积极主动地投入创新、创业,并由此带动公司更快发展,从而步入良性循环。

（二）打造核心竞争力——从系统集成进军行业解决方案

在筹备上市期间，刘积仁经常要回答一个问题：东软哪方面最强？作为系统集成商，公司虽然营业额和利润十分可观，但其核心价值很难体现。随着硬件价值的逐渐下降，软件价值越来越受到重视，刘积仁也开始意识到系统集成的路线已经不能再继续了，必须寻找公司未来的核心竞争力。就这样，刘积仁带领东软开始进入行业解决方案市场。刘积仁认为，行业解决方案业务存在一定特殊性，一旦进入某个领域，与客户建立合作关系，都会保持相当长期的合作。

这样一来，公司将追求市场份额作为首要任务，提出了"数字圈地"的策略。正值上市初期，东软获得了充足的资金支持，刘积仁开始大展拳脚，在全国开始设立分支机构，不惜投入巨大的资金获取客户、占领市场。1996—1999年，东软快速在全国建立了销售和服务网络，进入金融、电力、社保、电信、教育等行业，为公司今天的稳定发展奠定了坚实的基础。

把握发展机遇——让东软的生命之树根深叶茂

企业发展的核心要素是一个多维度、复杂且综合的概念，它涉及企业的战略定位、内部管理、创新能力、市场竞争力及企业文化等多个方面。其中，战略定位是企业发展的前提和基础。一个明确、可行的战略定位能够使企业在激烈的市场竞争中找到自身的优势和定位，从而制定出符合自身特点和发展需求的发展战略。

刘积仁通过敏锐的市场洞察力和长远的战略眼光，抓住一个又一个发展机遇，掌舵东软这艘巨轮，劈波斩浪，一路向前。他说："企业在不同时期要有不同活法，一边生存一边寻找下一个阶段的活法，持续打造企业的生命力，这个过程主要体现为与环境之间的争斗。所以我们要对环境始终保持敏感，要对未来可能发生的变化始终保持敏感，同时，对自身资源和弱点始终有清晰的认识，懂得利用外部的力量，才会让企业越来越强大。"

（一）打破 CT 垄断，让中国的高端医疗设备服务大众、走向世界

从刘积仁办公室的落地窗望出去，一个呈中国版图形状的池塘映入眼帘，办公室墙壁上挂着一幅世界地图。在言谈之间，刘积仁常常透露出浓厚的家国

情怀，展现出一种胸怀天下的气魄，而他也确实将这种情怀化为了实际行动。

在20世纪，中国的医院很少能配备CT等重要的医学影像装备，少数医院所使用的设备大多是国外淘汰的二手产品，不仅价格昂贵，还经常出现故障。"看病贵、看病难"的问题日益突出，百姓深受其苦。

1994年，东北大学CT攻关项目组研发出首台国产CT样机，但因资金短缺，项目陷入困境。1995年，刘积仁在东软上市筹备期，毅然决定接手这一重任，尽管内部存在反对声音，但他深知中国人对CT的迫切需求，以及当时市场被跨国公司垄断的现状。经过两年的艰苦研发，1997年，东软成功推出中国第一台具有自主知识产权的CT机，并成功打入国际市场，使中国成为继美国、日本、德国、荷兰之后的第五大CT整机生产及出口的重要国家之一。

此后，东软不断创新，相继推出64层、128层CT及PET/CT等高端设备，短短三年内实现了中国制造高端CT自主研发的"三级跳"，让民族品牌站到了世界高端医疗设备的舞台。如今，东软已拥有CT、MRI、DSA等九大产品线，产品销往全球110余个国家和地区。

早在2009年，刘积仁就提出了"大健康"概念，旨在整合东软在医疗设备、医院信息化、医保等领域的技术与资源，打造大健康产业生态。目前，东软已参与全国200多个城市的医保信息系统建设，为超过7亿人群提供医疗保障信息化服务，保持行业领先地位。同时，东软服务了数千家医疗机构，承担了多个省市的全民健康信息化建设。

2011年，熙康云医院成立，利用移动互联网、大数据等技术构建医疗服务生态系统。宁波云医院作为国内首家云医院，历经8年探索，其模式已获得多方认可，并在多个省市快速落地。此外，东软还成立了专注于医疗物联网和AI+医疗的智能医疗研究院，逐步形成了涵盖智慧医疗健康信息化、医疗保障、医疗大数据等多个领域的大健康产业生态。

东软的发展历程，是中国企业打破国际垄断，让高端医疗设备服务大众、走向世界的典范。

（二）投资教育，向社会输送实用型IT人才

作为大学教授出身的刘积仁，深知人才对于中国软件产业的重要性及高等教育面临的挑战，因此，投资高等教育、培育时代所需人才成为他的又一梦想。

自2000年起，刘积仁陆续在大连、成都、广东南海创办了三所信息学院，

截至 2024 年，在校生规模达到 5.7 万人。他的办学初衷是解决东软长远发展的人才需求，同时确保每名学生都能找到满意的工作并获得高收入，即"教育创造学生价值"。

为了实现这一目标，刘积仁非常注重学院的发展，并倡导培养实用型 IT 人才。根据软件企业的实际需求制定教学与实践课程内容，开创了校企合作、产学互动的合作模式。这种创新的教育方式使得东软信息学院和东软培训机构在过去 20 多年里，为社会输送了几十万名优秀的软件工程师，为国家的软件产业发展提供了强有力的人才支持。

东软信息学院毕业生的就业率和就业质量一直保持在所在区域的优秀水平，其教学课程和方法也被国内 200 多所大学采用，为高等教育的课程体系改革作出了积极贡献。此外，东软信息学院还积极引导学生创新创业，成立了大学生创业中心，并获批成为国家级众创空间，累计孵化了 1250 多家虚拟公司和近百家高新技术企业。

如今，东软正借助大健康产业的发展机遇，开始建设健康医疗技术学院，致力于培养面向未来医疗的技术人才，通过医学、信息技术与产业的融合发展，培养面向未来医疗的技术人才。

（三）提前布局，推动企业创新与变革

创新能力是企业发展的核心动力。在快速变化的市场环境中，企业需要不断推陈出新，开发出符合市场需求的新产品、新技术和新服务。创新能力需要企业具备敏锐的市场洞察力、强大的研发实力及完善的知识产权保护体系。通过创新，东软不断提升自身的技术水平和市场竞争力，实现可持续发展。

刘积仁是一位充满智慧且极具前瞻性的企业家。他凭借敏锐的市场洞察力和果敢的创新决策，持续引领东软在关键节点精准突破，实现一次又一次的跨越发展。

在东软初创期，刘积仁曾试图追随美国的科技发展路径，致力于研发软件产品。然而，面对当时中国市场环境对知识产权保护的不足，他迅速调整策略，转向系统集成市场，将软件与硬件结合，成功应对了市场挑战。随着中国信息化建设的加速，软件价值逐渐得到认可，刘积仁又适时推动东软向行业解决方案提供商转型，并在软件外包领域取得了显著成就。

但刘积仁并未止步于此，他预见到依靠人力拉动的软件外包模式不可持续，

于是提前布局，推动东软向知识资产驱动业务成长的商业模式转变。在全球经济危机的逆境中，他更是逆风而上，通过设立分公司和收并购战略，积极拓展国际市场，展现了非凡的胆识和战略眼光。

刘积仁的每一次决策都似乎充满了风险，但最终都收获了丰厚的回报。他带领东软在电信计费、医院管理、社会保障、车载娱乐信息系统等多个领域提前布局，如今已成为这些领域的领军者。这得益于他始终坚持以软件技术为核心，紧跟社会发展需求，不断突破和创新。

在面对房地产、生物医学等热门行业的诱惑时，刘积仁始终坚守初心，专注于软件领域。他认为，只有做好自己明白的事，才能有能力拓展其他领域。他坚信，机遇就是提前做一件未来可能发生的事，而每次收获都来自社会发展需要的拉动。

刘积仁的果敢和专注，使他总能提前布局，抓住机会，推动企业不断创新与变革。他的领导风格和战略眼光，不仅为东软的发展奠定了坚实的基础，也为中国软件产业的发展树立了典范。

不断备份新生命——东软持续发展的生存之道

中国改革开放后，曾经涌现一大批优秀的企业家，四十年回望，大多已是"千古江山，英雄无觅，风流总被雨打风吹去"。刘积仁算是第一代企业家中为数不多的"常青树"。很多人请教刘积仁关于创业和兴业的秘密，他的答案是："怕死，所以总是在备份新的命。"

2014年12月12日，弘毅投资、高盛、中国人保等联手东软医疗和东软熙康投资37亿元人民币，创造了国内医疗设备和互联网医疗领域单笔最大融资纪录。在发布会上，刘积仁笑着转述了投资人和他的对话："投资你最大的风险就是年纪太大。"

是的，当时的刘积仁已年近花甲，然而在他身上，我们经常能够看到与其年龄不符的年轻态和好奇心。他每天早晨坚持跑步10公里，一口气做60个俯卧撑，手机里装载着各种App，每周都会阅读两三本书，家里摆放着各种各样的乐器。与刘积仁一同创业的东软人都说："刘老师是个爱折腾的人。"

就在东软医疗和东软熙康（后更名为熙康云医院）融资后，刘积仁又一次"折腾"起来，提出要再创业、再出发，要把东软打造成创业的平台公司，将过去20多年在技术、市场、业务和管理等方面的资源积累作为一个创业平台，快速孵化新的创业公司。

与其他创业者不同，刘积仁没有去追互联网风口，而是着重思考：如何在世界范围内找准东软的位置，在新常态下寻找新的增长点和竞争力；如何激励和盘活2万东软人和3所大学里那些年轻人的创业初心，培育5~10年后的创新中坚力量。

刘积仁认为，当前的中国经济发展十分迅速，随着人们生活质量和生活方式的改变，未来对医疗健康、汽车、智慧城市等方面的需求将越来越迫切。因此，刘积仁决定在医疗健康和汽车两大领域开足马力，大刀阔斧。

他为自己设定了两项主要工作：一方面，想办法打破东软的现有体系，把大公司改造成多个创业公司来运行；另一方面，建立新的激励体系，从股权到期权，让一批年轻人成长为"像当年我们那样的队伍"，在不同的架构里创造不同的商业模式。

由于医疗健康和汽车业务的投入期长、投资金额高，刘积仁采用融资和合作的方式，为这些创业公司争取充足的"弹药"，推动其业务快速发展。

在医疗健康领域，东软医疗、熙康云医院、望海康信先后获得多次融资，弘毅投资、高盛、中国人保、平安人寿、泰康等多家行业巨擘加入东软的投资者阵营。2023年，熙康云医院在香港联合交易所主板上市，成为港股互联网护理第一股。2024年，东软医疗获得央企通用技术集团、中国国有企业混合所有制改革基金有限公司战略投资，正式加入"国家队"。

此外，在汽车领域，2015年7月，东软与阿尔派投资成立东软睿驰，致力于新能源汽车、辅助驾驶和车联网等领域的创新和研发。通过2016年、2018年的两次增资，实施员工持股和激励计划，东软睿驰在技术、市场等方面快速突破。

经过这一轮再创业，东软已经从一支巨型航母，变成了以东软集团为主力，由医疗健康和汽车两大前锋并驾齐驱的强悍舰队。

创业感悟

"我这一生十分幸运。在同学都下乡时，我去本钢做了工人，后来有机会上了大学，又考上研究生，出国读博士。别人都在读书爬坡的时候，我当了教授,又开始创业。这一路走下来,本就普普通通、并不完美的我,对人生能够拥有这种幸运而感到满足。"刘积仁将过去近四十年的经历用三言两语一带而过,把所有的努力和成就都解释为一种"幸运"。

然而,正所谓"机遇总是留给有准备的人",刘积仁的"幸运"绝非偶然。在中国经历巨大变革的 70 年代,如果没有超乎常人的努力和付出,懵懂年少的刘积仁成为教授和企业家的概率可能比中彩票还低。而身为东软曾经的掌舵人,历经行业的起起伏伏,如果没有精准的战略远见和自我认知,没有持续变革的勇气和智慧,东软恐怕很难有今天的规模和发展。

经常有人抱怨生不逢时,有人在选择面前纠结徘徊。其实,环境不会因为抱怨而改变,人生不会因为等待而成功。同样的时代,同样的机遇,不同的人做了不同的选择,就有了不同的结果。刘积仁说:"因为有梦想,因为害怕回到过去,害怕东软在瞬息万变的环境中失去发展的机会,所以我不能停止,必须一路向前。这一路走下来,我认为我做得最对的一件事就是只要给了我时间,我一定把时间充分利用好,精准利用好,有效利用好,这样可以缩短你实现梦想的路径,也可以在这个路径上找到不同的转折点,获得不同的机会。"

创业之星

刘积仁,1955 年生于辽宁丹东,1976 年入东北工学院学习,1980 年获得计算机应用专业学士学位,1982 年获得硕士学位,1984 年开始攻读博士学位,师从李华天教授,1986—1987 年在美国国家标准局计算机网络实验室做研究工作,1987 年回国成为中国第一个计算机应用专业博士。1988 年,33 岁的刘积仁被破格提拔为教授,成为中国当时最年轻的教授。

为了将大学的科研成果产业化,刘积仁于 1988 年创建东北工学院计算机网络工程研究室,1991 年创立东软集团,在中国软件产业还十分弱小的时候,从三个人开始艰苦创业,到创建中国第一个大学科技园、第一个软件园、第一个国家计算机软件工程研究中心、第一家中国的软件上市公司,创造了中国软件产业的许多次"第一"。

王魁汉：三代东大情，
一生报国志

> "白山兮高高，黑水兮滔滔，有此山川之伟大，故生民质朴而雄豪。""惟知行合一方为贵，惟自强不息方登高。"此般词句，宛如悠扬的序曲，奏响了王魁汉不凡人生的华章，亦道出了那流淌于血脉之中，与东北大学精神相契合的深邃内涵。
>
> ——题记

创业之基——三代东大人与时代紧密相连的家国情怀

忠厚传家远，三代东大缘。王魁汉一家三代人，在20世纪的30年代、60年代和80年代，分别就读于东北大学，与东大血脉相连，也与国家的命运休戚与共。

（一）宁恩承带给父亲"生""存"恩

王魁汉父辈读书的时候，中华民族正处于"最危险的时刻"。在那个年代，生活本身就是同贫困与战乱随行，人们为生计奔波。食不果腹的普罗大众，读书是难以想象的事情。当时，王魁汉的祖辈也处于那样的社会环境中。

祖父是文盲，祖母略识几个字，这在当年已属不易。但是这个家族却注定被知识改变命运。有文化的舅姥爷看到了这个家庭里几个孩子的幼敏好学，力劝生活不易的王家人送孩子去读书。读书？几个孩子一起读书？这如何生活？但朴实的祖父母没有选择生活在愚昧中，他们节衣缩食，向邻里乡亲东挪西凑，甚至用借来的高利贷，硬是供出了几位高材生，后来，他们成长为祖国的栋梁。

王玉伦,王魁汉的父亲,1930年毕业于东北大学教育学院英文专修班。毕业那年,他到营口老边找到了第一份工作——教书。可是这份工作工资很低,在家里排行老大的王玉伦无法用工资养活一家老小,更无法还清因为念书欠下的债务。时任东北大学秘书长、代校长的宁恩承先生了解到情况后,开了一张私人便条,推荐王玉伦到哈尔滨一中教书。在那里,王玉伦通过教书挣的钱,慢慢还清了家里的高利贷,养活着枝枝脉脉的王家人。王玉伦特别嘱咐后代,要知恩图报,记住宁恩承先生——这位时任东北大学的代校长,要牢记东北大学的恩情。

(二)二叔王肃的"爱国""救国"义

王肃,原名王玉纯。1934年,他考入了东北大学法学院边政系俄文组。通过参加一二·九运动、一二·一六运动,他逐渐加入了爱国青年的行列。他常常站在演讲台上,向民众宣传抗日主张,表现了一个爱国青年的高风亮节。

1937年初,南京国民政府教育部决定将东北大学改为"国立",要求东北大学的学生去开封国立东大报到,企图遏制东北大学学生的抗日热情,王肃等进步同学识破了国民党政府的阴谋。王肃在学生大会上说:"北平东大是沈阳东大在九一八事变后,通过敌人封锁线在北平自己组织起来的。在这危难的时刻,为什么不叫'国立',反而在西安事变后改'国立',还南迁开封?大家应该想一想。我到东大学习是为收复家乡失地,绝不是为贪图'国立'大学的证书和学位,我坚决服从学生大会反对南京教育部将东北大学改为'国立'和南迁的决定。"王肃的一席发言,代表了广大进步青年的心愿,赢得了热烈的掌声。

读书期间,王肃被同学称为"圣人"。此后,他毅然决然地以身报国、投笔从戎,投入轰轰烈烈的爱国运动中。作为晋察冀军分区二团政委,在抗战中,他信念坚定、作风扎实、朝气蓬勃,表现出顽强的战斗力和广泛影响力,无论到哪儿都能获得认可和好评。

1945年8月,日本投降后,在中共中央抢占东北的政策中,王肃被第一批派到东北,几经辗转扎根到了黑龙江的黑河地区——这片他深深眷恋的黑土地上、松花江畔。

"王肃,我的叔叔,当时他作为黑龙江省工委委员,可以留在省委,但他却坚持到最艰苦的地方去。当时他带领9个人的先头部队,经过殊死奋斗,由

'星星之火'逐渐发展起来。"1946年6月,王肃去黑龙江省委开会返回途中遭土匪埋伏,壮烈牺牲。"他虽然只工作了200多个日日夜夜,但却为黑河的建党、建政、建军奠定了不可动摇的基础。"讲到此,王魁汉这位已逾耄耋之年的长者也难免动容。

黑河人民没有忘记王肃。在那里有以王肃命名的电影院、公园,人们还为王肃烈士树立了一尊雕像,把他永远定格在32岁的青春中、定格在黑河人民的心中。直到今天,黑河人民对于王肃的纪念活动仍然每年都在继续——在王肃的诞辰、牺牲的日子。王魁汉和东北大学的领导,都曾经到黑河参加王肃烈士的纪念仪式,在那里接受着灵魂的净化、启迪与升华。

王魁汉也通过捐资助学的方式继续着叔叔未完成的事业,包括2007年为黑河的王肃小学、2010年为王魁汉家乡的兴隆堡学校、2015年为其父亲王玉伦在肇州的学校捐款,帮助学校建设,关注教育"百年大计",延续着恩义之情,传承着校训家风。2016年,王魁汉捐资在东北大学设立"王肃教育基金",奖励东北大学的优秀学生与教师。

(三)父女两代致力于国家的繁荣富强

每个时代都有每个时代的使命任务。王魁汉进入东北工学院读书的20世纪50年代,开始了百废待兴的社会主义建设时期。王魁汉子女读书的20世纪80年代,恰逢如火如荼的改革开放历史机遇。祖辈与国家之间"精忠报国"的历史使命发生了时代性的转变。而这两代人把个人命运与国家命运再次紧密相连,致力于国家的繁荣富强。

王魁汉读书的年代,是中国大力发展工业的年代。王魁汉于此时,毅然投身到工业救国的伟大事业中,他结合自身优势选择了"知识报国"。王魁汉认为,东北大学是爱国主义精神最浓厚的学校,到东北大学读书,成为他必然也是毫不犹豫的选择。当时的东北大学还叫"东北工学院",冶金、采矿、自动化控制、机械等专业在国内认可度数一数二。

毕业之后,王魁汉选择留校任教,几十年如一日,专注于温度测量研究。七八十年代,那个时候教授待遇很低,大家牢骚很多,王魁汉却心无旁骛、砥砺前行,不抱怨、不放弃,1983年获中华人民共和国机械工业部(国务院原组成部门,简称机械工业部)科研进步二等奖。

到了改革开放的20世纪80年代,计算机和互联网技术方兴未艾,中国也出现了一批自主研发的高新技术。此时东北工学院成立了计算机系，一批批佼佼者以优异的成绩考入计算机专业，他们中的许多人成为当下中国信息技术行业的领军人物。王魁汉的女儿王彤以高分被保送计算机系，实践着"科技强国"的个人理想，本科毕业以后，王彤以专业第一名的成绩被保送为李华天教授的硕士研究生。李华天教授有一名非常知名的高徒，即后来创办东软集团的董事长刘积仁。

从"精忠报国"到"知识报国"，王魁汉一家三代人延续着一种家国情怀，即有国才有家、国富则民安。从投笔从戎到科技强国，王魁汉家中几代人一直有一种令人钦佩的精英追求。什么是精英？是当国家和民族处于危难之时，挺身而出；是当国家和民族处于建设的探索中，充满信心、携手同行；是当国家和民族繁荣强盛时，专注于本职，力所能及贡献出自身力量。

创业之初——退而不休二次创业，高瞻远瞩专注笃行

1998年，王魁汉教授退休了。大多数人在退休后会选择颐养天年，或游山玩水，或安享天伦，也有少数人不安现状却因行动无力而流于抱怨。这些人之常情在王魁汉看来可以理解，但他的人生不止于此。他有超越普通退休人员的更高追求——退而不休，走上创业之路。

（一）高瞻远瞩、砥砺前行的创业实践

王魁汉在工作期间长期致力于高温超导体、复合材料、测温材料及温度检测技术的研究，曾在多个国家仪表、计量、测温等行业理事会担任理事、委员，还曾担任日本山里公司的技术顾问。退休后，多家企业诚挚聘请他提供技术支持，但他婉言谢绝，因为他还有一个愿望——自主创业。

创业初期，他邀请了省劳模、王焕春高级工程师合作，几万元起家，甚至向学生借款，才得以完成公司注册验资。东大传感技术有限公司（以下简称"东大传感"）就这样成立了。起初，公司只有3个人，王魁汉亲自用自行车、三轮车给厂家送货，顶风冒雨、严寒酷暑，创业的艰难可想而知。用他自己的话说，公司最初只是一个"小作坊"，但短短9年内，东大传感的产值就从十几万元增长到千万元，实现了百倍级的增长，现已成为规模以上企业。其传感器开发成果也被收录在中国科学技术协会主编的《2008—2009仪表科学与技术

学科发展报告》中。

当顾问很省心,当老板却样样操心。企业的日常运营生产,王教授率先垂范,亲自披挂上阵,处处留下扎实奋斗的足迹。创业初期没有汽车,就用自行车、手推车送货、发货;企业没有定制的包装,就利用学校废弃的纸盒。包装虽然不够好,但产品质量始终是最好的。"做好细节,打造放心的热电偶"是东大传感坚守的宗旨。凭借这一宗旨,东大传感的客户以每年10%~20%的速度递增,目前国内外客户800多家,世界五大洲皆有东大传感的产品。

(二)深悟管理之道,实现从谋士到将帅的转化

教授面对的是书本与学生,而管理者面对的则是产品与客户。开始创业时,公司人少,大家有活一起干,谈不上管理水平。但当企业增至20多人时,原本忙碌的企业却无法完成生产任务,常常不能按期交货,场面一度十分被动。

王魁汉深入探究原因,发现这是管理出现了问题。原本大家都只做自己的事,规模小时可自给自足,可是企业发展到一定规模就得按照商品标准、客户标准完成生产。从甲方的教授思维、供应思维到乙方适应市场的思路,公司上下的思路需要适当调整与转变。

针对此种情况,王魁汉开始实行奖励机制等多项管理方法,重新理顺管理中的各种关系。按件计费,为一线工人生产计件,超额有奖。自从实施基本工资加绩效奖后,生产任务完成得很好。过去是老板苦恼完不成工期,实行绩效奖后,工人反而找老板要活。此事之后,王魁汉深刻总结:当老板必须完成从学者向管理者的转化,在工作中不断学习、完善自己、提高管理水平。

发展机遇——技术成果助力发展,产品质量赢得市场

历经26年创业艰辛,王魁汉深深体会到,作为教授、学者,取得一项成果并不难,难的是实现价值转化。在中学时,他曾咬破中指写下"说到做到,绝不放空炮"的血书,立志要做一个报效国家的有志青年。"要用自主品牌替代进口,为国家创造效益",言出必行,说到做到。

"有知识,不一定有技术;有技术,不一定有产品;有产品,不一定占领市场;占领市场,不一定取得效益。要想同时取得'知识—技术—产品—市场—

效益',实属不易。"这是王魁汉多年的创业体会。

（一）技术成果助力发展

在技术研发的广袤天地里，东大传感宛如一颗闪耀的科技之星，绽放出一系列璀璨的成果。1981年，"金属陶瓷热电偶保护管"项目经机械工业部组织鉴定为"国内首创，其性能指标在国际上居领先地位"，用于高温盐浴炉连续测温，较美国446耐热钢寿命长3~5倍，国内热处理使用结果也好评如潮。

公司开发的传感器成果，犹如一颗被精心雕琢的宝石，被收录在中国科学技术协会主编的《2008—2009仪表科学与技术学科发展报告》中，极大地提高了公司在行业内的知名度和影响力，为公司在竞争激烈的市场中照亮了前进的道路，奠定了坚实的技术优势基础。

此外。王魁汉教授在进口温度传感器的开发与应用领域也做出了卓有成效的工作：①热处理行业多用炉专用温度传感器。自1998年起，已在中国一汽、二汽及易普森工业炉等应用至今。用校准孔的热电偶替代进口热电偶，已成为我国热处理行业的标准配置。②开发半导体行业专用温度传感器（Te wafer）。③开发空间站实验设备用温度传感器，现有100多个传感器用于空间站的实验设备中。

在对进口温度传感器开发的过程中，王魁汉教授深刻体会到：对于传感器的前沿技术，不仅理论上要搞懂，而且在结构上也必须搞清，才能成功。既不能简单模仿，也不要迷信，要勇于创新。为此，王魁汉教授用廉金属替代贵金属铂铑热电偶，为易普森工业炉节约300多万元。多年的实践积累让他明白，对于温度传感器的选择，进口产品不一定是最好的，价格贵的产品也不一定是最佳的，只有量身定制的产品，才是性价比最高的。

（二）产品质量赢得市场

东大传感始终坚守"做好细节，打造放心的热电偶"这一宗旨。在产品质量和诚信经营的道路上，他们一步一个脚印，从原材料的精心挑选到生产过程的每一个细致环节，都如同精雕细琢的工匠，严格把控质量的关卡。有时，为了满足工期的紧迫要求和确保质量的卓越品质，他们不惜成本，用更好的材料代替普通材料，这种对质量近乎苛刻的追求，宛如为产品披上了一层坚实的铠甲。

通过每一位员工如同传递火种般的诚信经营，东大传感赢得了用户如同潮水般的信任。公司的客户数量以每年 10%~20% 的速度稳步递增，目前国内外客户已达 800 多家，产品如同飞翔的信鸽，带着东大传感的品质与信誉，远销世界五大洲。

行稳致远——专注专精，持续引领行业发展

在国家战略的宏伟蓝图下，东大传感始终顺应时代潮流，积极响应并紧密围绕国家发展需求，在创新发展的航道上破浪前行。企业精准定位高端产品，沿着"小而精""精而专""专而强"的方向稳步发展，专注于技术与产品的创新研发，精心雕琢每个产品细节，克服同质化的泥沼，以满足市场对高端产品的要求。同时，如同英勇的开拓者独占细分市场这片肥沃的土地，服务的视野面向世界的广阔天地。

在产品创新的舞台上，1988 年钨铼热电偶实现统一分度后，全国近百家企业纷纷投身防氧化钨铼热电偶的开发研究浪潮，其中绝大部分企业仿照国外物理法抽真空防氧化技术。然而，王魁汉教授作为材料学领域的智者，独辟蹊径，采用不抽空而填充的脱氧密封化学法。经过 20 年的持续改进与提升，他成功开发出特种 WRe 温度传感器。这一产品不仅能够在真空环境中稳定运行，还能在氧化性条件下保持优异性能。2008 年，辽宁省科技厅组织院士召开专家鉴定会，给予其"特种 WRe 温度传感器的设计理念具有原创性，产品居国际领先水平"的高度赞誉。该产品荣获 2011 年沈阳市科技成果一等奖、国家仪表学会二等奖、辽宁省科技进步三等奖等众多殊荣，其应用领域不断拓展，现有用户近 500 家，每年销售近万支，国内市场占有率达 60% 以上。在与攀钢的合作项目"VN 生产新工艺"项目中，东大传感如同一名卓越的舞者，在合作的舞台上跳出了惊艳的舞步，荣获冶金科技奖特等奖、国家技术发明二等奖，并成功将美国 NamacConax 公司进口钨铼热电偶的国产化，深受长株潭一带粉末冶金行业欢迎。

东大传感积极关注工业智能化发展的时代浪潮。随着冶金行业用传感器智能化进程的稳步推进，公司针对热电偶的寿命预报及测温系统在线校准这一关键问题进行深入研究，开发出带校准孔热电偶及便携式在线原位校准仪。凭借

卓越的创新能力，东大传感曾两次荣获科技部科技型中小企业创新基金的无偿资助，2013年又列入国家火炬计划示范项目，充分体现了公司在国家创新发展战略中的积极贡献和重要地位。

东大传感的产品在国内广泛应用，除西藏外，全国各省市、自治区均有其产品身影。"金属陶瓷热电偶保护管"成果表现突出，为国家节铂上千公斤，节汇逾亿元，带来显著的经济与社会效益。东大传感已然成长为专业从事温度传感器的设计、生产与技术服务的高新技术企业，是国内知名的特种温度传感器专业厂之一。公司依据自有技术创建民族品牌，专利产品属国内首创，具有国际先进水平，吸引了易普森、丰东股份、沈阳黎明、攀钢等800多家客户，已成为世界500强Alcoa公司的供应商，获得通往国际舞台的通行证，在国家的工业发展进程中发挥着重要作用，为国家和社会作出了积极贡献。

创业感悟——坚守初心，上不封顶的终身追求

（一）科研—生产、青春—耄耋，上不封顶的终身追求

坚守一个科研方向难，坚持一辈子更难；创业难，守业更难。王魁汉从青春时光开始，确定了自己专注的科研方向，也就确定了一生的科研维度，这个科研维度又成为今后的创业维度。几个维度立体交叉，如今，温度测量已经深深融入了王魁汉的血脉与精神内核，不可避免地成为了他的毕生追求。

读书期间的王魁汉是品学兼优的学生，深受老师的喜爱。他热爱运动、热爱生活，长跑、篮球样样精通，德智体美劳全面发展。留校任教时，他是优秀班主任，20世纪七八十年代他带的一个班30多人中，毕业后有11人获得博士学位，都成长为科技领域的精英。他历任东北工学院冶金物化教研室主任、东北工学院科研处副处长，受到领导重视、同事好评，大家一致认为王魁汉是一位务实又谦虚的好友。

在坚持自己专业的道路上，王魁汉不是没有经受考验，但他坚守住了"初心"。

首先，兴趣就是"初心"。50多年来，王魁汉对实用课题产生了浓厚的兴趣，做自己愿意的事是最幸福的，因此经得住各种诱惑。在50多年的从业生涯中，由于温度传感器做得出色，曾有人多次建议他兼搞其他课题。近几年，在"热

处理多用炉用热电偶"的开发中成绩突出，不仅能替代进口，还能用廉金属替代贵金属铂铑热电偶，成为 Ipsen 公司最成功的国产化项目之一。为此，该公司多次邀请王魁汉为其开发成分传感器——氧探头。尽管王魁汉在理论上有所研究，又有诸多优势，但最终仍然谢绝了。

其次，安守本分、急流勇退才得以坚守初心。"高官不如高薪，高薪不如高兴。"王魁汉曾是东北工学院的科研处副处长，这是一个令人羡慕的岗位，但他却急流勇退。当时的系党总支书记非常吃惊，十分不解。但王魁汉偏偏想回系当教授，退休后当专家，继续坚持科研方向。

退休 26 年，在二次创业的过程中，王魁汉始终认为自己真正感悟到了其中的意义，找到了其中的乐趣，并持之以恒。如果不能感悟老有所为的意义，单凭一时热情，一定做不长；如果不能分享老有所为的乐趣，也不能持久。他深深地体会到，老有所为必须真诚、执着，才能笑对生活、笑对工作、笑对人生，持之以恒，坚守一辈子。

现在的王魁汉仍然在思考，他考虑企业的兼并重组、考虑企业发展如何更上一层楼。他说他会好好保持身体状态，一直做下去，上不封顶。

（二）尽善尽美，做大国工匠

大国工匠，是一种精神追求。这种精神由来已久、古已有之，是中华民族的技艺追求。在陶瓷、制丝等中华民族为之骄傲的传统工业中，"精益求精"使中华传统手工艺举世瞩目；在当下时代中，工匠精神又是成就现代中国"精细化""内涵化"发展的契合点，焕发出勃勃生机。

在当今时代，"大国工匠"常用来描述一种让人敬仰的专注精神，"半丝半缕，恒念物力维艰"地投入"小而精"的生产实践的高超技术水准。追求"大国工匠"意味着致力于细节、不断超越、尽善尽美。

2005 年，王魁汉接受美国铝业的委托，开发铝电解行业在线检测用多参数传感器。这是美国发明专利，授权东大传感实施。经过努力，很快研发成功，现已连续 19 年出口美国、欧洲等发达国家，销售数量达 50 多万支。至此，王魁汉完成了从学者到工匠的转变。

追求完美，追求极致。在多年的测温实际工作中，王魁汉教授深入观察、不断总结，细致归纳出了一整套测温仪表的优势与不足。接触式温度测量仪表的特点是测温元件直接与被测对象接触，两者之间进行充分的热交换，最后达到热平衡。这种测温方法的优点是直观、可靠、准确，缺点是测量时间较长，需要一定响应时间才能达到平衡。另外，高温和强腐蚀都会对感温元件的性能和寿命产生不利影响，因此许多场合难以连续测温，只好改用间歇测量的方法对被测介质进行监控。当前的热点与焦点课题是非接触测温法，该方法的特点是感温元件不与被测对象接触，通过辐射进行热交换，这类仪表常用于移动或旋转物体表面的温度测量。此外，非接触测温法热惯性小，响应速度非常快，便于测量运动物体和快速变化的温度。但受物体的发射率、被测对象到仪表之间的距离，以及烟尘、水汽等其他介质的影响，测温误差较大。这些产品经验的总结，正是以问题意识为导向，是王魁汉反复思索钻研的思想结晶。

科研上不断超越的同时，王魁汉多年来一直与行业最领先的技术、组织保持密切联系。他是中国仪器仪表行业的引领者，参与国家仪器仪表行业多项标准的审定、起草。至今仍参加国际一流展会和学术会议，为东大传感的产品持续注入市场需求的生命力；学术交流会议上，与青年专家、与最新技术始终保持着紧密的连接。

他坚持以最优质的产品走向市场，认为"工匠精神就是做好细节！"做好细节，每一个环节都不能差。不论是东大传感有限公司，还是王魁汉自己做事，都坚持不能有任何失误。从原材料开始，不仅保质保量，有时为了满足工期，甚至用更好的材料代替普通材料，远远超出客户的质量需求。

一丝不苟地完成每一件事。从考察供应商到生产过程的每一个环节，精益求精。要求严格的产品用户考察团——美国铝业公司——对东大传感进行考察时，他们由衷地说："想不到一个普通的工业品已做成了精品！"

以质取胜，不向价格低头。工匠精神，似乎有点"酒香不怕巷子深"般的坚守气派。在精益求精中，不为外界所动、不为浮躁牵连，有一种"我自闲庭信步"的淡然与从容。王魁汉从容不迫的谦谦君子之风，恰恰契合了大国工匠的品格。

生产商品，难免遇到买卖双方的价格博弈，占领市场与精耕细作是一对孪生的矛盾体。王魁汉在自己的创业之路上，瞄准高端技术这一目标，解决了企业发展中常常困惑的方向问题，不屈服于价格，做最好的产品。

东大传感，在行业内是排头兵，坚持踏踏实实做事。有些厂家慕名而来，找到东大传感，常常提出问题——为什么东大传感的产品比其他家的产品贵？王魁汉对此很自信，回答："质量就是最好的证明。"别人家的产品 200 元，用一个月就需要更换；东大传感的产品1000元，可以用一年。一年下来，虽然初始价格较高，却为企业生产省下了大量成本。把消耗品的使用寿命大幅延长，解决的是企业生产中的重大问题，不仅节约了费用，还大幅度减少了停工、开工消耗的时间，性价比极高。

东大传感还有一个独特之处——没有外销人员。讲诚信、靠口碑、不断运用复合材料，新技术持续领先，再加上专利的支持等，一项项"实打实"的"笨"方法，使得王魁汉和他的东大传感在行业中牢牢占据着领先的地位。市场竞争越激烈，王魁汉带领的东大传感所代表的、踏踏实实认真做事的企业和人就越得到行业内的广泛认可，可谓实至名归。

与时俱进，以创新推动企业持续发展动力。作为大学教授创办的温度传感器制造企业，东大传感理论水平高、产品定位高，严格以热力学、传热学及物理化学原理为指导，结合多年积累的丰富实践经验，发挥出理论水平高、技术水平高、技术密集程度高的"三高"优势。

道路创新。企业虽小却敢于定位高端产品，沿着"小而精""精而专""专而强"的方向发展。技术与产品专一，克服同质化弊端，独占细分市场，服务面向世界。开发出结构新颖、技术先进又符合国情的可用于更新换代的民族精品，在国内率先生产符合美国航空航天及军工标准（AMS2750）的高端温度传感器。东大传感也就自然成为国内知名的特种温度传感器专业生产厂。

技术创新。随着测量范围、测量介质的变化，仪表也有很多种类，温度仪表应该根据工艺的要求来选择。在选用前要深入了解工艺过程，如被测对象的温度变化范围、变化快慢，被测对象的物理和化学性质，安装地点和环境如何，温度参数是现场显示还是需要远传等。随着冶金行业用传感器智能化，对热电偶而言，需要解决其寿命预报及测温系统在线原位校准的问题。目前，东大传感已开发出带校准孔热电偶及便携式手持在线校准仪，避免了将热电偶从设备上拆下来、送计量室校准的弊端。但王魁汉仍然有新目标，他认为，目前的技术尚未解决热电偶智能化寿命预报及自动化在线原位校准，智能化还是任重而道远。

自强不息，知行合一

不断努力、说到做到、知行合一；有原则、有坚持、有担当，有始有终，这些都是对"大国工匠"精神的概括，让人们对"大国工匠"充满了敬意。而在每一位大国工匠身上，不仅可以感受到他们勇于追求卓越、创造完美的坚定信念，还能感受到他们清醒冷静、安分守己的务实品格。

王魁汉已步入耄耋之年，面对自己的成就和公司的成绩，他仍然清醒地承认，虽然大部分的温度传感器都可以用民族品牌替代，但仍有一些特殊的高端领域无法企及，还需要为中国基础工业和高新技术产业的不断发展持续贡献。

"白山兮高高，黑水兮滔滔，有此山川之伟大，故生民质朴而雄豪。""沐春风时雨之德化，仰光天化日之昭昭，惟知行合一方为贵，惟自强不息方登高。"王魁汉深深地把东北大学的精神融入血脉，展示出每一个东大人都具有的"自强不息，知行合一"的魂。

创业之星

王魁汉，1938年4月生，辽宁新民人。1963年毕业于东北工学院冶金物理化学专业。曾任东北工学院科研处副处长，冶金物化教研室主任、教授。现任沈阳东大传感技术有限公司董事长。专著有《温度测量实用技术》《温度测量技术》《热工测试技术》《工业过程检测技术》；参加编著的有《冶金物理化学研究方法》等；译著有《钢铁冶金》《冶金物理化学》《开拓未来的新材料》等。他本人在退休后积极创业，将东大传感发展成为具有一定规模和影响力的企业，在温度传感器领域取得众多成果，积极践行"自强不息，知行合一"的东北大学校训精神，在为国家和社会作出贡献的同时，不断推动行业的发展进步。

庞新星：让非洲百姓享受数字电视的美好

《光明日报》记者说庞新星是非洲大陆上的一颗"新星"，他谦虚地笑了："我的名字叫'新星'，但我可不是什么星星。我就是想让每一个非洲家庭都能看上数字电视，看到中国的文化产品。"一直谦虚稳重的庞新星饱含着对四达的信心，更有着对中国文化的骄傲！

——题记

作为我国早期投身广播电视领域的民营企业家，庞新星带领四达时代集团（简称四达）一直走在数字电视行业的最前沿。四达是中国广播电视行业最具实力与规模的数字电视整体解决方案提供商、基础网络投资运营商、增值业务合作运营商，也是中国广电行业唯一获得国家对外承包工程经营资质的民营企业。四达被中国企业商会评为"2008年中国科技创新型企业100强"，并连续两年跻身"福布斯中国潜力企业排行榜"前20名。四达参与并见证了中国广电的巨大变革，创造了多项业界第一：承建全国第一个光纤综合宽带交互网络工程、全国第一个传输距离超过100千米的1550光纤传输系统，自主研发广电运营核心软件——BOSS系统——在国内已支持50多个广电运营商运营（包括7个省级网络公司），是国内广电市场占有率最多的厂家之一。正是因为有了这样的基础，2002年四达走出国门，本着"让每一个非洲家庭都能买得起、看得起、看得好数字电视，共享数字电视的美好"的愿景，在非洲当地开展数字电视投资与运营，快速成长为我国广电行业海外覆盖国家广、用户增长快、内容传输多的传媒集团，坚定地朝着"成为全球有影响力的传媒集团"的目标迈进。

创业之基——刻苦钻研成就大学梦想

1975年,庞新星任职于冶金地质会战指挥部五队,主要工作在位于山西的五零五钻探机组。钻探工在当时的年代是万能工种,工作中需要操控各种类型的机器设备,要求操作者对设备的使用、原理甚至维修都了如指掌。庞新星在实际工作中积累了机械电子方面的基础知识,对钻探到地下几百米深取出的岩芯,他也保持着浓厚的兴趣,在送至地质部门检验前,都会和同事们研究探讨。同时,由于工作需要倒班,长期的辛苦锻炼也磨炼了他顽强的意志。

1978年12月,秦皇岛冶金地质职工大学(现东北大学秦皇岛分校)面向冶金系统单位招收大学生,在严格的考试中,庞新星从5000余名职工中脱颖而出,和其他30名同学一起再次走进教室。在那个对知识如饥似渴的年代,庞新星格外珍视学习的机会,表现出异于常人的努力。就读的电子技术专业是学校新开设的专业,师资不足、图书资料短缺是面临的突出问题。庞新星组织学习讨论小组,遇到问题和老师、同学们互相探讨,在交流沟通中共同成长。毕业设计时,在燕郊工作的刘老师成为了他的毕业设计导师,他们一起研究原理、购买零件,最终成功组装了一台电视机。有趣的是,这件毕业设计作品还被庞新星作为礼物送给了自己女朋友的家人。"仰天大笑出门去,我辈岂是蓬蒿人",在庞新星的心中,艰难困苦不过是成功道路上的一道道成长经历,唯有脚踏实地,方能收获一路繁花。

创业之初——风雨兼程不忘初心本色

毕业后,按照当时的政策,庞新星需要回到原来的工作单位。但考虑到和爱人天各一方,两地生活会给家庭带来诸多不便,他毅然放弃之前的事业,调到华北有色地质四队。初来乍到的他面临着工作的重新选择和适应,熟知的专业技术和现工作不对口。工作一段时间后,恰逢单位提出搞多种经营的想法,思维活跃的他立即多方走动,实地考察探索,最终与北京一家公司联合成立北京声像公司,并出任秦皇岛分公司经理一职,其间主要为单位宿舍提供电视公用天线服务。

1988年,庞新星开始自主创业,创建了四达电子公司并任董事长兼总经理。

自公司成立以来，庞新星始终重视技术创新，他们研发的300M传输系统保持着国内领先水平。1990年，在唐山吕家坨煤矿职工宿舍的项目中，他们设计制作了全国第一个邻频有线电视系统，项目一举成功，获得了用户的一致好评。良好的开端是成功的一半，有了前期的项目示范效应，公司的技术和产品得到迅速推广，先后在沈阳、昆明、兰州等多地推广，为当地的职工带来了新鲜的资讯和丰富的文化生活。

1993年，最初租赁的生产办公场地已经不能满足生产需求，公司在秦皇岛经济技术开发区珠江道建成了集生产、办公于一体的办公楼。然而，事情并不总是一帆风顺。20世纪90年代初，全国各地纷纷成立有线电视台，各个省台、市台林立而出，加之当时对民营企业的一些限制，年轻的四达电子公司突然遇到了瓶颈。多重压力下，庞新星带领大家另辟蹊径，着手兴建铁矿。对于一个全新的领域，一切从头开始是何等艰难，最终铁矿项目让公司负债累累。更为雪上加霜的是，在公司内部体制改革期间，当年一同创业的3个合伙人选择放弃。庞新星怀揣对有线电视行业的情怀和对公司员工的责任，选择了坚守，带领大家继续披荆斩棘。有的项目即使没有合作成功，他仍然不死心，继续找对方负责人，去了解合作失败的原因，问题到底出在什么地方？就是凭着这种锲而不舍的精神，庞新星带领公司再一次取得重大技术突破，1000M光缆的技术领跑全国，一个个合作项目接踵而至。1999年，由于事业的发展需要，四达电子公司总部搬到北京，从此开始了新的国际化征程。

发展之机——扬帆起航拓展海外市场

2002年，庞新星第一次踏上非洲的土地。"走过很多地方，在一些国家，有些家庭没有电视，有些是几个家庭共用一台电视，即使有电视，也只能看到两三个频道的电视节目，数字电视对这片土地上的人们来说更是天方夜谭。"最让庞新星震惊的是，在那片并不富裕的土地，每个国家一般只有一家实力较强的公司经营数字电视业务，用户一个月得花费50~100美元才能看上电视。庞新星说："这就是市场，在中国，网络、电视发展得很快，我们可以把先进的技术应用到非洲。同时中国是一个文化大国，应该把我们的文化产品传到非洲。"

四达进入非洲之前，非洲数字电视市场被高度垄断，初装费200多美元，收视费50~100美元/月，看电视只是少数有钱人的特权。四达提出"让每一个非洲家庭都能买得起、看得起、看得好数字电视,共享数字电视的美好"的项目宗旨,每月收取3~5美元就可收看30多套节目的营销策略,打破了垄断、颠覆了传统,得到非洲各国政府和民众的高度认可和欢迎。

当梦想和市场有了契合点,四达很快踏上了走进非洲的漫漫征程。然而,欣赏者和开路者体会到的注定是不同的风景。为了这个梦想,庞新星和他的团队走遍了非洲几十个国家,在考察过程中充分了解当地国情,夜以继日地反复研究论证,拿出一份份务实、专业和高技术含量的合作方案……经过五年的辛劳和付出,2007年,四达终于在卢旺达拿下第一个数字电视牌照。

拿下牌照并不是胜利,只是"万里长征第一步"。为了实现让每一个非洲家庭都用上价格低廉、覆盖面广、信号质量稳定清晰的数字电视的梦想,庞新星和他的团队还要解决一系列技术和市场问题,比如发射塔按什么标准建、怎么建?如何实现网络覆盖?技术人员如何保障?……说到这儿,庞新星一脸认真,一字一句地说:"我们做的不是'一锤子买卖',而是要'结婚过日子'。不能随便对付,必须踏踏实实地一点点解决问题。"

2008年8月,卢旺达数字电视平台建成并举行开业典礼。至此,每个卢旺达家庭每月只需付费3~5美元就能收看到30多个频道的电视节目,其中不仅有非洲本地频道,还包括中央电视台的四个频道和凤凰卫视等国际知名频道,更有四达自办的7个频道。

经过多年的坚持和努力,四达的非洲战线不断拓展,市场覆盖面也逐步扩大。截至目前,四达先后在非洲30个国家获得数字电视运营牌照,在20多个国家开展数字电视运营,其间发展数字电视用户和手机App用户累计超过5000万户,基本形成了星地结合的网络覆盖体系和有中国文化特色的内容平台。

然而,四达的发展也并非一帆风顺。作为一家并不起眼的民营企业,四达起初并没有引起国外竞争企业的注意,而市场一旦打开,竞争对手群起而攻之时,再向前便举步维艰。非洲经济虽然落后,但觊觎其市场的国际厂商并不少。在四达进入非洲市场之前,来自南非的某家公司一直是市场的主要参与者,他们有很强的竞争优势,垄断了很多优秀节目。庞新星说:"四达希望做到让非洲每一个家庭都能买得起、看得上、看得好数字电视。"唯一能够突破的策略就是低价。"很多竞争对手意识到四达在进入非洲市场,开始对我们进行打压,他们曾在短短的3个月里降价5次,我们卖32美元,他们就卖31美元,这就是残酷的竞争。"直到 2008 年，国际金融危机爆发，国外一些竞争对手没有那么多资金投入，而四达则是拼了全部身家。谈起这孤注一掷的投资，庞新星没有丝毫犹豫："我们能感受到非洲居民的需求，国内也有那么好的文化产品，借助数字电视传播我们的文化梦，这个契合点不会错。"

愿望或许美好，但往往会承受各种阻力，而且在不同国家遭遇的难题不尽相同。随着四达在非洲市场的发展，竞争在所难免。谈到那些行业里的先行者，如法国的威望迪、南非的纳斯贝，庞新星借用了习近平主席关于中美关系的论述——"太平洋足够大，足以容下中美两国"，他说："其实，非洲市场很大，完全容得下几家运营商来共同发展。"

行稳致远——自主创新永葆基业长青

庞新星将技术创新视作集团基业长青的重要支柱，十分重视企业自主创新能力的培养，制定了符合公司和行业特色的企业技术创新战略。在他的带领下，四达搭建了以研究院为研发体系中心，大视频事业部、终端事业部、技术中心、新媒体数字化事业部等部门进行产业化开发及落地的技术体系，不断加强公司技术研发的软硬件环境建设，完善公司管理和激励制度体系，引进和培养人才。同时，四达与清华大学、中国传媒大学等知名高校开展长期产学研合作。四达已建成北京市企业技术中心、北京市互动电视运营和服务工程技术研究中心、北京市工程实验室和北京市设计创新中心，并分别通过北京市经济和信息化局、北京市科学技术委员会、北京市发展和改革委员会认定。

强大而先进的技术开发能力，为四达和非洲事业提供了快速发展的驱动力与安全保障。技术起家、技术强势，技术始终是四达的核心竞争力。四达网络平台已经成为非洲本地媒体的基础网络传输平台和我国主流媒体的落地平台。其中，节目中平台由在全球 5 个播控中心、14 座地球上行站及 2 个 C 波段通信卫星上的转发器和国际光缆互联而成，卫星信号可以覆盖整个非洲、欧洲和部分亚洲区域；直播卫星平台，信号覆盖撒哈拉以南的 45 个非洲国家、约 9.7 亿人口；地面数字电视平台，接收来自节目中继平台的信号，复用本地电视台的视频信号，通过建设在本地的大功率数字电视发射台发射信号，供周围用户以无线方式接收，目前已建成数字电视发射台 324 座，覆盖城市人口超过 4 亿人；在线 OTT 视频平台，基于公有云和适应异构网络（卫星网、互联网、电信网）无缝连接的内容分发平台 CDN 系统，实现与撒哈拉以南 23 家电信运营商的业务对接、支付对接和 CDN 节点部署；此外，支付系统平台与近 200 家第三方支付商和银行实现对接，成为非洲最大的统一支付平台，为后续多业务的开展打下坚实的基础。

为了普及数字电视技术，给非洲人民带来内容丰富、图像清晰、价格低廉、使用方便的数字电视节目，四达发挥自己在资金、技术和人才方面的优势，不断提升技术水平，加快推进从模拟向数字转换的进程，通过技术的改造和提升真正惠及非洲人民。以四达的 DTT 星地结合技术为例，用户通过这项技术可以使用原来的接收天线，接上机顶盒即可收看数字电视，省去了以前用户需要安装卫星天线的环节和费用。而且这项技术简单易操作，用户可以自主完成，节省了专业工程师上门服务的费用。

经过多年持续的研发投入，四达目前可提供从前端、网络到终端的数字电视整体解决方案，尤其在面向三网融合的多业务运营支撑系统整体解决方案中（包括多业务融合视频服务平台、STARiBOSS、交互电视综合业务平台、数字机顶盒等方面）的技术研发取得了一系列的创新成果。公司整体技术达到国际先进水平，目前已申请发明专利 90 项，获得授权的发明专利有 15 项（其中国内发明专利 12 项、国外发明专利 3 项）；另外获得授权的软件著作权有 68 项，国内外观专利 22 项，国内外注册商标 135 项，累计申请 300 项知识产权。

企业责任——搭建起中非文化交流的桥梁

四达从 2002 年开始拓展非洲市场，2007 年开始对非投资。自开启非洲业务以来，四达一直以传播中国优秀文化为己任。为了讲好中国故事、传播好中国声音、塑造好中国形象，四达将中国的主流媒体频道，如 CGTN、CCTV-NEWS、CCTV-4、凤凰卫视等分别引入四达的地面无线数字电视平台和卫星数字电视平台，利用其数字电视的技术优势，以较低的价格向非洲民众提供众多中国节目。四达通过电视这一大众文化娱乐形式，使更多的非洲人民看到中国节目、了解中国文化、感受中国人民的日常生活和感情世界，进而搭建起中非文化交流的桥梁。

渠道决定传播力，内容决定影响力。作为一个传媒集团，四达从走进非洲第一天即着手自己的节目平台建设。目前已拥有 800 多个频道，包括非洲本地最具人气频道、中国主流媒体频道、世界知名频道和四达自办频道；涵盖新闻、资讯、影视、体育、音乐、时尚、儿童等几乎所有节目类型；用英、法、葡和非洲本地斯瓦希里语、豪萨语等11种语言播出，年节目更新量超过3万小时。对内形成了节目集成、译配、制作、发行于一体的全产业链；对外形成了多视角、本地化、中国风的鲜明特征，成为非洲不可或缺的重量级节目提供商。

作为一家中国公司，四达始终把传播好中国声音作为自己义不容辞的职责，并把中国影视剧作为重要的抓手，提出了"实现年译制产能达到1万小时，打造世界上最好的多语种中国影视剧频道"的愿景目标。电视是大众传媒，只有最大限度满足大众需求，才能实现收视效果的最大化。为了解决适销对路的问题，四达每年花重金采购国内热播、非洲喜欢的影视剧版权；为了解决听得懂的问题，四达成立了译制中心，实现了从汉语播出到英法葡字幕、英法葡配音，再到非洲本地语配音的三级跳；为了解决非洲本地语配音人才短缺的问题，在坦桑尼亚、尼日利亚、莫桑比克等多国举办配音大赛，前十名获胜者到北京总部从事译制配音工作。在不停步对接市场需求、不间断提高本地化程度的过程中，影视剧正在成为非洲人民了解中国的重要窗口，成为夯实民意、通达民心的纽带桥梁，成为培养亲华、友华的非洲媒体人的平台。

四达拥有53个自办频道，包括体育、影视、综艺等多个类型。《斯语送我去中国》《尼日利亚人在中国》等反映非洲人工作生活的节目，深受当地用户欢迎；一批名不见经传的本地主持人、配音演员成为家喻户晓的明星；德甲、意甲、法甲、中超、世界杯赛事的播出，使四达门庭若市、收视率飙升；斯瓦希里语、豪萨语中国影视剧频道更是很多非洲用户不可或缺的家庭盛宴。通过四达平台播出的《我的青春谁做主》《西游记》《青年医生》《咱们结婚吧》《甄嬛传》等中国影视剧一经播出立即引起了巨大轰动，产生了强烈共鸣：普通中国人的衣、食、住、行等人文习俗，让他们觉得新鲜、亲切；剧中展现的情感事业、夫妻关系、婆媳之道等生活琐事，让他们津津乐道、百看不厌；国家繁荣昌盛、城市干净漂亮、人民安居乐业，改变了他们对中国的陈旧印象；热爱家庭、尊老爱幼、忠实朋友等价值观，让他们看到了中非共通的文化理念。2016年，四达引进中超联赛，实现了中超历史上首次在非洲大规模落地，让非洲民众感受到欧美足球之外的另一种魅力。如今，四达数字化平台已成为非洲百姓了解中国的重要窗口，成为"讲好中国故事，传好中国声音，弘扬中国文化"的良好载体。

2014年9月,"北京影视剧非洲展播季"启动仪式在肯尼亚首都内罗毕隆重举行,该活动由北京市广播电视局主办、四达承办,至今已连续举办十届。北京市广播电视局选取一系列反映中国百姓当代生活、弘扬中国传统文化等优秀影视剧,由四达时代译制配音成非洲当地语言并播出。使用非洲语言讲述中国故事,直接拉近了中非人民的距离,在非洲一次又一次掀起中国影视剧的收视热潮,使得北京影视剧展播季成为中非文化交流颇具影响力的亮丽"名片",助力中非文化交流的持续升温。

服务国家战略——实现非洲数字电视"万村通"

2018年6月28日,由四达主办的第八届非洲数字电视发展论坛在北京怀柔雁栖湖畔日出东方凯宾斯基酒店隆重举行。论坛以"普及数字电视,畅享智慧生活"为主题,与会嘉宾围绕"数字化网络环境下的媒体发展""下一代多业务支撑平台"及广播电视领域的"金融与融资"三大话题进行深入探讨,为非洲实现广播电视数字化、社会信息化,帮助非洲逐渐向现代化、智慧化社会转型过渡群策群力,提供方案。此次论坛吸引了来自尼日利亚、坦桑尼亚、几内亚、肯尼亚、莫桑比克、科特迪瓦等43个非洲国家,阿富汗、孟加拉国、缅甸等5个亚洲国家的广播电视行政管理部门官员参加。国务院新闻办公室、国家互联网信息办公室、国家发展和改革委员会、外交部、商务部、国家广播电视总局、国家国际发展合作署、北京市委员会、北京市人民政府等有关部门和机构,中国进出口银行、中国工商银行、北京银行、中非发展基金等金融机构,中央广播电视总台、新华社等主流媒体及中国有线电视行业的代表也都应邀出席。

由四达创办的非洲数字电视发展论坛,每年举办一次,论坛以强大阵容、鲜明主题、前瞻眼光、合作共赢的模式,引起非洲各国政府和广电行业的高度关注与广泛参与,引领并推动非洲数字电视的发展和进步。特别是2018年举办的论坛,是中非合作论坛北京峰会前的重要预热,受到了中国政府的高度关注和主流媒体的特别关注,具有特别的政治意义。

庞新星借鉴中国广播电视数字化经验,结合多年来在非洲开展数字电视运营的模式,创新性地提出采用PPP模式帮助非洲各国实现数字化,以投资带动工程承包,通过建营一体化方式解决困扰传统援外项目的问题。该模式下,非洲政府向我国政府申请"两优"贷款并委托四达实施数字化整转，整转完成后，交给由四达与项目国政府指定公司成立的合资公司运营，合资公司通过运营所得收入偿还贷款。PPP 模式可实现各利益相关方的共赢，被广大非洲国家政府认可和采纳。

2015 年底，中非合作论坛约翰内斯堡峰会成功举办，习近平主席出席峰会并宣布中非"十大合作计划"，开启了中非合作共赢、共同发展的新时代。习近平主席提出"为非洲一万个村落实施收看卫星电视项目"，即"万村通"项目。该项目为 23 个非洲国家共计 10112 个村落安装接通卫星电视信号，为每个村落免费配 2 套太阳能投影电视系统、1 套数字电视机系统，并为 20 户家庭免费安装数字电视机顶盒。四达负责协办峰会期间举办的中非媒体领袖峰会和中非关系圆桌会议。峰会结束后，四达贯彻峰会精神，继续积极践行国家对非合作战略，抓住非洲广播电视数字化这一千载难逢的发展机遇，以全球化视野、坚实步伐和优质服务，朝着市值规模百亿美元量级、用户规模千万量级、具有全球影响力的传媒集团目标努力奋进。

2018 年 5 月 13 日上午，中国政府援非"万村通"卫星数字电视项目启动仪式在莫桑比克马普托马拉夸内村隆重举行。截至目前，"万村通"项目已经完成 21 个国家的建设工作，覆盖非洲 9512 个村落，受益民众过千万。"万村通"项目旨在帮助非洲广大农村打开了解世界的窗口，推动非洲广播电视数字化发展进程，繁荣经济、促进就业，落实联合国 2030 年可持续发展目标。同时，"万村通"项目对进一步深化中非战略合作伙伴关系、促进中非人文交流、增进中非人民之间"民心相通"具有极其重要的意义。

使命担当——为推动非洲社会进步发挥积极作用

在国内，庞新星带领的四达荣获国家高新技术企业、国家文化出口重点企业、国家文化产业示范基地、国家重点新产品、首都文化企业三十强、"十百千工程"企业、纳税信用 A 级企业等多项荣誉和资质，并连续五年跻身"福布斯中国潜力企业排行榜"。

在海外，四达在广电领域的对外投资不仅实现了中国资本、技术、产品的"走出去"，而且通过深入民众的中非文化交流打破了西方对非洲的舆论控制，在中非之间打开了信息、文化、价值观的交流窗口。四达已成为非洲广电行业家喻户晓的品牌。2013年，四达被评为坦桑尼亚"十大最具影响力品牌"之一；2015年，坦桑尼亚政府向四达颁发"数字电视贡献奖"；乌干达贸工部评选四达乌干达公司为"乌干达最佳数字和付费电视公司"，并由总统亲自颁奖；四达几内亚公司荣获"2015年几内亚最受欢迎的数字电视运营商"荣誉称号；四达尼日利亚公司连续四年获得尼日利亚广播商协会颁发的"最佳技术创新付费卫星/数字电视运营商奖"；世界质量管理委员会授予四达"世界质量管理金奖"；2016年，欧洲质量研究会授予四达"最佳商业实践奖"；中非高等通讯委员会向四达中非公司颁发"突出贡献奖"。

庞新星在卢旺达首都基加利举行的青年连接非洲峰会期间接受了新华社记者的采访，他说："一家企业如果真正想在非洲落地生根，应该为推动非洲社会进步、提高非洲国民素质、为当地创造就业岗位作出努力，这本身也是企业应尽的社会责任和义务。"据庞新星介绍，四达在非洲的投资为当地直接创造4000多个就业岗位，其中本地员工约占96%，遍布市场、技术、服务等各个部门，管理层也不乏他们的身影。同时，四达在非洲约有6000多家代理商，通过代理商还间接创造约5万个就业岗位。庞新星认为，只要有能力，就可以成为分公司的一把手。因此，对于那些受过良好教育的非洲员工，他没有任何偏见，也不会在他们升迁过程中设置"看不见的天花板"。庞新星还说："四达正在由网络运营商向传媒集团转变，将加强节目集成、节目译制及节目制作和创作。中国有大量优秀影视剧和影视节目，非洲也有优秀影视作品，互译需求庞大。四达希望利用互联网技术，在这一方面为非洲青年人提供网上就业的机会。"

作为一家国际化集团，四达一直把履行社会责任作为自身义不容辞的义务。在关注城市广播电视数字化的同时，四达还在边远地区部署网络，让更多的人共享数字电视的美好。四达在非洲持续不断地为一些学校、福利院赠送机顶盒和电视机等物品并提供免费服务。2014年埃博拉病毒肆虐非洲期间，四达在西非国家发起了抗击埃博拉的运动，自发制作了预防和控制埃博拉病毒的相关节目内容，并通过播放公益视频、社交媒体互动和在营业厅免费发放卫生用品等方式向公众传播抗击埃博拉的相关信息。用户只要启动机顶盒就能学习到预防埃博拉病毒的小知识，宣传片几乎家喻户晓。在宣传如何防范埃博拉疫情的同时，消除社会恐惧心理，帮助人们树立战胜疫情的信心。

2016年9月，"99公益日"捐赠活动期间，四达携手中非民间商会、腾讯公益平台共同发起"携手中非爱加艾减"捐助活动，通过腾讯公益平台捐出对非洲艾滋病患者的一份爱心。这一活动受到四达员工及家属亲朋的大力支持与广泛参与。9月7—9日，四达发起的爱心募捐累计筹集善款35848.22元，参与近200人次。另外还有很多四达员工以个人名义在微信朋友圈中发起了爱心募捐，吸引了亲朋好友的积极参与，朋友圈一时间被"携手中非爱加艾减"捐助活动刷屏，大家纷纷留言写下自己的祝福。

2016年12月1日，是第29个世界艾滋病日。四达与联合国艾滋病规划署双方进行了初步合作，四达通过自己在泛非地区的数字电视网络平台，向近1000万非洲家庭免费播出了两条联合国艾滋病规划署制作的艾滋病防治宣传公益广告。

2017年5月12日，四达和联合国艾滋病规划署在北京签署合作谅解备忘录，双方正式建立战略合作伙伴关系。四达和联合国艾滋病规划署将一起努力，通过四达在非洲的数字电视广播网络，共同提高艾滋病相关信息在非洲的知晓度，并帮助消除人们对艾滋病感染人群的歧视和污名化，以实现2030年终结艾滋病流行的全球共同目标。

浏览四达网站，仅2024年7月至9月，就有马达加斯加、几内亚、喀麦隆、乌干达、莱索托、莫桑比克、科特迪瓦、刚果（金）、刚果（布）、布隆迪、尼日利亚、赞比亚等20多个非洲国家部长到北京访问四达总部。在中非合作论坛北京峰会期间，庞新星还与五位非洲国家政要会面，大家对未来发展与四达在多个领域的合作表示了极大的热情。

每次见到庞新星，总是感觉他略显疲惫，但又每每饱含深情。身为一家国际化公司的总裁，他每天的工作时间几乎是24小时。在他的带领下，四达让千万非洲百姓享受数字电视的美好，让全球文化通过小小的荧屏沟通交流。庞新星，用自己的坚韧拼搏，带给非洲百姓岁月静好。

创业之星

庞新星，1958年出生于河北省唐县，1982年毕业于秦皇岛冶金地质职工大学（现东北大学秦皇岛分校）电子专业，1982—1984年就职于冶金地质会战指挥部五队及华北有色地质四队教育科、宣传部；1985—1988年任北京声像公司秦皇岛分公司经理；1988年创办四达电子公司并任董事长兼总经理，现任四达时代集团董事长、东北大学秦皇岛分校北京校友会名誉会长。

庞新星拥有诸多荣誉与社会职务，包括"改革开放三十年全国优秀企业家""2013中国文化产业年度人物""2014年度海英人才""2013—2015北京市新闻出版广电行业领军人才""2016年首都市民学习之星""2017中国年度文化人物""第二届中关村文化创意产业十大新领军者"等。同时，于2013年入选海淀园管委会企业家咨询委员会专家；2014年入选全国"四个一批"人才推荐人选；2016年10月被聘请为中国与葡语国家企业家联合会中国委员会副主席；2018年获得"新创工程·亦麒麟"人才荣誉称号，同年与马云、马化腾、任正非、董明珠等企业家共同入选全球化智库（CCG）"中国企业全球化40年40人"名单；2020年8月，被中非民间商会第三届理事会任命为中非民间商会副会长；2020年11月，被中国外文出版发行事业局聘任为中国外文局国际传播专家委员会委员；2021年当选中国欧盟协会副会长。此外，还担任清华大学研究生海外实践指导老师、中国传媒大学文化产业管理学院客座教授。

雷龙：由爱而始的创业之路

爱，是世间最强大的力量，它能够激发出人内心深处最坚韧的毅力和最深沉的智慧。雷龙，一个普通的创业者，正是在爱的驱动下，踏上了一条充满挑战与希望的创业之路。他的故事，是关于爱与责任的故事，是关于如何在逆境中坚守信念、勇往直前的故事。在这条由爱而始的创业之路上，雷龙用他的行动诠释了爱的力量，不仅改变了自己和家人的命运，也为社会带来了积极的影响。

——题记

创业之基——东大求学改变人生命运

雷龙，河南省周口市淮阳县新站镇人。小时候的他出身穷苦，深知只有知识可以改变命运，之后他努力求学，来到了东北大学这所改变他命运的母校。

在雷龙的记忆中，小时候家里穷到吃不饱饭。他买的第一支钢笔是七毛二，是靠整整一个夏天去找蝉蜕换来的。蝉蜕可以作为一种药材使用，十个蝉蜕一分钱，这样700多个蝉蜕才换来了一支钢笔。雷龙深知读书的目的就是摆脱贫穷，在那个年代，寒门出身的他只有考大学这一条路，只有考上大学，他才能够吃商品粮。

刚走进东北大学的时候，雷龙有些自卑。一方面是因为他的口音问题，雷龙的普通话不标准，说话时带有浓重的河南口音，他的老师和同学们甚至都听不懂他在讲什么；另一方面是雷龙来自农村，什么都没见过，什么都不懂，当他看到来自城市里的室友见多识广，而且花钱很大方时，他觉得自己没有钱，40块钱的西装也买不起，所以有些自卑。当时雷龙心里就想着要创业，要去改变这种经济状况。

东北大学的学风严谨，塑造了雷龙的做人做事风格。从本科到研究生，他在东北大学读书的七年时间里，只有大一大二两年向家里要过钱，后面的五年都是雷龙靠自己的双手挣钱来完成学业。在这期间，他卖过冰棒，摆过地摊。

在雷龙即将毕业之际，那时是1992年，邓小平发表南方谈话，雷龙清晰地记着邓小平说"胆子再大一点，步子再快一点，改革进程再快一点"。当时他也看到一些企业贴在墙上的标语、口号非常激动人心，比如说"纵然明天地球会毁灭，我们今天依然要种下两棵葡萄，一个研究发展，一个要教育训练"。这些思想给雷龙带来了很强的震撼，雷龙当时想"企业要发展，就要研究发展，要走在时代的前列，不断地开发新产品。而一个团队，一个企业的员工，只有通过教育训练才可以让他的素质不断提高，才有竞争力才有发展。"这些先进思想使得雷龙想要留在这里工作，也促使他走到改革开放的前沿阵地。

创业之初——为爱启航的有机茶探索

初到厦门工作的时候，雷龙吃了不少苦，加班加点、任劳任怨地工作。工作一年后，他决定辞职去当业务员。做业务员时主要是销售变压器设备，这些设备都是欧洲进口的。雷龙学历高，能看懂关于设备上的外文资料，这时他觉得自己工作的价值才发挥出来。

涉足有机茶领域之前，雷龙本拥有一家收益颇丰的保健品公司，但妻子的患病让夫妻二人开启了有机茶的创业之路。

雷龙的妻子林芳属过敏体质，对虾蟹、罐头等化学物质过敏。在医院当医生的几年里，她的身体越来越弱，血红蛋白指标最低时只有5克。2002年，她拜访了一名华侨中医，老中医告诉她要多喝有机茶。回国后她查阅了大量书籍，发现有机茶对健康确有帮助，于是她跑遍了全国各大茶叶专卖店及茶叶种植区，均没有发现有机茶的踪迹。中国是茶的种植大国，是茶文化的发源地，为什么没人种植有机茶？这让林芳百思不得其解。

既然没人种，那就为自己，也为别人来填补有机茶种植的空白。于是，为了妻子的病，雷龙毅然拿出计划买房的500万元，在福建漳州承包了2350亩山地，开始种植有机茶叶。

当问及他做有机茶叶创业的动力时，雷龙说是源自他太太最后一次心脏病抢救。2005年，厦门市一家医院心脏科的医生说，疾病这么经常发作，建议做手术。雷龙问医生有多少把握，医生说没什么把握。考虑到妻子的安危，雷龙决定将手术这件事作罢，但妻子的病一直悬在他心头难以拂去，为此他一直在寻找治疗良方。

除了妻子，雷龙夫妇的女儿从小过敏、哮喘，这两个病一发作起来，就必须及时送医院抢救。有机茶的疗效虽然未经确证，但只要有一点希望就必须抓住它。

"很多人问我坚持这么多年做有机，动力是什么。""让这两个人健康，不需要经常去医院抢救，就是我最大的动力。"说来也神奇，2006年之后，自从妻子和女儿开始饮用有机茶，进医院抢救的频率逐年下降，这让雷龙看到了有机茶对身体的帮助，也坚定了他推广和种植有机茶的信心。

雷龙还讲道，北京中医药大学的一位老教授、博士生导师，听说他们种的是有机茶，非常激动，专门登门拜访，并坚持请他们吃饭。雷龙有些过意不去，这位老教授问他："你知道现在全球癌症这么多的主要是什么原因吗？"雷龙答："是农药。"老教授说是重金属。农药、化肥等很多产品中都含有重金属，这是国际医药界的共识。老教授说，不管有机种植再怎么困难，都不能放弃，要坚持下去。"所以，我们的动力还来自很多人的认可鼓励。"雷龙说道。

发展机遇——逆境中的坚持与成长

光照人有机农场，这个生态乐园积蓄着雷龙多年的心血和梦想，是他的有机之光。他说希望可以借一束亮光照亮别人，虽然很微弱，但至少是黑暗中的一束亮光。正是这种信念让他一点点坚持下来，其中的辛酸只有他一人知晓。

夫妻二人把创业地址选在了福建省漳州市华安县沙建镇岱山，在一片原始次生林地的深处。岱山地处偏僻，远离污染，云雾缭绕，空气清新，从种茶的角度看是一个好的选址，但从创业角度看，杂草丛生、荒无人烟、缺少电力又将是何等的艰辛。

没人、没路、没电，面对这"三无"的野山，面对异常艰苦的环境和遥远漫长的生产经营之路，本来同意投资1000万元的马来西亚商人因缺乏信心而选择了半路退出，大山深处只留下雷龙和妻子林芳孤独的身影。

他们不仅没有放弃，反而从零开始，购买有机茶种植的书籍认真研究，还请来福建农林大学的专家现场指导。然而有机茶种植谈何容易？它在生产中要求周围的森林覆盖率很高，要种好茶先得种树，要种茶得先肥土。

他们在开垦茶园之前就想到了保持水土。林芳曾经在电视中看过贵州的梯田景观，那层层叠叠蜿蜒的大型梯田如一级级登上蓝天的天梯，像天与地之间一幅幅巨大的抽象画。"梯田不仅仅美观，更重要的是它蓄水、保土、增产的作用十分显著。"林芳说。而套种树木则是为了增加生物多样性，更能防止水土流失，保护环境。

那段日子里，林芳为了鼓励工人积极工作，凡事皆亲力亲为，执笔的双手扛起了锄头，甚至还与现场的工人比拼开垦速度，其中的苦与累自不必言。

他们从山上引来优质山泉水，从内蒙古大草原拉来无污染牛羊粪，并以昂贵的人工费从贵州请来数十个富有山地耕作经验的农民，不靠机械，纯手工开垦荒山，减少水土流失。把表层的土壤用上，并种植了1700多亩红豆、沉香、降香黄檀等30多种名贵树木，建立了完美的生态环境。为了保证有机性，他们不打农药，广种黄檀，利用自然香气驱除虫害；使用太阳能灭虫灯和黏虫板等物理方法灭虫。三年时间里，只改造生态，雷龙夫妇没种上一棵茶苗，直到2006年生态环境形成后才开始种植茶树。

在最困难的时候，雷龙一度靠借高利贷维持光照人公司的运转。"50万元高利贷一个月45000元的利息。过年的时候找加拿大同学借10万元，发完工资就剩2000元。"可即便如此，他也不肯放弃"有机创业"，准确地说，他不能放弃。

2007年，苦尽甘来，夫妻迎来了第一批茶叶的采摘。同年2月，漳州光照人茶业有限公司正式注册。令人欣慰的是一些顾客在喝完有机茶之后，认为有机茶对身体健康帮助很大。还有一些经销商，他们在体验过之后，也反馈说效果不错。顾客和经销商的信任，鼓励着雷龙继续把这件事情做下去。有机茶之所以能坚持下来，靠的是顾客的口碑。

光照人公司采用自种、自制的一体化经营模式，严格管理每个环节的品质，确保"从茶园到茶杯"的全过程质量跟踪和控制。茶园和茶厂均于2007年起每年都通过了杭州中农质量认证中心的有机认证，该认证中心隶属中国农业科学院茶业研究所。

2009年8月起,公司每年都通过国际食品安全管理体系ISO22000(也称HACCP)认证。

2010年1月起,公司的生产基地和产品每年通过欧盟有机认证。

2010年11月起,公司每年都通过美国有机认证。

2010年12月起,公司每年都通过日本JAS有机认证。

2010年12月取得自主进出口权。

2011年6月被全球最权威的有机农业组织IFOAM(国际有机农业运动联盟)批准为会员单位。

2011年9月、2014年10月,公司作为中国有机农场的特邀代表分别出席了在韩国、土耳其召开的第17、18届全球有机大会。其中关于光照人有机茶园的论文收录在第17届全球有机大会论文集第259至263页。

2012年9月,"光照人"商标被评为福建省著名商标。

2012—2015年,中央电视台的4个频道对光照人有机茶进行了多次专题报道,专题名称包括《有机是这样炼成的》《携手同行有机路》。

2013年12月,公司成为福建省农业产业化省级重点龙头企业。

2015年1月,被评为"福建省最具生态贡献企业"。

2017年11月,公司作为全球有机农业的杰出代表受邀参加第19届全球有机大会,创始人雷龙在大会上发表演讲。

2018年6月14日,中央电视台《生财有道》栏目以"生态山水间的有机财富"对光照人有机茶进行报道。迄今为止,中央电视台累计5个频道,连续8次专题免费报道光照人,在有机农业、有机茶与康养行业,引起广泛影响。

2020年,光照人有机基地被认定为国家有机食品示范基地。与此同时,被福建省卫生健康委等五部门联合认定为福建森林康养基地。

2021年,光照人董事长林芳荣获"乡村振兴产业带头人"称号。

2022年,光照人有机基地被认定为福建省中医药文化宣传教育建设单位、旅居养老基地。

2023年,光照人有机基地被认定为福建省自然教育基地、职工疗休养基地、党政机关指定会议场所和国家高新技术企业。

2024年,光照人有机基地获得厦门市"鹭品"品牌使用权。

此外,为保护茶园的生态环境,公司在茶园周围种植了各种珍贵树种1700亩。在有机茶园内,采取全国唯一的套种降香黄檀的独特方式驱避虫害,

CCTV-7 记者于 2007 年 4 月亲临茶园进行采访，并在科技苑栏目对此进行了专题报道。茶树种植在具备独特药用价值兼名贵家具用材于一身的降香黄檀树下，具有了独特的韵味和保健功能。

光照人有机茶种植时，不施化肥，加工时不用色素，因此，颜色可能没有普通茶那么墨绿。因为是施用农家肥，有时个别地段水没有浇透，茶树没有充分吸收肥料，出现个别茶叶偏黄、色泽不均匀，这属于正常现象。光照人有机铁观音因为不加香精香料，又没有拼配其他品种的乌龙茶，因此个别消费者如果喝惯了其他香味的茶，可能会觉得它不够香，其实，真正纯正的有机铁观音正是这样，香如空谷幽兰。一般常规茶冲泡第 1~2 遍时较香，冲第 3~4 遍时香味就明显减淡甚至无香味了，而光照人有机茶第一冲可能不太香，第 2~4 遍时越来越香，冲泡第 8~10 遍时还有味道。光照人有机茶喝完后，咽喉清爽甘甜，止渴生津，等级越高的茶越是满口甘甜幽香。如果一般普通茶喝完后会引起咽喉或者舌头发干，甚至口渴，很可能是农药残留的反应。

酒香不怕巷子深，雷龙的有机茶由于质量过硬，成为外国友人认定的抢手货。"光照人"以高于内地十几倍的价格在美国、日本、中国香港等国家和地区市场热销，许多国外茶商和有机界的专家学者纷纷慕名前来参观，光照人茶叶更是取得了自主进出口权。

2011 年 1 月份，美国总统在白宫接待时任中国国家主席胡锦涛时，有一种用茶就是光照人种植的有机茶。当时美国一家茶商派人到中国寻茶，备选茶品十几种，最终美方选择了两种，其中一种就是光照人有机茶。此后，"光照人"有机茶迅速传播，2011 年《中国经济周刊》第 50 期以《世界有机大会青睐的中国茶》对此进行了报道；2012 年 12 月 10 日央视二套以《从深山走出国门的有机茶》进行了半个小时的专题报道；2013 年《中国经济周刊》第 44 期再次以《雷龙的有机梦》进行了报道。

这么苦这么难这么累，但是雷龙一定要做有机茶，一步一步走过来，看到树一天天长大，看到全国各地的顾客对有机茶的信任，雷龙下定决心要把有机茶做得更好。雷龙说："我们把这两座楼建起来，一座是厂房，一座是接待中心，能够让更多的顾客来到这里吃住、体验和观摩，同时传播这种有机农业的做法、观念。"而如今，这两座大楼，已经成为全国闻名的有机康养大楼，迎接着来自五湖四海的客人。

行稳致远——有机农业的持续创新

雷龙说，品牌取名为"光照人"是为了激励自己，"光照人"意为"光明照耀人间""传承光明和温暖的人"。20余年的有机路不堪回首，他们在刺骨的寒风中，体会人微言轻，品尝销售遭遇拒绝的凄凉。执拗的雷龙内心常常极度痛苦，他经常孤独地凝望大山，思考自己的人生，他在山中读老庄、论语，以获得心灵的支撑力量。

在大山里做茶的过程中，雷龙渐渐明白，"有机"的价值不光是茶和树的问题，已经上升到精神层面，这才是最大的价值。雷龙说："对于有机，自己充满着责任感和使命感。"为了这种责任感和使命感，多年来雷龙夫妻没有周末概念，身体都麻木了，不知道疲惫为何物。他们曾被怀疑、遭拒绝、受讥讽、经济困顿、销售无门，但雷龙有一种信念："为了心中的正义和良知，要做黑暗中的一束亮光！"

为此，雷龙还提出了一个概念叫作"有机销售"。他说："有机销售就是遵循自然规律，靠产品的高品质和优质的服务来赢得顾客，而不是靠广告吹嘘、吃喝送礼去赢取顾客，那些办法都是化学的、是农药、是添加剂。"

在第17届世界有机大会上，一位外国参会人员问雷龙："如果中国有机不认证了，你还做不做有机？"雷龙说："我照样做有机。我做有机跟认证不认证没有关系，因为我们的出发点不一样。"

2006年，有人上门推销一种新发明，炫耀将这种东西喷洒在茶叶上，就检测不出农药残留来。雷龙怒斥："你们这种发明最好在地球上消失！"

一位谈合作的老板"指导"雷龙："对待产品，第一阶段当孩子养，第二阶段当猪养，第三阶段……"雷龙反问："如果不把自己的产品始终当孩子养，怎么能够倾注全部的心血和汗水？"

一家大型茶企看中了雷龙的有机茶，要以优厚的条件包销，雷龙一口回绝了。"他们是出于商业目的看中我的茶而不是有机农业，如果一味地追求利润，会有悖于有机理念。"有时，为借一万块钱，他要跑几百里路，尽管困顿至此，但雷龙就是不忘初心、坚守底线。

对雷龙来说，而今"有机"已不是一门生意，而是一种价值观。对他来说，造福人类比谋取利益更加重要。这境界，令人折服。

"星星之火，可以燎原，希望尽我们的绵薄之力，让有机食品全球普及，最终惠及全人类。也希望通过社会对有机食品的需求，倒逼食品行业改革，生产出真正有益健康、百姓放心的食品。"这是雷龙和妻子的心声。

（一）力倡生态，推广环保

有人说，有机农业投入高、产出低，不符合中国国情。雷龙认为，从全生命周期来看，有机农业成本更低，他提议全社会一起来算五笔账。

"有机农业初期投入高，见效慢，但5年后成本更低。比如，常规茶园的茶树老化快，一般10年后就要重种，而有机茶树树龄长达20年，采用立体种植的方式，套种降香黄檀和沉香等驱虫避害，长短期效益相结合，产生了更高的经济价值。"这是第一笔账。

"农残超标已成为严峻问题，直接阻碍中国食品走向世界，农药的使用严重污染环境，有些残留在土壤里难以降解，有些则进入地表水或地下水，加重了水污染，未来，我们要付出多大的治理代价？"这是第二笔账。

"在我们的餐桌上，常常出现农药'鸡尾酒效应'，意思是指多种农药的混合物会造成累加效果，甚至协同效应，只是消费者不了解而已。大量恶性疾病的发生与环境和饮食有直接关系，高昂的医药费及生命的代价，无论是对家庭还是国家都是不能承受之重！"这是第三笔账。

"常规农业向土地夺取养分以维持生产，以不可持续的方式养活整个世界，使土壤沙漠化，蚯蚓等有益生物灭绝，导致大量农业用地失去生产能力，未来，中国粮食安全和粮食自主性如何解决？"这是第四笔账。

"一个农残问题严重的污染大国一定会备受制裁和歧视，很难成为经济强国！"这是第五笔账。

有机种植是对地球和子孙后代的守信，有机农业意味着对人类健康和地球健康的支持。深刻思考土地与生命的关系，保护这片赖以生存的土地，雷龙相信，推广有机农业是不二选择。

（二）奉献爱心，回报社会

在繁忙的工作之余，雷龙夫妇始终不忘对弱势群体的关注，为家乡希望小学和孤寡老人捐款捐物，奉献爱心，受到社会各界的高度赞赏。2013年，雷龙的妻子林芳担任福建省政协委员，并荣获"全国三八红旗手"光荣称号。如今，光照人有机基地已经成为一个全国乃至国际化的有机农业示范基地、有机康养基地和有机教育基地。让身心疲惫的人们在与大自然的亲密接触中，找回心灵的平衡和宁静，找回生命的阳光，使孩子从小养成对生命的敬畏和尊重，对环境保护的理解和重视。

雷龙告诉记者，一些人因为工作时间长、压力大，身体处于亚健康状态，如果能投入有机农业，将逐步学会如何吃、何时吃、该吃什么、不该吃什么……又因为经常进入农村，深入山林，他的价值取向会逐步由原来的单纯追求经济利益，过渡到环保、有益健康和社会责任感等方面。在有机农场久了，原来在城市里因激烈竞争产生的许多想法和做法都会改变，心灵也会逐步得到净化，由此越来越体会到人生的快乐和幸福。

"有许多城里人到了我们的农场，原来的心理问题、紧张的婚姻关系等都得到了改善，白天欣赏茶园树木，晚上听听流水、望望星空，都想通了，学会理解他人了，宽容了。有机农场成了他们的一个减压场所。"雷龙说，"我们的目标就是把这里建成一个闻名世界的有机农业示范基地、有机康养基地和有机教育园地，用事实证明有机农业的价值和魅力。"

雷龙还分享了一个真实的案例。他妻子乘坐厦门航空公司航班，听到乘务人员用广播询问机上有没有医务人员，有位小朋友不舒服。他妻子到现场查看，知道是哮喘病发作，小朋友的脸已经憋紫了。他妻子随身携有一包茶叶，"立即嚼，拼命嚼，咽下去。"大约10分钟后他的症状开始缓解，半个小时后，小朋友说："我感觉舒服了。"雷龙说，当时的情形，如果再泡水喝可能就来不及了。假如没有这包茶，可能飞机迫降，再送到就近的医院急救。雷龙说，降香黄檀种植在茶园里面，对茶叶营养成分的助益，已经有很多论文可以追踪。

光照人茶园全部采用人工除草。光照人致力于为人们带来健康、幸福和希望，让人与自然和谐共处，生生不息。

（三）心之所在，事之所达

在即将有成果之时，有机茶叶遇到了另一个问题。林芳说，茶叶快要成熟了，气味香，招来了虫子。面对整片招虫害的茶园，想哭却哭不出来，晚上回到宿舍，翻书找方法，辣椒水、灭虫灯……都试过了。

村民们说她："你太笨啦，读书把脑子读坏了，农药一喷，不就没事了么。"但是农药残留在茶叶上，那肯定是对茶叶有影响的呀，那怎么行？于是，雷龙夫妇咬咬牙，硬是没有喷洒农药。雷龙说，以前茶园一直拔草，拔了再长，长了再拔，一直拔。后来有一天，突然发现有一小片地没拔草，可能是工人拔漏了，反而那一片茶没怎么被虫子咬坏。

这片没有除草的地给了他们启发，后来就不怎么拔草，让农民用脚把草踩一踩，不除草，就源自这个"美丽的错误"。再后来他们吸取经验教训，总结出一个办法，那就是改用黏虫板，但是害虫虽然被黏虫板除了，可又出了新问题，就是益虫也被黏除了。后来，他们就悟到了一个道理：没有"益虫""害虫"之分，益虫害虫都是好的，都是大自然平衡的需要。

最后，他们在茶园内通过散养鸡的方式来控制减少虫害，同时利用降香黄檀散发的味道驱避害虫，有效减缓了小绿叶蝉和茶丽纹象甲等茶园主要病虫害的发生与危害。此外，还采用喷洒辣椒水和定期人工除虫等物理防治手段，目前茶园已经基本能够通过内部生态系统和生物多样性控制病虫害，因此从2014年开始，他们相继停止使用黏虫板和太阳能灭虫灯等物理杀虫设备。雷龙说："现在完全靠食物链，这些黄板之类通通都撤了，现在茶叶也几乎没什么虫眼，全靠益虫控制害虫、鸟、蜘蛛……"

光照人有机茶园采用立体种植体系，通过套种树木、林下养鸡、施用有机肥等生态管理模式，代替化学农药和化肥的使用，逐步完善茶园的生态系统和生物多样性，从而达到茶园可持续生态化生产。

光照人有机茶园坚持20多年有机种植，对茶叶产量和当地环境产生了积极影响。具体表现在有机种植保持甚至提高了土壤肥力，土壤没有出现板结和水土流失的现象。使用羊粪、有机茶梗和杂草沤肥后，肥料方面的投入量从最初每年10个集装箱的羊粪，减少到目前的7箱。大量套种的树木已经为茶园建立起一个微观生态系统，茶园已基本做到依赖自身生态系统中的食物链控制虫害，不再需要过多的人为干预。同时，随着种植环境的不断改善，茶叶产量也逐渐提高，茶园近几年已开始盈利且收入逐年增加。在消费端，由于茶叶种植过程安全可控、可溯源，茶园和产品积累了较好的口碑，赢得了消费者信任。

开创有机康养造福人类社会

回望光照人创立20余年，雷龙带领团队恪守"为社会送健康、幸福和希望"的价值观与使命，功夫不负有心人，公司已形成集团化产业与服务链，涵盖有机农业与林下种植，有机农副产品与林下产品的加工，以及各类慢性病的有机康养调理服务业等三大产业。

光照人以得天独厚的有机基地、有机茶与有机药食同源食材，以及珍稀树种森林为基础，开创了国内国际独一无二的有机康养与调理"铁三角"模式。该模式以中华民族传统中医文化中的"茶养"原理与技术为核心，结合"药食同源"的"有机食物康养"方式，并融合当下新型的森林康养技术，形成"三位一体"的有机康养与调理系列解决方案，为高血压、高血糖、高血脂、过敏、失眠等众多慢性病及其他各类亚健康疾病患者带来福音，解决了这些群体的困扰与"痛点"。凭借上万个成功案例，深受热爱健康的人群推崇。

光照人有机基地以独特的有机种植、有机加工与有机康养服务，正在吸引国内国外，尤其是北上广深的众多客人，纷纷前来有机观光体验与身体康养。

创业感悟

"有机农业不仅是一种商业行为，更是一种价值观和人生观，来不得半点虚假！"雷龙以实际行动赢得了社会的尊重。

人生不像流水，从一至终，在那一条沟里安逸地待一辈子。人生是海，击千浪、汇百川，有退潮有涨潮，起起落落才是真理。雷龙最初的创业也许是逼出来的，但是后来他投入了全身心，他想要做好、做大，他没有放过这个机会，更没有放弃自己的底线。在物欲横流的当今社会，又有多少人能坚守初心？雷龙说，现在大家都被转基因毒奶粉吓怕了，他就想种出有机茶，让大家放心。

人可以平庸地过一辈子，也可以活得精彩漂亮，关键在于能不能抓住转瞬即逝的机会，能不能好好运用这个机会，够不够胆量，是否有毅力。如果雷龙退缩了，坚持不下去了，也许不会有今天的漳州光照人茶业有限公司，更不会有我们从未想过的有机茶。去奋斗、去坚持、去拼搏，为自己赢得一块人生长跑的"金牌"，开创一个充满希望的未来，向更远大的目标奋进！

创业之星

雷龙，河南省周口市淮阳县新站镇人，1979—1985年在淮阳中学读初中和高中，1985年考入东北工学院自动化专业，1992年研究生毕业。先后做过车间工人、推销员、大学教师、企业高管，1996年开始从事营养保健事业，现任福建漳州光照人茶业有限公司总经理。

刘载望：江河载望千帆过，激流勇进万里程

> 刘载望要求自己必须做到"五报"：一是推动社会进步，以报国家；二是助家乡、母校与社会，以报故里；三是起家建业，以报父母；四是诚信开拓，以报学友；五是实现自身价值，以报个人。一直以来，他以此为动力，孜孜以求、不懈努力，逐步实现自己的人生理想。
>
> ——题记

创业之基——贫寒子弟艰难路，鱼跃龙门入东工

1972年3月，湖南省岳阳县柏祥镇窑岭村细屋组的一个七口之家再添新丁，这个呱呱坠地的婴儿就是刘载望。谁也不曾料想到，他会在几十年后成就一番轰轰烈烈的大事业。刘载望在家中排行老幺，有一个哥哥，四个姐姐。其父刘大阶是个地地道道的农民，淳朴善良、历经磨难。在曲折的人生历程中，他深切体会到了教育的重要性，尤其是对一个农家孩子的意义，于是他暗自咬紧牙关、省吃俭用，送6个子女去读书。

刘载望初中就读于步仙区十步乡中学41班。据当时担任其初三班主任、现已七十多岁的刘光明老师回忆：刘载望少年时就有志气、有理想、有抱负。印象最深的是在一次"谁笑在最后，谁笑得最美"的主题班会上，他的演讲慷慨激昂，在全班引起轰动，得到了同学们的阵阵掌声。中考时，他迎来了人生的第一个抉择：是报考中专，还是继续读高中。上个世纪80年代到90年代末，优秀的学生有两条不同的出路：一是初中毕业报考中专，毕业以后可以进入党政机关、事业单位或国企；二是继续读高中，参加高考。很显然，中专毕业可

以进"好单位"、端"铁饭碗",还可以早几年参加工作,减轻家庭负担,这是当时很多农村优秀学生的首选之路。但是当时报考中专的名额有限,除了要求学生品学兼优外,还必须事先拿到报考指标。父亲刘大阶为了确保儿子能报考中专,也经历了一番周折,为刘载望顺利拿到了报考中专的指标。但是天不遂人愿,让人始料未及的是,平时成绩优异的刘载望在考试那几天闹肚子,不得不输液打针,就连在考试现场身体也是状况频频。虽然他坚持带病上阵并全力以赴,但还是严重影响了考试成绩,结果可想而知,他没有被录取。这是他人生的第一次挫折。

1986年,在报考中专失利后,刘载望进入岳阳县三中继续高中学业。高中时期的刘载望喜欢足球、篮球,精力分散,花在学习上的时间不多,成绩也不是特别优秀,第一年参加高考的最终成绩距录取最低分数线还差十几分,这是他遭遇的第二次挫折。高考失利,让承载全家人希望的刘载望遭受沉重打击,无尽的沮丧、自责充斥着他的内心,他觉得对不起父母,对不起供他上学的几个姐姐。但是对他寄予厚望的父母不仅没有责怪他,反而给予了他最大的安慰。与其自责,不如奋发图强,遇到挫折就退缩不是刘载望的性格。在经历了短暂消沉之后,他决定复读一年,再战高考。复读期间,他发奋努力,埋头苦学。一年后,即1990年,他终于不负众望,以优异成绩考取了东北工学院,就读于资源与土木工程学院采矿专业,成为当年岳阳县为数不多的几名大学生之一。

在东北工学院读书期间,刘载望除了学习之外,还广泛了解社会,积极思考人生目标,努力尝试各种工作,不断提高自身的综合素质和创业能力。为了减轻家庭负担,在东北工学院就读的三年时间里,他不仅在学生会任职,还写小说、做生意赚钱供自己上学,同时还要担负给父亲治病的重任。酸甜苦辣的学海生涯,让他受益匪浅,认识到只有通过自身的奋斗,才能在优胜劣汰的社会中找到生存的缝隙。同时,实践中的磨炼让他逐渐认识到:既然自己一无所有,那么无论怎样亏本,大不了重头来过;无论怎样失败,大不了就提个蛇皮袋回家。打拼!唯有打拼!对于一无所有的人来说,在打拼中失去的无非是枷锁,而得到的将是整个世界。刘载望不断观察并亲身体验着社会变化,经常与老师和同学一起探讨中国改革开放的发展走向,这些丰富的社会实践和充分的思想准备为他的创业之路奠定了必要且良好的基础。

创业之初——辍学创业，白手起家闯商海

1992年，邓小平发表南方谈话，掀起了知识分子下海经商的热潮。此时拥有敏锐洞察力和更具社会阅历的刘载望对中国未来市场经济的走向进行了精准预测，认为几年以后市场经济将迎来更好的发展机遇。1993年底，刘载望怀揣创业梦想，带着一股初生牛犊不畏虎的勇气，瞒着家人，毅然决然放弃学业，提前踏上了自己的创业之路。但纸包不住火，不久之后，父母得知他辍学的消息，又气又急，父亲追着赶着他去上学，一根扁担都差点打断了，母亲几乎一夜白了头。即便如此，刘载望也未改变心意，只是内心对父母充满了惭愧和心疼，暗下决心一定要闯出一番事业，给父母一个交代。

一个从农村走出来的青年人要创办一家企业谈何容易？白手起家，创业之路更是障碍重重。在1993年和1994年这两年里，他几乎是在东北几个主要城市中"流浪"度日。他的第一份工作是在辽宁省朝阳市建平县里的一家夜总会担任经理一职，在那里工作了9个多月。结束第一份正式工作后，刘载望又转身投入石材行业。正是在这段艰难的日子里，他不断积累着知识和经验。

1994年9月6日，当大学的同学毕业走上各自的工作岗位时，怀揣300元钱的刘载望，身背几块石材样品，独自一人从辽宁建平来到北京推销石材，迈出了他自己创业的第一步。1995年的4月，刘载望和两个姐夫、一个姐姐在北京的南三环木樨园租了一个店面，年租金12万元，靠着姐姐、姐夫和几个老乡成立了一家公司，承接大理石装修的零活。第一年由于没有经验，公司亏损了30多万元。据其母亲回忆，在公司创办的第一年回家过年时，刘载望面若菜色，身体消瘦，但他并未透露自己在外创业的艰难，直到其母心疼地一再追问，他才说出了实情。原来，由于资金短缺和周转缓慢问题，他在北京睡了40多天的地板，连续吃了20多天的方便面。当父母得知他在外面创办公司时，都坚决反对他冒这么大的风险，并且请来亲朋好友一起劝说他放弃，但是风华正茂的刘载望相信事在人为，有追求就会有希望，婉拒了他们的建议。刘载望后来回想起当初的创业也说：创业之初非常艰辛，苦不堪言。

不过，经受农村艰难生活锤炼出来的刘载望，有一股无惧无畏的勇气和从不患得患失的心态。他并未被困境击倒，反而越挫越勇，勇往直前，在此后几年里，他的坚持和付出开始有了回报。1996年，刘载望承接了创业过程中的第一个施工工程——亚细亚仟村百货的内装工程，负责地面装修，正式由材料

供应商转变为工程承包商。同年冬天，他承接了长春格林梦水乡项目，这是江河创建集团股份有限公司（简称江河集团）的第一个外装工程。而对于刘载望及江河集团，具有划时代意义的是1997年中标的吉林交通大厦幕墙工程，营利400多万元，真正挖到了人生的第一桶金，江河集团由此成功搭上了建筑幕墙这艘巨轮，开始扬帆起航，步入正常发展轨道。1998年，他与妻子富海霞共同成立了北京江河源控股有限公司（简称"江河源控股"），合计持有江河源100%的股权。1999年，江河幕墙建筑装饰工程有限公司（简称"江河幕墙"）成立，自此，江河幕墙异军突起，呈几何级数发展，刘载望的创业梦终成现实。

把握机遇——专业专注，打造世界级幕墙企业

人生不如意事常八九，无风无浪、顺顺利利从来不是人生常态，精彩的人生需要不断突破自我、挑战自我、成就自我。荆棘与鲜花同在、机遇与挑战并存，在荆棘坎坷面前学会坚韧，在鲜花掌声前保持清醒，在机遇面前勇于向前，在挑战面前永不言败。

从1999年创立江河幕墙开始，此后10余年的时间里，刘载望一直心无旁骛，全心全意投身幕墙行业。2001年，北京申办第29届奥运会成功，他敏锐意识到，这将是江河幕墙快速发展的最佳契机。于是，他迅速果断地调整了公司经营策略，开始采用"聚焦战略"，即聚焦大城市、大客户、大项目，并取得显著成效。自2001年开始，江河幕墙先后承建了北京奥运射击馆、北京奥运排球馆、北京奥林匹克公园国家会议中心、青岛国际帆船中心、天津奥体中心体育场等奥运主场馆项目的幕墙工程。与此同时，还相继承建了北京首都国际机场3号航站楼、中央电视台新址、天津时代奥城、天津滨海国际机场、北京南站等一批体量大、影响力大的知名奥运配套项目。作为奥运项目的建设者，刘载望带领江河幕墙积极响应北京奥组委提出的"绿色奥运、人文奥运、科技奥运"的理念，在注重幕墙产品视觉美感的同时，更加强调其在节能环保、人居舒适、防噪声、抗震等方面的领先性应用，大胆使用新技术、新工艺，并在具体施工中取得良好效果，得到了奥运场馆管委会的一致认可和赞许。

2003年和2004年，江河幕墙先后进入长三角、珠三角等地区开展业务。凭借聚焦战略及"技术领先、服务领先、品质领先、成本领先"的竞争优势，江河幕墙在北京、上海、广州、深圳等一线城市的业务遍地开花，中标了一大

批具有影响力的地标性工程，尤其是在几大城市的中央商务区范围内，江河幕墙以绝对领先的地位承建了大量精品工程，成为中国幕墙行业的领导者。

——在北京中央商务区，江河幕墙以绝对优势中标北京第一高楼——528米高的北京中信大厦（中国尊）、中央电视台新台址、人民日报社报刊综合业务楼、中国国贸三期A座B座、北京银泰中心等50余项优质经典工程。其中，2005年中标的中央电视台新台址幕墙工程被评为"世界十大最强悍工程"之一，标志着江河幕墙由国内领先的幕墙企业挺进世界一流幕墙企业。

——在北京金融街约1平方公里的区域内，江河幕墙先后承建了逾30项精品幕墙工程，包括富凯大厦、金茂大厦、泰康大厦、丽思卡尔顿酒店、威斯汀酒店等，获得众多业主、设计院及合作方的高度认可。

——在上海陆家嘴中央商务区承建了30余项幕墙工程，包括上海中心大厦（内幕墙）、北外滩白玉兰广场、上海国际金融中心、中国平安金融大厦等一大批具有时代影响力的精品工程。

——在广州珠江新城地区先后承建了40余项幕墙工程，包括华润总部大厦（春笋）广州东塔、广州珠江城、利通广场、太古汇广场等数十项精品工程，以优异的品质及完善的服务，得到众多业主、设计院和合作方的高度赞誉。

2006年底，江河幕墙澳门有限公司成立，并中标澳门银河娱乐综合度假酒店，开启了江河集团国际化发展新纪元。2007年4月，公司改制并整体变更为北京江河幕墙股份有限公司，实施"工业化、科技化、信息化、国际化"的"四化"发展方针，着力构建全球幕墙领军企业。同年进入中东市场，2008年进入东南亚市场，2009年挺进美洲和澳大利亚市场，先后中标中国澳门梦幻城、新加坡金沙娱乐城、越南万豪酒店、阿联酋阿布扎比天空塔、阿联酋阿布扎比金融中心，以及加拿大多伦多ONEBLOOR、墨尔本720 Bourke Street、纽约曼哈顿626 1st Avenue等世界各地地标性建筑和第一高楼，这一系列难度大、规模大、影响力大的世界顶级工程，成为了行业典范。江河幕墙"立足高端、定位高端、服务高端"的品位输出，使其成为当之无愧的全球高端幕墙行业第一品牌。2011年8月18日，江河幕墙在上海证券交易所A股主板上市（股票代码：601886.SH），成功挺进资本市场，江河幕墙的发展进入了一个全新时期。

内外兼修——协同发展，成功应对发展危机

随着江河幕墙全球化战略的不断推进，公司海外业务涉及的国家或地区逐渐增多，海外业务比重日益上升。然而，在公司海外业务快速发展的过程中，一片欣欣向荣的背后，刘载望及其江河幕墙正慢慢面临极大的挑战，各种政治、经济、贸易风险开始逐渐显现。

在中东地区，从2008年、2009年的国际金融危机，到2010年的阿拉伯之春、2011年的叙利亚战争，再到2012年的全球石油价格大跌，连续多年的社会政治经济动荡，导致中东区域多数业主和总承包商面临资金困难，大量工程长期停工、业主、总包经常变更，回款难度大的问题。再加上所签订的"背靠背"合同的原因，导致很多项目尾款无从追回。

汇率问题也带来了利润损失。公司海外业务通常采用项目所在国家或地区的货币结算，其中中东等地区的货币与美元挂钩，受人民币对美元升值的影响较大。根据相关数据显示，2012年4月到2015年底，人民币对美元升值24%，严重影响了公司工程的成本控制和利润水平。

此外，还有诸如反倾销、法律风险、劳务签证政策多变、与西方技术和产品标准的差异，以及自身增长过快、对海外市场发展功课不足等多种因素的影响，一度导致江河幕墙巨额亏损。刘载望面临创业以来最大的挫折和危机，这让他不得不停下脚步认真反省和思考，江河幕墙的国际化战略及未来发展到底该如何走？痛定思痛，他决定积极调整发展战略、谋求转型升级。

首先在战略上，一方面收缩市场，果断放弃美洲、澳大利亚等高风险市场，而对于以华人为主的新加坡等东南亚地区及中国港澳地区，鉴于其文化差异较小，风险因素较低等原因，继续保留原有的业务模式；另一方面依托全球化市场平台和管理经验，将业务由单一的幕墙向内装业务延伸，开始多元化经营。其次在战术上，改革中东等部分区域的海外业务模式，除了收尾项目外，不再承接新的施工项目，代之以设计和产品出口的新模式。江河幕墙仅作为产品及设计服务供应商，集中精力做好方案设计、施工图及加工图设计，缩短管理和运营链条，提高运营效率，规避当地施工运营带来的不确定性风险。

到2013年，江河幕墙虽然受到海外市场拖累，但由于及时调整战略，果断放弃加拿大、美国市场，有序退出中东市场，保留东南亚市场，快速挺进内

装市场，当年依然有效地保有了市场中标率和营收规模，并同比保持了理想的增长幅度。2014年年底，江河幕墙在实施相关性多元化战略道路上已经发展成为涵盖幕墙、内装、设计等多产业、多品牌经营的集团型上市公司，公司"内外兼修，协同发展"战略初见实效。这一年，由江河幕墙、承达集团、港源装饰协同承建的金雁饭店、北京雁栖湖国际会议中心项目完美收官，APEC会议场馆的顺利竣工和惊艳亮相，使得江河元素闪耀APEC峰会会场，精彩助力APEC会议。江河幕墙、承达集团还共同承建了业内口碑极佳的澳门威尼斯人三期项目。幕墙、内装和建筑设计齐头并进，取得跨越式协同发展。业务保持了平稳发展，国内市场业务中标质量大幅提升。

经过几年艰难的转型，2015年年底，江河幕墙海外市场业务调整到位。到2017年，业绩大幅提升，彻底走出了海外业务的泥潭，完成了自身的转型升级。

行稳致远——双轮驱动，让江河从平凡走向卓越

若有人想探究刘载望事业成功的秘诀，熟悉他的人会这样说："刘载望的过人之处是站得高、看得远，具有过人的胆识和敏锐地把握市场先机的眼光，所以在市场开拓中总能步步为营，赢得一个又一个发展先机。"

2012年，受各种内外因素的影响，江河幕墙海外发展受阻，如何走出困境，让企业持续健康发展，是刘载望面临的严峻考验。面对危机，他深刻分析了国内外经济发展环境变化趋势，分析了相关行业发展形势及江河幕墙的自身实力，果断向内装修业务延伸。进军内装行业基于三方面考虑：一是内装的市场规模远比幕墙市场大；二是两者业务模式相近；三是市场资源协同，有利于发挥内外装产业协同效应。因此，2012年6月至2014年1月，江河幕墙除先后并购香港承达集团、北京港源建筑装饰工程有限公司两家内装企业外，又收购全球顶级建筑及室内设计公司——香港梁志天设计师公司，注入江河资源和力量，逐步形成了内外兼修的相关多元化发展格局。

2013年，北京江河幕墙股份有限公司也正式更名为江河创建集团股份有限公司（简称"江河集团"），成为一家集团控股型大型国际化企业，旗下拥有江河幕墙、承达集团、港源装饰、梁志天设计等众多知名建筑装饰品牌。

2014年1月，刘载望在江河源控股之下成立江河创新地产股份有限公司（简

称"江河地产"），开始进军房地产领域。江河地产成立当年便开发了北京艾迪城，三开三罄，成为北京房地产界的一匹黑马。通过向内装及地产业务的延伸，江河幕墙不断走出困境，而且经营规模和经营质量进一步得到提升。同年9月，从港源装饰分拆成立的北京港源幕墙有限公司，成为主打中高端幕墙市场的"白富美"幕墙公司，与江河幕墙"高大上"的定位形成互补，进一步优化和整合幕墙业务资源。

2015年，刘载望敏锐洞察到中国的建筑装饰产业及其所依托的房地产行业已经进入一个平稳发展周期，尽管城市化在不断推进，但爆发式的增长已经成为过去。另一方面，国内消费升级、国家政策的开放，尤其像中国这样的发展中国家，医疗健康行业有着更为广阔的发展空间。因此，他认为江河要立足于可持续发展规划未来，就要不断培育新的业务增长点。

在此情况下，他决定进军医疗健康产业，并迅速通过资本运作开展了一系列医疗健康产业并购活动。2015年，江河集团收购了全球领先的澳大利亚最大连锁眼科医院——维视眼科研究所（Vision Eye Institute），标志着江河集团正式进军医疗健康产业，开启了江河集团"双主业，多元化"发展的新时代。同年底，分拆出的承达集团在香港联交所主板上市，江河集团成为拥有A股、H股等海内外资本平台的跨国企业。

2016年9月，江河集团将幕墙业务重组分立，并注入北京江河幕墙系统工程有限公司及其子公司——上海江河幕墙系统工程有限公司、广州江河幕墙系统工程有限公司，江河集团成为双主业、多品牌、多元化的集团控股企业。

2017年11月，江河源控股成功完成对中清能绿洲科技有限公司的并购，为江河在能源领域开拓了新的版图。

2018年7月，江河集团旗下梁志天设计集团在香港主板上市，江河集团成为了拥有一家A股主板上市，两家H股上市的大型有限公司，获得了更大的资本平台。

2018年11月，江河集团收购南京华晟医学检验实验室有限公司，拓展第三方医学检验业务。

2021年7月，成立北京江河智慧光伏科技有限公司，瞄准"双碳"目标，发力BIPV业务。2023年，成立海外事业部，重返澳大利亚、中东等国际市场。

至此，刘载望执掌的江河源控股及江河集团已构建起建筑装饰、光伏、医疗健康、房地产四大产业板块，20余家全资或控股子公司，形成了一个巨型产业群，业务遍布全球二十多个国家和地区，在幕墙与光伏建筑、室内装饰、眼科医疗等专业领域居世界领先水平。在细分行业和优势领域，江河集团打造出全球高端幕墙第一品牌"江河幕墙"、全球顶级室内装饰企业"承达集团"、全球顶级建筑及室内设计公司"梁志天设计"，以及澳大利亚"Vision眼科"等四个"单项冠军"。旗下拥有11家国家级高新技术企业，其中江河集团是国家认定的"技术创新示范企业""首批国家级知识产权优势企业"，拥有国家级企业技术中心、国家认定博士后科研工作站，位居中国上市公司500强、2023年度北京市民营企业百强第29位，并被工业和信息化部评为制造业单项冠军企业。

廿五载的奋斗，刘载望把"事在人为，可为、敢为、即有为"作为江河集团的格言，始终保持积极的进取心，始终以"超越"为主题：从超越"平凡"起跑，为超越"对手"努力，达到巅峰、超越巅峰，实现自我、超越自我。正是这种不怕困难，敢于拼搏，不断追求进步的精神和心态，才使得刘载望在短短二十几年内取得了令人瞩目的成绩。

终极使命——饮水思源，回报社会

刘载望的事业成功了，但更成功的是他做人的成功、人格的升华。他把"饮水思源，回报社会"作为自己的终极使命。一直以来，他以此为动力和目标，孜孜以求、不懈努力，20多年来，积极投身于社会公益事业，涉及教育、医疗、救灾、扶贫、新农村建设等，累计为社会捐款数亿元。

（一）不忘故里，回报家乡

安土重迁，故园难离，家乡在每个人的心中都占据着一个特殊的地位。刘载望在发展江河集团的过程中，以实际行动持续为家乡的社会主义新农村建设、构建中国特色社会主义和谐社会作出诸多贡献。在自己的家乡岳阳，刘载望先后以个人名义为家乡捐资数百万元，对岳阳县教育、基础设施改善尽心竭力，而这些捐资活动，却鲜为外界所知。

柏祥镇窑岭村仅靠一条又窄又陡的小路与外界相通，他看在眼里、急在心里。1998年，他从北京赶回家乡，出资将3.7公里的乡村小道拓至4米宽的村级道路。窑岭村细屋组有两口山塘，旱不能蓄水，涝不能排渍，村民受尽了苦

1999年,他出资将山塘全部用水泥护砌,改造了水利设施,让细屋组的老百姓增产增收。

2002年的大年三十,他回到家乡,与堂兄一起,将携带的13000元钱送到困难户和孤寡老人手中,让他们愉快地度过春节。2006年,他来到岳阳县三中,捐资40万元修建了一个大型图书馆,为莘莘学子营造了良好的学习环境。他还分别捐赠了20万元给岳阳县柏祥镇中学及十步中学,修建学生宿舍,完善学校生活服务中心,改善师生的生活条件。

公路通则产业兴、人气旺、经济活。新农村建设要以通乡、通村公路建设为切入点,带动农村各项基础设施建设。为此,他先后多次为街坊邻里捐资修桥铺路、种树栽花、美化环境。2006年8月,他又捐资100万元,委托柏祥镇政府,硬化窑岭村村级公路和组级公路4.72公里,使窑岭村彻底改变了过去的"无事莫从窑岭过,新鞋磨落三层布"的落后交通面貌。2023年,再次向岳阳县柏祥镇七一村捐赠300万元,助力窑岭片细屋组道路"白改黑"工程。

在岳阳县三中的捐赠仪式上,刘载望告诫同学们要脚踏实地求学,志存高远,为自己的父母、母校、家乡去拼搏。他以身作则,尽管自己中途放弃学业创业,但并不意味着不重视文化知识,有条件的家庭不仅要读书,还要把书读好。人要不断学习,不断更新知识、更新思想,才能不被社会抛弃。虽然已经小有成就,但他并不认为自己算得上成功人士,他的事业还只是万里长征的起步。在岳阳县三中,他到食堂与同学们一起吃饭,一面考察同学们的生活状况,一面找寻自己学生时代的回忆。他单独与高三学子共聚一堂,为准备高考的同学们打气。他特别鼓励学弟学妹珍惜青春、脚踏实地、奋发图强,他说,学习知识并不是为找一份工作,而是为了获取本领,为实现自身人生价值做准备。对一个高中生来说,坚持一颗苦读的心就是对父母最大的感恩,在以后的人生路途上,每个人都不仅要为自己而活,更要牢记民族使命,饮水思源,心忧天下!

2007年,江河幕墙被评为支持社会主义新农村建设先进单位,刘载望表示,以后将继续义不容辞地关注家乡发展,继续投资支持家乡建设。

2016年,刘载望向家乡湖南岳阳的精准扶贫工程捐款3300万元,获得"最美扶贫人"荣誉称号。

（二）心系教育，回馈母校

虽然只在东北工学院学习了三年，但这对刘载望意义非凡，他在取得成功的同时，也在不断回馈着母校，关心着母校的发展。

1998 年，刘载望拿出了 50 万在东北大学设立了"江河奖教金"。2003 年，他捐资 100 万元，用于东北大学资源与土木工程学院计算机实训室建设和重修北校门。2005 年，刘载望又设立了以其父名字命名的"刘大阶奖学金"。2006 年，他陪同已处于癌症晚期的父亲再次来到东北大学，为莘莘学子颁发"刘大阶奖学金"。在成长历程中，父亲是对刘载望影响最大的一个人，他说如果没有父亲的严厉鞭策与教诲，就不会有今天的他，他希望尽己所能，在父亲弥留之际给予其精神上的慰藉。

2012 年 12 月 28 日，东北大学九十周年校庆之际，刘载望、富海霞夫妇携母亲、两个女儿及亲友等二十多人专程从北京赶到母校，出席"东北大学与江河幕墙共建东北大学江河建筑学院合作框架协议签约仪式"，为母校捐赠了 5000 万元人民币，同时表达了对母校三年培育的感激之情和重振东北大学建筑学系、擦亮金字招牌的坚定决心。他捐资兴学的义举，反哺母校的深情和孝敬父母的优秀品质令全校师生和海内外校友为之动容。

母校兴则校友荣，校友能则母校盛。这是刘载望知恩图报、情系教育的最好见证，而这些行动折射着他质朴高贵的情怀，感动并激励着后来者……

（三）投身公益，为民解难

2008 年 5 月，四川省发生里氏 8.0 级地震，造成巨大的人员伤亡和财产损失。刘载望在第一时间设立江河爱心捐助委员会，积极组织公司员工捐款捐物，总价值累计 80 多万元。与此同时，他还持续关注灾后重建工作，为在受灾最严重的四川省汶川县、什邡市两地捐资约 200 万元，修建了两所"抗震"希望小学，并负责教学设备、学费等相关费用。

他还积极参与驻地"一助一"帮扶工程，与北京市顺义区牛栏山镇芦正卷村、大孙各庄村结成帮扶对子，连续 20 余年向帮扶对象累计提供了超过 300 余万元的帮扶资金，助力乡村建设。在"非典"最危险的时刻，他带领公司积极参加"非典"援建、参与北京小汤山医院建设，以自身行动赢得了社会的尊重。

2013 年 11 月，刘载望向四川雅安地震灾区捐款 110 万元，用于建设江河希望小学。2016年，向厦门大学捐款100万元，助莘莘学子扬帆起航。

2019年2月，刘载望的江河集团为支持清华大学附属小学建设，捐赠200万元设立"清华附小优秀教师"教席和"清华附小校长基金"，用于教师队伍建设、学生培养等有助于学校发展的项目。

2020年至2022年新冠疫情3年时间里，在企业自身遭受重大经营困难的情况下，刘载望在保障江河集团自身员工生命安全及企业稳健经营的同时，仍不忘帮助政府和社会抗疫，江河集团及旗下子公司累计向属地政府、社会捐款捐物500余万元，员工累计参加抗疫支援服务300余人次，旗下江河华晟、南京泽明等医疗单位更是始终冲锋在抗疫一线，为打赢这场没有硝烟的战役贡献了江河力量。

江河集团的积极担当和勇于奉献，也获得了社会的高度认可。2018年，江河集团荣登"北京民营企业社会责任百强"第3位；2019年北京市顺义区红十字会授予江河集团"2019年度红十字人道公益奖"；2020年，江河集团位列北京民营企业社会责任百强第5位；2023年度北京市顺义区牛栏镇特殊贡献奖。他本人也相继获得"北京市第二届中国特色社会主义建设者""顺义区劳动模范"等荣誉。2019年，刘载望荣获北京市委市政府颁发的"北京市扶贫协作奖（爱心奉献奖）"。

创业感悟

人生从来不会是风平浪静和一帆风顺，刘载望的人生历程恰如其分地佐证了这一点。艰难困苦不可怕，可怕的是丧失了面对的勇气。回顾刘载望走过的历程，他百折不挠、越挫越勇、勇往直前，感恩社会、回报天下的精神值得东大人学习。他是东大的骄傲，也是每一位东大人的榜样，希望他的人生经历和"事在人为，可为、敢为、即有为"的人生格言不断地启发和激励一代又一代东大人。

创业之星

刘载望，1972年生于湖南岳阳，1990年考入东北工学院采矿工程专业。现任江河创建集团股份有限公司董事长，同时担任北京市顺义区人大常委会委员、北京市工商业联合会执委、北京市顺义区工商业联合会副主席、东北大学董事会副主席等职务。先后荣获北京市优秀中国特色社会主义事业建设者、中国杰出湘商、北京市扶贫协作奖等荣誉称号。

吴景晖：让"超高纯钛"贴上"中国制造"标签

"国强则民强，无论身在世界哪一个角落，中国人的底气都来自那生养他的祖国"——"我要回国，用我所有的能力，为祖国做一点点事情！"带着"为中国制造增添光荣"的信念，吴景晖带领他的团队经过不懈努力，实现了我国钛金属提纯技术质的飞跃，让"电子级低氧超高纯钛"贴上了"中国制造"的标签，一举打破国际垄断，成为轰动整个中国钛工业的里程碑事件。吴景晖和他的创业故事，或许是对当代"工匠精神"的最好诠释。

——题记

创业之基——勤学苦读，实现大学梦想

吴景晖的父母早年为支援国家的三线建设到了江西省景德镇市，因那里的生活条件太过艰苦，所以吴景晖在出生后就一直随外婆、舅舅在南京生活，直到上小学才回到父母身边。在高中学习阶段，吴景晖的人生理想就是要成为一名能够学以致用的理工男。

1992年，吴景晖顺利考入东北大学，就读于金属压力加工专业。大四时，同学们都在埋头准备考研，吴景晖因为成绩优异提前获得金属压力加工专业硕博连读保送资格，师从中国超级钢之父——王国栋院士。没有升学压力，也不需要找工作，利用那段时间，他专心学习英语，给自己的未来发展储备更多能量。1999年，吴景晖在拿到东北大学金属压力加工专业工学硕士学位的同时，也获得了美国匹兹堡大学提供的全额奖学金。在王国栋院士的支持下，他选择到匹兹堡大学进一步深造，继续攻读材料科学与工程博士学位。

2004年,吴景晖在匹兹堡大学顺利完成学业。博士研究生毕业后,他进入一家世界100强企业,负责一线生产的技术和管理工作。凭借优异的工作业绩,他得到了公司领导的青睐,被任命为技术总工程师。吴景晖不仅有一份稳定舒适的工作,还有一个幸福美满的家庭。原本,这样的生活是令人羡慕和向往的。然而,2012年,这一切发生了变化,吴景晖的人生轨迹发生了重大转折。

创业之初——家国情怀,照亮回国创业之路

乡愁,是海外游子的共同诉求。奇妙的是,点燃乡愁的那根"火柴"各有各的精彩。吴景晖认为,他的"火柴"不是单个的故事或契机,而是一个被拼接起来的过程。回国创业之前,吴景晖已经在美国学习工作了12年。他回忆道:"我的学业、事业路途一直都比较平坦,在美国的生活也比较安逸,似乎理应乐不思蜀了。"然而,2005年发生的一件事儿,让吴景晖第一次真切地体会到了"中国"在他身上的烙印,那也是促成他回国的"第一根火柴"。

吴景晖博士研究生毕业后,任职的是一家巨型跨国公司,公司的业务范围遍及航空航天、自动化控制、特性材料等诸多领域,每天都会收到来自世界各地的订单。2005年,公司收到了第一张来自中国的询价单,对方是姚力军博士创立的宁波江丰电子材料股份有限公司。然而,唯一一张来自中国的询价单,不到一天时间就被公司领导层拒绝。吴景晖正是当时参与会议讨论的唯一一名中国人,让他震惊的是,会议讨论的焦点不是如何报价,而是讨论是否要接这张单子。而拒绝的理由仅仅是"不能给中国提供原材料,让他们有机会自主发展半导体溅射靶材产业"。一桩普通的生意演变成了国与国之间产业竞争的暗战。当时吴景晖内心的无力感蔓延开来,只能眼睁睁看着民族企业在寻求国际合作上"碰壁"。再次回望,吴景晖认为这场风波的"正面刺激"远大于"伤害",并成为几年后他的团队坚决奋战的动力源泉。

"第二根火柴"发生在2007年,契机是吴景晖出国留学8年后首次回国探亲。虽然一共只待了10天,但每天都让吴景晖处于无比兴奋之中。当年出国的时候,家乡还是个小县城,白墙黑瓦的小房子散布在田埂间;而如今的家乡,高楼林立、规划有序、车水马龙。变化实在太大了,也实在太快了,就连回家的路,都得认认真真回忆才能辨别清楚。吴景晖把10天行程排得满满当当,尽可能压缩睡眠时间,多见亲朋好友,直到累瘫在返美的飞机上。重回美

国后，吴景晖精神上的"灼热感"却持续不退，"见到久违的老朋友，我突然发现了大家的不一样，每个人都那么有活力、有目标，也有自己的梦想。"相比之下，在美国的他却显得没有了当年的冲劲儿了，一股"浪费生命"的失落感油然而生，"产业报国"的使命感再次涌起。

让念头化为行动的"第三根火柴"，是身居海外游子的爱国之心。只有身居海外才更能感受到"祖国"两字的含义。一次茶余饭后的闲聊，一个美国同事对中国的种种指责与轻视，让吴景晖难以抑制心中的气愤与不满，他愤然起身，经过一场以寡敌众，有理、有据、有节的辩论，一切重归安静。吴景晖也不知道是否真说服了同事，但他却明确地知道，他成功地说服了自己。在吴景晖的心中，那第三根火柴轰然点燃，"国强则民强，无论身在世界哪一个角落，中国人的底气都来自那生养他的祖国"——"我要回国，用我所有的能力，为祖国做一点点事情！"

2012年2月，吴景晖怀着赤诚的爱国之心，毅然放弃美国公司的优厚待遇和舒适的工作环境，在妻子和儿子的依依不舍中，只身一人回国创办宁波创润新材料有限公司,用实际行动开始追逐自己深藏在心中的"产业报国"的梦想。从2012年6月公司起步，至2014年6月30日产品下线，仅仅用了两年时间，吴景晖带领他的团队克服种种困难，经过不懈努力，实现了我国钛金属提纯技术质的飞跃，让"电子级低氧超高纯钛"贴上了"中国制造"的标签，一举打破国际垄断，成为轰动整个中国钛工业的里程碑事件。

发展机遇——政策温床，让创业梦想"落地生根"

角色从"游子"变身为实实在在的祖国建设的参与者，吴景晖深感激动。他满怀感恩，庆幸自己赶上了一个创业的好时代。中国的创新创业环境日渐美好，政府对人才和科技项目的重视扶持力度前所未有，同时对整个工业体系完整平衡的重视、在政策制定中对产业链的全面发展尤其是对基础产业的重视与支持空前突出。更可贵的是，在这样的大环境下，越来越多的年轻人有了更具象的强国梦想，充分展现了一个崛起大国的无限潜力和希望。

政策温床，让创业梦想"落地生根"。技术突破成果连连，吴景晖却并不骄傲。谈笑间，吴景晖毫不避讳在美国十多年的技术和经验储备，在一定程度上缩短了技术攻坚的周期。他直言："类似的突破，国内的很多科技人员也一定有能力做到，而我们海归创业人员只是借了国家政策扶持的东风，受益于国家重视人才、鼓励创新的政策支持，让它更快实现了而已。"同时，他也坦言，技术创新要适应国内现有的整体工业水平的发展状况，也具有极大的挑战性。设备制造能力、工艺稳定性、原材料水平都曾经是他和团队技术攻坚路上的堡垒，如何各个攻克，正是海归创业人最大的心愿。

之所以将公司选址在余姚，吴景晖说是被余姚优越的创业创新环境和引进人才的魄力及诚意感动。2012年，余姚市正筹划建设浙江科技创新余姚产业园，余姚市还推出了对海外高层次人才项目"三个500万"的激励政策。选择优秀的创业土壤，服务好同样具有家国情怀的优质客户，吴景晖很快就决定在余姚临山创立宁波创润新材料有限公司。

在吴景晖团队追梦超高纯钛"国产化"的道路上，宁波"妈妈式服务"的政策扶持让这群归国游子始终感受到坚实的守护力量。从短短25个工作日完成所有审批手续，到国土、环保、规划、供电等部门现场同时办公，缩短合同流程，吴景晖的内心都充满感激。

2013年，刚刚完成注册的宁波创润新材料有限公司，是一片连厂房都未建成的城郊空地，同时面临着资金、设备等各项空白。当时的艰难处境，吴景晖至今记忆犹新。有一次，公司需要申报一项国家级别的创新扶持资金，而距截止日期已不到一周时间。带着人员短缺的创业团队，吴景晖等人陷入了熬夜写材料的焦灼状态。当吴景晖捧着一叠热乎乎的打印材料时，余姚市的相关职能部门破格为他们连夜举办了一场答辩会。最终，仅凭借一份国家对战略性新兴产业的规划蓝图，吴景晖团队顺利通过审核，成功申请到了944万元的资金支持。

"当时公司连厂房和设备都没有，就能申请到近千万元的资金，完备的产业扶持'政策链'孵化了创业梦想，也坚定了我们踏实走下去的步伐。"制造业不像大众快销产业，在完成蜕变前，会经历一次难挨的"冷板凳时期"，前期投入非常大，且短期内看不到回报，创业初期常被喻为"死亡谷"。"但各级政府在制造企业的这段'阵痛期'内并没有当'甩手掌柜'，反而悉心呵护创业萌芽成长，在根系冒出前浇水施肥。"吴景晖说。

行稳致远——坚守"工匠精神",实现中国梦想

瑞士手表、德国汽车、日本工艺、中国海尔……制作精良的产品总能赢得好口碑。从古至今,以"精益求精"为信条的"工匠精神",一直是诸多老字号品牌的长生秘籍。然而,在这个热衷于追求快速扩张和短期利益的时代,"工匠精神"的生存土壤正被迅速侵蚀。如今,缺少"工匠气"的中国企业家们,急需注入更多坚守的勇气。

吴景晖正是坚守者队伍中的一员。两年时间,吴景晖和团队专注于金属材料提纯事业,实现了国内钛纯度从99.8%到99.999%的"质"的突破,让"电子级低氧超高纯钛"首次落地中国,引发了高精工业原材料供应端的"蝴蝶效应"。吴景晖的超高纯钛项目得到了社会各界的认可和支持,先后获得余姚市优秀海归创业项目种子资金、宁波市2013"智团创业"项目、国家中小型科技企业技术创新基金等立项,以及国家发展和改革委员会重点产业振兴专项,科技部02专项支持,公司先后在2022年、2024年获评工业和信息化部国家专精特新"小巨人"及国家重点"小巨人"企业。

回忆这段岁月,吴景晖笃定创业本身就是一种坚持。带着"为中国制造增添光荣"的信念一路前行,吴景晖和他的创业故事,或许是对当代"工匠精神"的最好诠释。

(一)工匠精神:从99.8%到99.999%的钛纯度变革

工业生产链条中,各环节种类繁多,分散于流水线上各司其职,共同雕琢出产品的最终形态。其中,作为生产链条上游的原材料环节,地位更像"金字塔的底座",看似不起眼,却在某种程度上决定了终端产品的品质,更体现了国家整体制造业水平的基础。

超高纯钛的地位也是如此。近年来,金属钛因其综合性能优越,被广泛应用于现代工业的各个领域。然而,普通纯度的钛远远不能满足半导体集成电路、航空航天、军工、医疗、石油化工等核心战略领域的最高端技术要求。从99.8%到99.999%的纯度提升,虽然在数字上只差那么一点点,但完成了一个质的飞跃。只有超高纯钛才能满足半导体芯片用溅射靶材、航空航天用高端钛合金、3D打印用高端钛粉等众多现代工业和先进加工技术的原材料需求,因

此，钛材料的"纯度提升"关键技术是涉及国家战略安全、体现国家制造技术整体实力的核心技术。

中国是钛矿储存和钛金属的初级产品海绵钛生产大国，而超高纯钛，之前只有美国和日本的三家公司能够生产。2024年，我国海绵钛的年产量约30万吨，居世界第一，但市场价格只有5万元/吨左右，属于相对粗犷的资源型产业，附加价值低、资源消耗大。尽管中国的海绵钛产量居世界之首，但在创润新材料之前，高端产品——超高纯钛——却完全依赖进口，当初进口超高纯钛的价格为120万元/吨左右，是海绵钛价格的20倍，溢价极高。

超高纯钛作为高端金属材料，美、日政府严格限制对中国的出口。一边是正以6%的速率增长的全球高纯钛市场，另一边是国内高纯钛技术和产业的空白。内外交困之下，我国一直处于"国外购买原材料，国内做产品"的高精工业发展僵局，尤其是战略核心领域长期受制于人。

（二）立志"破局"，为"中国制造"插上翅膀

创业以来，吴景晖带领他的团队只专注于一件事：为"中国制造"增光添彩，做中国自己的超高纯钛。2014年6月30日，宁波创润新材料有限公司"年产250吨电子级低氧超高纯钛项目"正式投产，标志着我国成为继美、日之后，第三个能够自主生产超高纯钛材料的国家。创润新材料有限公司首创新一代熔盐电解法工艺，自主研发、制造、安装生产设备，其制备出的低氧高纯度钛达到工匠级的99.999%（5N）的纯度，并在含氧量及含铁量上突破美、日企业局限，达到世界领先水平。相比美、日，创润新材料可提纯成分更复杂的原材料，且提纯效率更高，品质完全可替代进口高纯度钛材，成本显著降低。

据吴景晖介绍，自产品下线以来，公司陆续与多家国家战略核心领域的头部企业、研究机构建立了合作供货关系，同时在医疗器械、体育休闲等民用市场也反响热烈。垄断打破后，直接受益的就是航空航天领域，"投产以来，我们接到了很多航空航天企业和研究所的电话，可以看出大家对超高纯钛已经期待太久了。"吴景晖叙述道。他们正在和一个国家级的研究所合作，利用低氧超高纯钛的耐腐蚀、耐高温、强度低、韧性好的综合特点，对空间飞行器的一个关键零部件进行革命性改进。之前，由于中国没有自己的超高纯钛，受原材料资源限制，一直采用其他替代金属，综合性能一直未能达到最佳状态。随着国产超高纯钛的诞生，这一关键零部件的改进可望在不久的将来实现巨大的技术突破。

除此之外，超高纯钛也是配制生产高端钛合金材料的重要基础材料，而钛合金是飞机制造的关键材料之一。因此，超高纯钛对于生产制造性能稳定的优质高端钛合金至关重要。在飞机机身和核心零部件的众多钛合金应用中，如关键承力构件、发动机叶片等，设计者不仅要考虑材料的高温机械性能，还需要考核材料稳定持久的疲劳强度。当飞机零部件的使用到达一定周期后，机身结构和机件由于接近疲劳强度而进入故障频发期，这时飞机的事故频率就会比较高。

因此，准确地了解材料的疲劳强度，对于制造性能可靠的零部件、提高产品安全性能至关重要。超高纯钛自身极高的纯净度，大大降低了微量成分波动导致的高端钛合金机械性能不稳定，这对于从根本上提高飞机零部件的整体性能稳定性、在确保安全的前提下最大化延长零部件的使用寿命意义重大。低氧超高纯钛国产化是中国自主大飞机项目的重要原材料保证。

除了航天，低氧超高纯钛对于半导体、医疗器械、汽车工业等多个行业来说，意义同样深远。"手机、电脑、身份证、智慧生活中广泛运用的芯片技术，都离不开超高纯钛。"吴景晖叙述道。谈到中国钛行业的前景，吴景晖用"前途光明、任务艰巨"八个字来形容。"相对于发达国家，中国钛行业起点较低，但近年来，国家在政策扶持上加大了力度，尤其对高端钛材战略意义的认知有巨大提升，使得有更多的人开始参与到这项事业中来，这必将会给行业带来巨大的改变。"吴景晖说，"较之欧美，现在我们能够提纯等次更低的原材料，而且我们的提纯效率也比一般的国际水平要高。在含氧量控制方面，创润公司也有新的提升，实现提纯晶体含氧量低于 50×10^{-6}，钛锭含氧量低于 100×10^{-6}，优于日本公司的 200×10^{-6}。品质上完全可以替代进口高纯钛材，成本还可降低 20% 以上。"

"团队拥有这个产品完整的知识产权，已拥有几十项授权专利，并主导制定行业标准 2 项。"吴景晖介绍。他率领的团队自主设计了提纯工艺和设备，通过熔盐电解工艺，将纯度低于 99.8% 的海绵钛提纯为 99.999% 的钛晶体，再通过真空电子束熔炼设备，将晶体铸造成超高纯度钛材。

创润新材料有限公司生产的超高纯钛为中国形成完整的有色金属精深加工产业链提供了关键技术支撑。在制造强国战略背景下，创润新材料有限公司将有力促进半导体、航空航天、绿色能源、医疗、军工等行业的发展，提高产品附加值，向高端转型升级，助力中国制造走向中国"智造"！

创业感悟——带着信仰的战斗

（一）坚持不懈，金石可镂

创业未必成功，但付出一定会有收获。吴景晖把创业称为一种生活方式，形容为一种"带着信仰的战斗"。这里有苦、有甜，有笑、有泪，所有这些元素都构成了创业路上的风景。在创业过程中，常人看到的疲劳与辛苦，其实都是这种生活方式的一部分；取得的任何一点点成就，都来自不懈地坚持和努力。苦乐交织，信心满满，是十二年创业路上的主旋律。

2014年6月30日，产品下线是公司发展的一个重要节点，紧张程度不亚于"迎接新生儿诞生"。吴景晖深谙"能力越大，责任越大"的道理，任何细节都不敢怠慢。他把当时的挑战当作对信仰的考验，整个6月份，在酷暑中，吴景晖与研发团队都连续坚守在现场，困了就在机器边上打个盹儿，最多去厂房的小仓库里睡一会儿，时刻准备处理技术稳定、后期运营等各种突发问题，最终确保了当天产品下线的顺利进行。试车一次成功，吴景晖这颗悬着的心终于放了下来。晚上，当同事们举杯狂欢、庆祝成功之时，吴景晖走到餐厅外，望着皎洁的月光，心中涌起了无限的感慨。他很清楚成功的同时，自己失去的是什么。"妻子带着孩子从国外赶回来看我，待了10天，我只在家留了一个晚上，陪他们吃了一顿饭。"他坦言，上天给每个人的时间是公平的，没有两全其美的事。直到现在，他仍感念于妻子"全力支持他回国创业，在后方默默守护家庭"的这份担当和付出。妻子对儿子说："圣诞节时想要的礼物都会出现在圣诞树下。"儿子就问："那爸爸会回家么？"谈及此处，眼前这个宁波创润新材料有限公司总经理、行业专家一时哽咽、眼角泛红。夜凉如水，吴景晖每每感到疲惫，都会低垂着眼睑怔怔地对着手机里孩子的笑容发呆。小心收藏好内心深处的柔软腹地，这位南方"硬汉"又继续沉下身子在超高纯钛技术上攻坚克难。

"和很多海外华人相比，我在国外的经历要简单得多，没有不断搬家的颠簸不定。在匹兹堡生活了那么久，对那座城市有很深厚的感情。"如今，匹兹堡更是吴景晖心头无法割舍的牵挂，因为他的妻儿仍然在那里生活，而他，为了产业报国梦能够早日实现，已经有很多年没有回去了。

每个人的时间和精力都是有限的。在有限的时间里，多做任何一件事儿都不可避免地影响到做其他事情时的投入程度。在吴景晖眼里，创业就是他生命里占据最大时间份额的那份大蛋糕。在追求创业梦想的同时，失去的便是与家人一起享受天伦之乐的时间。为了创业少走弯路，吴景晖要学会面对的困难林林总总，最紧迫的是实现"从技术专家到管理人角色的过渡"。他认为，技术和管理相当于"点"和"面"的关系——"做技术更注重个人创新能力，但落实到具体管理，还需要培养一种大局观和协调能力。"十二年探索中，吴景晖也有过"知易行难"的困惑。最初，他的管理方式偏宽松，讲究包容、鼓励个性，总与员工打成一片，却导致员工缺少必要的"执行力"。之后，吴景晖试着融入国内的严格管理元素，不料却意外的有效。他不禁笑道："管理真是门大学问！"吴景晖感言，管理这门课没有教科书，需要在实践中出真知。

（二）展望未来，路漫漫上下求索

吴景晖与他的团队创业成果初显，产品供不应求，产能不断扩大。面向未来，公司又将如何做大做强？吴景晖给自己和他的团队确立了方向——培养和聚集人才，谋求国内相关产业链从"点"及"面"、上游向下游的持续发展。

如何吸引聚集人才？吴景晖认为，我们需要乐观、客观地评价国内的创业环境和整体工业发展水平。他分析道：虽然中国目前整体发展水平与发达国家相比处于落后，但回国六年来，已经目睹了国内创业环境的巨大改变，以及众多基础产业的迅速成长，若能在以下三个方面再多下功夫，一定会取得更大的成效：其一是"人"，要专注培养和吸引更多能保持严谨的工作态度和精益求精的工匠精神的人才，要有实干精神；其二，从国家层面，要进一步加强对产业链上游，即广大基础工业领域的支持和鼓励，提供配套政策支持，确保整体工业的根基牢固；其三，要重视技术发展的客观自然规律，给予创新创业团队更大的信任、更多的时间，不要仅仅看效益，更要看重技术创新与积累。

吴景晖和他的创业征程正是国内创业环境和工业水平发展的个体缩影。历经从白手起家到稳步发展的多年磨砺，吴景晖一边适应改变，一边畅想未来。乘着时光巨轮向前，吴景晖脑海中的一盘大棋愈发清晰：以超高纯钛作为起点，横向开发其他高纯金属材料，纵向开发由高纯金属衍生的各种应用市场。"多条腿走路"的设定背后，吴景晖的初衷其实很简单：创业创新，与更多的民族企业共同发展，用中国自己的原材料、自己的设备做自己的产品，把"中国制造"覆盖到国民工业生产需要的各个领域中去。

结语——风雨漫漫,丹心不改

抱着"板凳坐得十年冷"的沉淀精神,吴景晖站在中国第一炉超高纯钛上,发出了传统制造业转型升级的"中国声音"。风雨漫漫,丹心不改,在吴景晖看来,"产业报国"的梦想正细化为一点一滴的小突破,追梦赤子心永不停歇。"未来,创润将剑指高纯钛行业的国内领军、国际领先企业,研发出一系列高附加值的产品,助力中国制造向高端转型升级。"顺着超高纯钛渐成规模的产业链,吴景晖将目光投向了远方。

创业之星

吴景晖,1975年4月出生于江苏南京,1992年考入东北工学院金属压力加工专业。1999年,在东北大学获得硕士学位后赴美国匹兹堡大学深造,2004年获得该校材料科学与工程专业工学博士学位,是国际上金属钛提纯领域少数掌握核心技术的华人专家之一。2012年,吴景晖回国创办宁波创润新材料有限公司。2013年获得余姚市"优秀科技工作者"称号。2015年1月,获得余姚市"十佳工业经济创业创新杰出人物"奖,同年获得宁波市"十大风云甬商"称号。

郎光辉：践行绿色发展理念，打造世界一流碳材料企业

科技创新是发展新质生产力的核心驱动力。企业高质量发展离不开科技创新，科技成果需要在企业业务发展中不断应用实践、创造价值。

——题记

创业之基——学生时期的创业实践奠定基础

不懈奋斗来源于坚定信念，就像点亮了信仰的明灯，找到了前进的方向。郎光辉从太原理工大学本科毕业后考入东北大学攻读硕士学位，在机械制造及工艺专业积淀了扎实的专业知识，也培养了出色的学习能力和综合素质。凭着在学习道路上超强的个人素质和求学精神，他广泛涉猎跨学科领域。正是他不断超越自我、不断进取的坚定信念，给了他战胜任何困难的决心和毅力，明确了奋斗的目标，在任何变革面前心怀宁静，志存高远。

1985年，正在东北大学读硕士的郎光辉受到学校里各类跨学科讲座的启发，利用暑假时间在家乡创办"晋城市青年跨学科协会"，协会成员是各领域的晋城大学生、研究生。郎光辉带领协会，全部按公司化运作，利用所学对初高中学生进行培训，为职工大学讲课、进行社会调研，为当地企业出谋划策。在一次调研中，郎光辉帮助一家已经关门的制钉厂在原有基础上引入一批新设备，转为一家生产电焊条的工厂，不久后便开始盈利。郎光辉和他的"青年跨学科协会"也因此赚到了两万元，这是他人生中的第一桶金。

也许正是这段经历，潜移默化地影响郎光辉走上创业之路。1987年，工科出身的郎光辉研究生毕业，被分配到冶金工业部北京冶金设备研究所（现为

中冶集团北京冶金设备研究设计总院）。因工作表现优秀，他相继被调任中国康华稀土开发公司、中钢集团稀土公司任部门经理等职务，由此积累了关键的行业经验。

创业之初——科技引领索通，创新驱动发展

1998年，郎光辉决定抓住机遇，下海创业。他创办了天津市索通国际工贸有限公司，主要从事冶金材料的进出口贸易。与所有新成立的小公司创办者一样，三个人的公司中，郎光辉一人身兼总经理、业务员、采购员数职。走上自主创业之路，就要树立坚不可摧的精神支柱，在面对任何困难和考验时都永不言弃、百折不回。创业初期，郎光辉日夜在外奔波，经常当天往返多个城市，一年6万多公里，一年换一本护照。国内年开车里程远超大多数出租车司机。也正是他吃苦耐劳、艰苦奋斗、持之以恒的精神，为索通发展股份有限公司（简称索通发展）今后的快速高质量发展打下了坚实的基础。

一个偶然的机会，郎光辉了解到国内预焙阳极的出口尚处于空白阶段。他不甘仅做贸易出口，开始将目标锁定在上游产业布局上。经过认真调研和分析，郎光辉认为，中国有原料优势和劳动力成本优势，如果组合得当，就一定能够打开国际市场。当时国家也出台了相关文件要求，国内电解铝企业在2002年底前必须全部完成由自焙到预焙的更新换代过程。

2003年，郎光辉瞄准了山东良好的投资环境，收购了地处山东省临邑县的一家碳素厂——临邑索通碳素有限公司，也就是现在索通发展的前身，从此正式进入电解铝用预焙阳极制造领域。

除了拥有企业家的丰富履历，郎光辉还有教授级高级工程师的身份，这也决定了他在企业技术、创新、环保方面，有着异于其他企业家的追求。索通发展成立后，打破了传统国内生产模式，创建了全新的生产经营体系。以绿色可持续发展为核心，借鉴国外先进的发展理念，首先引进了国际优良的检测和研发设备，组建了自己的研发团队，形成了"以科技为先导，做全球碳素行家"的经营观和发展战略，以满足国内外客户需求为前提，着手产业化布局。

为了提升竞争力，索通发展成立了铝用碳素工程技术研究中心，先后完成了直接与间接成果40余项，极大提高了企业生产效率和产品质量。郎光辉对工厂的技术中心投入了大量的人力和财力，索通发展每年在研发上的投入占到

利润的 5%~6%。索通发展还聘请了世界顶级的行业专家作为公司的常年顾问，前来技术中心指导工作。

事实证明，索通发展如此大力度地投入科技创新，是完全值得的。如今，索通发展在郎光辉的带领下已取得跨越式的发展，从预焙阳极的贸易、生产再到科研，逐步取得了国内同行业的领先地位，并于 2017 年 7 月 18 日在上交所主板上市。目前，索通发展作为国内最大的商用预焙阳极供应商，建成有山东德州、山东滨州、甘肃嘉峪关、重庆綦江、云南曲靖、甘肃陇西六个阳极生产基地八家工厂；同时还拥有内蒙古欣源和甘肃嘉峪关两家锂电池负极材料生产基地，以及广东佛山的薄膜电容器生产基地。主要生产高密度、高强度、导电性能好、低消耗的绿色节能预焙阳极，目前建成产能 316 万吨，产品出口至欧美、中东、东南亚、大洋洲、非洲的十几个国家和地区。出口量自 2008 年以来多年居全国首位，连续两年入选中国制造业民营企业 500 强。

为了稳定产品原料供货渠道，保证产品质量，同时降低成本、提高效率，索通发展在预焙阳极行业首创与下游电解铝企业强强联合、深度绑定的发展模式，合资建设定制化预焙阳极生产企业，实现产业上下游共赢。郎光辉也因此收获了山东省优秀企业家、泰山产业领军人才、德州市现代产业领军人才等多项荣誉。

行稳致远——坚持绿色理念，"一主两翼"前行

纵观索通发展的发展历程，从建企之初，郎光辉就将创新和绿色发展的理念植入其中。

目前索通发展依然致力于低碳发展之路，坚持"绿色预焙阳极、节能预焙阳极和技术预焙阳极"的理念，走"清洁生产，绿色碳素"之路，积极探索循环经济发展模式，开发石油焦资源综合利用的新技术。

郎光辉曾表示，预焙阳极是典型的资源综合利用行业，每年我国都有 60% 以上的石油焦被用于生产预焙阳极。如果这 60% 的石油焦无法被消耗，如何储存将成为严峻的环境问题。正是预焙阳极这一新兴行业，将石化和焦化行业的副产品集约利用，实现了石油焦和煤沥青的综合利用，提高了它们的附加值。

不光是原材料的综合利用，索通发展在生产中也一直践行着节能环保、循环利用这一理念。通过多年的努力，索通发展已经率先在行业实现了无泄

漏及绿色、低碳、节能生产的要求。公司先后荣获国家级"绿色工厂",首家全国性的炭材料行业资源综合利用示范企业和行业资源综合利用中心等称号。

对于当下经济,郎光辉深谙:加快发展新质生产力,以数字经济为牵引,拓展数字经济的新价值。他致力于通过数字经济投入加速单一技术领域的发展速度,在相互连接、相互整合、相互促进的过程中,为绿色、节能、智能经济的发展和产业数字化转型提供底层的硬件、网络支撑及与之相匹配的技术和能力。

对于未来的发展规划,郎光辉表示,未来将坚持"双驱两翼 低碳智造"的发展战略,在聚焦发展主业与下游优质客户合作的同时,积极探索新型碳材料、智能化技术领域,持续领跑预焙阳极行业发展。

家国情怀——回报社会,展现企业家的责任担当

不仅如此,他在公益事业上不计得失,天下为公的情怀,强烈的社会责任感和历史使命感更值得我们钦佩。随着索通发展的产能和市场份额不断扩大,郎光辉愈发深刻地意识到企业社会责任的重要性,意识到自身作为行业领先的大型生产型企业,应当充分发挥行业龙头企业的优势和特点,为国家、为社会、为百姓多做一些实事。为此,郎光辉从周边社区做起,在教育公平、乡村振兴、灾害应对等方面,通过资助捐款、志愿行动的方式,为当地社会环境贡献索通力量,将自己的学习成果和经验回馈于社会,致力于培养下一代人才,助力国家发展。

为了助力乡村振兴战略,索通发展向泽州县金村镇捐赠38万元用于支持新农村建设,改善乡村居住环境,帮助乡村公共配套基础设施建设,助力建设宜居宜业的美丽乡村。子公司佛山欣源2020年至2023年结对帮扶贵州从江县停洞镇九曰村,每年支持3万元结对帮扶资金,用于完善基础设施建设、提升公共服务水平、改善农村人居环境、扶持特色优势产业发展等,助力当地打造乡村振兴示范点。

他还致力于助力实现教育平等,推动当地教育事业发展。公司2023年分别为张学良教育基金会、晋城一中教育基金会、曲靖市、嘉峪关雄关教育基金、曲靖市沾益区红十字会(用于沾益区教育事业)进行捐赠,合计捐资助学

1360 万元，帮助当地学子接受良好的教育。他秉承着"一方有难，八方支援"的理念，主动承担社会责任，支援有需要的地区。2023 年，多次向红十字会多次捐款，包括所属内蒙古欣源向红十字会捐款 2.5 万元；陇西索通炭材料有限公司（索通发展的子公司）在甘肃省积石山地震后支援灾区捐款 30 万元。

"志之所趋，无远勿届，穷山距海，不能限也。"郎光辉正是这样一位对国家、对民族怀有崇高使命感和强烈责任感的优秀企业家。

创业感悟

郎光辉曾在清华五道口联手美国麻省理工学院启动的科学企业家高级研修课上说："企业家对科技有着一种源自内心的渴望，愿意为科学家的追求作贡献。企业离不开科技，但是科技也需要企业。企业家的成功，离不开对技术和商业这二者的深刻理解。创新是企业家对生产要素的重新优化组合，是经济增长的基本动力，可以说创新是增长的灵魂。在企业的绿色发展中，没有创新是不行的。"

创业之星

郎光辉，1963 年 9 月出生在山西晋城，1993 年 12 月加入中国共产党，东北工学院硕士研究生，1987 年 2 月参加工作，教授级高级工程师。1998 年创立天津市索通国际工贸有限公司，现任索通发展股份有限公司董事长。目前，郎光辉为北京山西企业商会会长，东北大学校董会副主席，东北大学北京校友会会长，中国有色金属工业协会副会长，中国再生资源产业技术创新战略联盟专家委员会委员，全国有色金属标准化技术委员会（SAC/TC243）委员，中国炭素行业协会副会长。兼任对外经济贸易大学国际商学院 MBA 中心校外导师，湖南大学校外专业学位研究生指导教师。曾获《小康》杂志社（由《求是》主办）"全面小康十大贡献人物"荣誉和"山东省劳动模范"称号。

高始兴：理工院校孕育人工智能创新者

"只有相信，才会坚持，只有坚持才会变成一种精神财富和自我驱动的力量。"高始兴认为，这一点对于创业者来说，极其重要。当选择创业时，首先就要相信自己，一定能通过奋斗，打拼出一片自己的天地，哪怕遇到困难，也要相信自己。否则，自己都不相信自己，谁还能相信你呢？

——题记

从2008年思必驰科技股份有限公司（以下简称"思必驰"）落户苏州以来，高始兴一直奔波在路上，日程表每天都排得满满的。"剑桥学霸""AI老兵""资深创业者"是思必驰董事长、CEO高始兴身上明显的标签。深入了解后，发现他更是一位坚韧的理想主义者，他称自己心中那团创业之火一直在燃烧。

1976年出生的高始兴早已过了不惑之年，17年的创业生涯起起伏伏，收获过荣耀也遭遇过困境，但只要聊起创业最初的梦想，他依旧如年轻人般眼中有光，这光不似少年时的星辰大海，更像是寒冬料峭后的万丈光芒。

创业之初——思必驰成长之路

1999年于东北大学毕业后，高始兴以优异成绩留校，分配在校团委工作，这是一份令人羡慕的工作。校团委的工作经常与大学生打交道，青年学子聚是一团火、散是满天星的蓬勃朝气时刻感染着高始兴，创业的梦想一直激荡在心底。这颗不安分的心终于让他离开学校，来到东软集团工作。东软的创业是由三个人、三万元经费、三台电脑起家，逐步发展成为中国第一家上市的软件公司，刘积仁董事长就是高始兴心中的创业偶像。为了实现自己的创业梦想，高始兴又离开东软，来到英国剑桥大学商学院攻读MBA，为自己充电。

2006 年，在英国剑桥大学商学院读书的高始兴与同在剑桥读工程系博士的俞凯相遇，两人经常一起吃饭，打乒乓球，畅谈人生理想。2007 年，两人在英国剑桥科技园合作成立了思必驰，创业方向是为教育领域提供语音技术服务。

2008 年，苏州工业园招商团队来到剑桥大学招才引智，通过双方洽谈，高始兴对园区的营商环境及市场有了较为深入的了解，并最终被对方的诚意打动。2008 年思必驰就在苏州工业园区诞生了，成为园区最早引进的人工智能企业之一。

"我们有顶层技术，有市场空间，有团队，有科技报国的想法，刚回来创业时很乐观。"但令高始兴意想不到的是，思必驰竟然诞生在人工智能的"寒冬"里。"我们来得太早了，那时候中国互联网处于起步阶段，国内语音市场几乎处于空白。"

"早先的时候我们语音公司需要数据，我几乎每天往中小学、咖啡厅、图书馆等外国人多的地方跑；一天十多个小时，从白天到夜幕低垂，一个一个招人帮忙录音采集数据。"再回首，高始兴称这些困难放在现在看是太小了，因为创业九九八十一难才开始。

如果没有选择创业，你觉得自己在做什么？在知名的投资公司做高管吗？"我一定会创业，创业是一种生活方式，这是唯一的一条路。"在高始兴的身上，有着一股非常执着的理想主义。从对外汉语市场起步，一次次转型拓荒，思必驰不断深入应用场景，2015 年全面转向物联网市场，侧重智能汽车、智能家居、消费电子等场景，围绕"云＋芯"进行布局，为行业伙伴提供智能人机交互软件产品、软硬一体化人工智能产品及对话式人工智能技术服务。

在创业梦想的驱动下，高始兴带领团队打造了国内教育领域最大的语音技术提供商（现驰声信息科技，已被网龙集团收购）。创业 10 余年，高始兴带领思必驰成为行业专业的对话式人工智能平台型公司，获得多轮数亿元的融资。思必驰专注于人性化的智能语音交互技术研发，是国际上极少数拥有自主产权、中英文综合语音技术的公司之一，包括语音识别、语音合成、自然语言理解、智能交互决策、声纹识别、情绪识别等。其语音识别、声纹识别、口语对话系统等技术曾经多次在美国国家标准局、美国国防部、国际研究机构评测中夺得冠军，代表了国际前沿技术水平，被中国和英国政府评为高新技术企业。思必驰成立至今，已获得北汽、雅迪、美的、联发科、阿里巴巴、富士康、佳都科技等上市公司，以及深创投、苏创投、南京文投、珠海大横琴、元禾、中信证券、启迪创新、联想之星等机构累计逾10亿元投资，并先后获得剑桥大学商业计划奖、剑桥大学Downing基金、英国政府研发基金、工业和信息化部电子发展基金、科技部创新基金、姑苏领军人才企业基金等支持。近些年，思必驰在大模型技术上取得了较好的发展。2021年，思必驰研发团队便发布了UniDU（DFM-0）（Dialogue Foundation Model），即统一生成式对话理解框架；2022年团队将理解、生成、表征所有的任务都统一在一起，研发了DFM-1，即统一生成式通用对话基础模型，进行了小规模产品应用；2023年7月，思必驰发布了自研的对话式语言大模型DFM-2，DFM-2属于垂域大模型，是具有通用智能、针对垂域的行业语言大模型，可以实现通用人工智能的柔性定制，开展大规模、高质量、个性化的人工智能系统定制。目前，思必驰研发团队已启动研发千亿量级语言计算大模型，将进一步助力传统行业的数智化转型。

伴随着市场需求多样化发展，思必驰在业务领域的探索不断创新。

2013年，中国爆发了智能手机换机潮，出货量3.2亿台，同比2012年上涨64%，同时，移动互联网市场规模突破千亿元大关。2013年9月7日，思必驰发布"对话工场"，这是思必驰团队重新审视互联网行业的结果。高始兴觉得，这一年，中国移动互联网拉开了中场帷幕，思必驰需要迎风而上，找到一个落脚的大方向。另一方面，Siri等语音助手的兴起，也让思必驰看到了语音对话平台的方向，"那个时候的语音助手市场有几百、上千款产品"，于是就有了"对话工场"这个对话平台，并开放底层的ASR、TTS、NLU等SDK接口，赋能当时的语音助手开发者。紧随其后，物联网的风口渐起，众多头部家电企业也都有落地的物联网家电产品批量进入市场，就此思必驰选择软硬一体化的道路。2015年，思必驰推出了AIOS系统，开始赋能智能汽车、智能家居、消费电子等垂直市场，满足垂直领域的自然语言对话需求，也携手众多品牌打造了行业标杆产品。在积累了大量的落地经验后，高始兴认识到：做平台，必须把端到端的各个环节打通，才能把体验做好。比如一个音箱产品用了A公司的麦克风阵列、B公司的语音、C公司的自然语言理解技术，这种割裂的系统带来的体验会非常差，"因为前端麦克风阵列是别人的，很难去根据其采集的数据来调整自己的模型。此外交互感非常差，因为交互是基于识别结果的，未来人机对话的过程应该系统化地去优化这个交互方案，而不是一个串行的系统。"高始兴解释道。到了2016年，物联网市场的帷幕完全拉开，思必驰团队发现，越来越多的开发者和客户在个性化、定制化、敏捷度等方面的需求越来越高，辗转四年的思必驰终于可以回归初衷，全链路定制一体化对话式平台DUI。2017年7月，思必驰在多年智能语音技术基础上，以Dialogue为核心，结合GUI和VUI，自主研发了全链路智能对话定制平台DUI，为开发者提供高可用定制的人机对话技术服务，为智能终端开发者提供核心交互能力，协助传统设备实现智能升级。2019年，思必驰成立上海深聪半导体有限责任公司（以下简称"深聪"），正式开启造芯之路，打造更贴合产品需求的"云+芯"整体解决方案，发布了聚焦于语音应用场景下的AI专用芯片，具备多场景的适应能力，以及超低功耗唤醒能力。

近些年，在物联网和车联网市场上，思必驰积累了海尔、海信、美的、长虹、康佳、方太、老板、小米、梅赛德斯-奔驰、哪吒、吉利、联想、荣耀等客户。思必驰的努力也得到了认可，2022年7月，思必驰获得科技部批准建设"语言计算国家新一代人工智能开放创新平台"。随后，思必驰先后牵头组建了长三角、江苏省、苏州市人工智能语言计算创新联合体，构建资源共享、优势互补，协同发展的产业生态，共同推动人工智能技术的研究与应用。

2024年7月2日至3日，中共中央政治局常委、国务院总理李强在江苏苏州调研，在思必驰，李强听取企业的研发进展介绍，体验语言大模型技术。

创业之基——学研一体化助力企业创新发展

2018年，教育部印发《高等学校人工智能创新行动计划》，提出到2030年，中国高校要成为"建设世界主要人工智能创新中心的核心力量和引领新一代人工智能发展的人才高地"。如何更快、更好地建设高水平人工智能专业，成为国内众多高校的重要任务之一。作为人工智能语音技术的龙头企业，思必驰深刻感受到人才的重要性，因此高度重视人才梯队培养，多年来始终坚持产学研一体化的发展模式，开始与部分高校深入合作，与上海交通大学成立专属联合研究实验室思必驰-上海交大智能人机交互联合实验室。目前，思必驰拥有员工近千人，其中70%为研发人员，大都来自国内外知名高校和科研院所，如剑桥、清华、北大、上交大、哈工大、中科大、中国科学院、西交大、西工大、华中科大、香港科技大学等。在研发人员中，硕士比例约为60%，博士占比约为20%。思必驰相信，通过建立更加完善的人才培养体系和激励机制吸引人才，不仅能够为思必驰的持续发展注入活力，也将为中国乃至全球的人工智能产业培养出一批高素质、高技能的人才队伍。

思必驰首创"0-1-N-0"的产学研用创新模式，依托语言计算国家新一代人工智能开放创新平台，围绕通用大模型等人工智能技术研发创新及产业化，构建了66家高校及科研院所的科技创新图谱，搭建了成果转化对接平台和人才供需平台，加速赋能行业，牵头组建了长三角、江苏省、苏州市人工智能语言计算创新联合体，构建资源共享、优势互补，协同发展的产业生态，共同推动人工智能技术的研究与应用。

同时，思必驰致力于智能语音语言及人机交互前沿技术研发，不断强化技术商业化应用及成果转化。思必驰拥有完全自主产权的全系列语音及语言交互技术，从感知到认知，形成人机智能交互的完整技术链条，包含语音识别、语音合成、语义理解和智能对话等核心技术。思必驰拥有优秀的底层技术研发实力，其语音识别技术支持丰富音频信息分析和挖掘，可完成实时云识别、抗噪及远场识别、大词汇识别和本地语音识别等，云端连续语音识别准确率达到国内一流，识别准确率大于98%。思必驰对话技术扎根中国，走向国际，推出的AI多语种语音交互系统，支持英语、泰语、法语、德语、日语、韩语、越南语、俄语、西班牙语、挪威语、印尼语等多种语言。

以语音合成领域为例，近些年思必驰推出多项创新技术，持续给客户和终端用户带来更人性化、智能化的体验。2022年，发布单人千音，实现单个音色就能生成同时覆盖多种语言、多种风格的语音合成声音，极大丰富了合成语音的表现力；推出发音人音色定制平台，支持客户自主完成语音合成音色模型定制，降低语音合成定制门槛；针对智能客服推出高情感、高拟人度的"多情感TTS"。2023年，"声音复刻"技术仅需录制一句话即可复刻出自己的音色，支持任意文本的朗读；发布支持基于生成扩散模型的零样本高质量语音编辑，支持中文及英文，能够像文本一样去修改音频。2024年推出超自然语音合成技术，基于语音特征离散化技术和大语言模型等，降低预测连续语音特征的难度，还原真人说话细微的韵律特点、发音口癖，让合成效果更加自然、真实且富有表现力。

在大模型领域，思必驰突飞猛进，继2023年7月发布自研对话式行业语言大模型DFM-2，2024年3月12日，思必驰-上海交大智能人机交互联合实验室、苏州实验室共同发布了首个针对化学科学的百亿级专业化大模型

ChemDFM。ChemDFM 模型基于经典开源大模型 LLaMa，引入了海量的化学基础与前沿知识，充分学习并掌握化学科学的专有语言与表达方式，最终以 130 亿的参数量在大多数化学相关的能力上超越了公认最强大的模型 GPT-4。随后，思必驰推出中枢大模型架构，围绕人工智能在电子信息、高端装备、材料、能源等重点行业中的痛点问题，整合数值、文字、图片、音视频等多模态数据，实现 1+N 的通用大模型调度中枢和 AI 工具链，实现通用大模型与专业小模型在工业领域研发设计、生产制造、辅助决策、智能运维、运营管理等重点环节和典型应用场景的协同应用，有效赋能行业发展。

"未来整个物联网人工智能世界一定是对话的世界，人机对话的世界就是万物赋能对话。"在高始兴心目中，未来所有的端都要有对话的能力。这就需要一个平台，将大模型的能力应用到行业中，进一步提升人机对话交互体验。据高始兴介绍，将大模型能力应用到产业领域，实现垂直行业的"智能涌现"并非易事。因此，思必驰推出了大模型应用平台，该平台是连接 DUI 平台与 DFM-2 大模型能力的桥梁，开发者可以通过大模型应用平台将思必驰 DFM-2 大模型的技能直接应用于 DUI 产品，有效提升人机对话体验。例如，在汽车领域，开发者可将大模型的跨领域多意图、文档问答、人设闲聊等技能快速应用于车载语音交互系统，使产品向具备更强感知和主动决策的 AI 智能产品进化。跨领域多意图功能可以让汽车语音助手一次性执行多个任务，并理解用户隐藏意图，具有贴心助理一样的"智慧"；文档问答功能，可以帮助用户像咨询人工客服一样咨询汽车使用过程中遇到的各种问题，有了大模型能力的汽车语音助手会立即给出答案。多人设功能下，当不同性别、年龄的用户与汽车语音助手闲聊时，语音助手可根据交互人的角色特征，切换为对应的人设，给出与之匹配的内容。

高始兴表示，相比于"语音"这个概念，思必驰更关注"对话"。对话式语音交互技术强调的是人与机器之间像人类一样进行自然的交互，这种技术不仅包括语音识别和语音合成，还包括自然语言理解、对话管理、上下文理解、多轮对话等能力。思必驰对话式人机交互技术的多轮交互、打断纠错等技术处于国际领先水平，高始兴认为"未来一定会走向对话智能"。对话智能意味着机器更懂人类的想法，在人机对话中，当机器听不懂时，它能主动询问人类，并知道如何提问，以求得更好的理解，这是一种完全自然的语言交互。未来人机交互体验应该是追求人性化的方向。同时，未来的人机交互不只是自然语言交互，还会加入图像人脸识别等多模态，这也是一个趋势。

面对市场竞争，高始兴认为，"市场是否饱和，不看有多少家公司在做，而是看它们服务的对象市场怎么样。"在语音技术领域，业内把百度、讯飞这样的公司排在了第一梯队，而把思必驰排在第二梯队，高始兴并不认同这种排队方式，"排队可以，但要看维度"。从公司规模上，思必驰当然没法与BAT相比，但从产业维度和技术上看，高始兴信心满满，"思必驰在物联网端的自然语言交互技术是全球领先的。"

行稳致远——布局AI生态

思必驰整体业务围绕"云＋芯"战略进行重点布局，提供软硬件结合的人工智能技术与产品服务，实现普适的智能人机信息交互。在智能家电、智能汽车、消费电子等物联网领域，以及以数字政企类客户为主的生产、生活和社会治理领域，提供智能人机交互软件产品、软硬一体化人工智能产品及对话式人工智能技术服务。目前，已与众多知名公司达成合作，在智能汽车领域，思必驰是增速最快的语音语言公司，已与全球60家知名汽车品牌合作，包括梅赛德斯－奔驰、大众、上汽、比亚迪、北汽、长城、哪吒等，累计"上车"超1000万辆。在家电及消费电子领域，仅2023年新增接入各类IoT设备1.3亿台，其中AI语音芯片出货量超过2800万颗，自主品牌的"麦耳会记"终端用户已超百万。合作客户包括美的、美菱、海尔、海信、康佳、方太、老板、公牛、联想、OPPO、步步高、优学派、海康、大华等各细分赛道头部企业。在数字政企领域，大模型技术应用蓄能业务发展，基于标准化产品能力，思必驰面向数字政企行业场景提供虚拟数字员工、智慧服务、智能质检等软硬一体化方案。例如，思必驰数字人产品已在成都大运会、新华社、苏州广电、前海深港合作区等20多个岗位"就职"；搭载了思必驰AI模组的4015台语音自助设备已落地全国17条轨交线路，9个城市。数亿用户通过思必驰自然语言交互，实现与智能终端的互动交流。

基于DFM-2大模型，思必驰在各个领域提供全新的解决方案，助力政企实现数智化转型。在智能汽车领域，思必驰汽车语音助手天琴系统全面升级至6.0，支持多模态、多意图、多音区、全场景多轮连续对话。同时，针对市面上单点模型"孤岛化"、无法与座舱深度融合的情况，思必驰基于自研全链路智能语音语言交互技术、DFM 大模型及大数据构建了"中枢大模型"架构，打造"1+N"模式，即"1"个百模中台（中枢大模型）与"N"个专业大模型组合上车，打通前端语言处理、用车场景与后端模型生态，形成车载垂域的生态圈，使车载 AI 体验从"语音指令"迈向"语言智能"+"工具智能"；在智能家居领域，产品方案新增具备逻辑推理能力的智能管家服务、复杂意图对话交互、阅读理解、文案生成等功能；在政务服务领域，产品方案新增基于政务文档阅读理解的多轮问答、智能助理能力，支持政策咨询、业务办理、公文生成、业务流转等功能；在医疗健康领域，新增专业领域人设、智能问诊、高情感度语音合成，能够让线上问诊更具备共情能力；在科学研究领域，思必驰方案支持文献知识问答、摘要生成、领域文献综述、材料性质预测等功能；在智慧办公领域，思必驰自研会议音箱整机产品，搭配软件"麦耳会记"，在大模型技术加持下，已实现全面升级，新增 AI 摘要、AI 待办、文字润色、一键成稿等功能。在硬件方面，会议音箱 M6，在同类产品中首次应用 AI 定向拾音、AI 双向降噪功能，可以一键开启 AI 转写；AI 追踪双目语音摄像头 C60，具有多种 AI 追踪模式，可 AI 语音操控，满足不同会议场景需求。思必驰 AI 笔记办公本，支持 AI 笔记，可对会议内容进行归纳总结，结构化呈现会议内容，同时生成会议总结和待办事项，助力用户提高工作效率。

创业感悟——耐心、方向、团队缺一不可

思必驰公司一路走来，创业至今，已成为行业领先的人工智能平台公司。面对成绩，高始兴并不满足。他总结经验，同时感悟良多。他认为，技术创新型企业要实现良性发展，至少需要具备以下因素。首先要有战略耐心。技术型创新企业和产品型创新企业的发展模式是完全不一样的，产品型企业是单点驱动，抓住机会迅速做大爆发；技术型创新企业从技术原型到产品 Demo 到最终推向市场，迭代循环的周期十分长，任何一个节点的失误都可能会导致创业失败。当越过了很多障碍以后，曾经解决问题的方法和能力都将成为企业的核心竞争力。其次要有正确方向。由于技术型企业的创业周期长，所以方向必须选择正确。方向对了，再曲折的道路也不会远；一旦方向选错了，在这么长的周期下，走到最后损耗的不只是时间和资本，更重要的是耗费了时机和人心。再次要有合理团队。人工智能创新企业想要成功，团队里既要有科研人员，也要

有成熟的企业家。而纯粹的技术创新型企业往往容易发展变形为科学家的实验室，创业不是从 A 推导到 B 的简单过程，最重要的是要能够在各种干扰因素中抓住关键点，在遇到挫折的时候及时清醒过来，而这些往往是科学家看不到的，所以，团队一定是科研、市场、产品、战略运营的组合。最后还要多轮驱动、齐头并进。"虽然技术是核心驱动力，但产品化和商业化也需要良性发展，技术指标和产品体验两手抓。"高始兴说。

面对未来，思必驰依托人工语音智能交互技术，在传统与新兴的多个工业制造领域行业产业进行 AI+ 综合布局。高始兴踌躇满志，在国家经济转型升级和产业动能转换的历史进程中，致力于把人工智能产业打造成江苏省另一张亮丽的名片和风景线。

创业之星

高始兴，思必驰科技股份有限公司董事长、CEO。现任中国人工智能产业发展联盟（AIIA）总体组副组长/理事会副理事长，江苏省人工智能产业技术创新战略联盟（JAITISA）理事长，广西新能源汽车实验室理事会副理事长，苏州工业园区人工智能产业协会会长。

1999 年毕业于东北大学，后赴英国留学获得英国剑桥大学商学院硕士学位，并以 Distinction 的优异成绩从剑桥毕业，拥有计算机和管理双硕士学位。2007 年与剑桥大学校友在剑桥高新区创立 AISpeech，后归国创业。创业 10 余年，高始兴曾带领团队打造了国内教育领域最大的语音技术提供商（现驰声信息科技，已被网龙集团收购），带领思必驰成为行业领先的语音语言技术平台公司，获得多轮数亿元融资。思必驰对话式 AI 技术现已服务于梅赛德斯 – 奔驰、上汽、北汽、美的、海尔、海信、长虹、荣耀、OPPO、顺丰等知名企业，成长为国际上极少数拥有全系列、自主产权的人机对话技术公司之一。

陈潮先：预判发展大势，引领潮流之先

《周易》曰："地势坤，君子以厚德载物。"意为大地的气势厚实和顺，君子应增厚美德，容载万物。陈潮先将"厚德载物"作为自己的社交签名，不管是创业还是为人，都不急功近利和投机取巧。这样的理念使他走得更远、更坚定，始终引领潮流之先。

——题记

创业之基——东北大学，创业梦想的启航地

陈潮先在大学期间就开始了创业实践。他把学校南门外一间破旧厂房改造成环境幽雅的考研学生公寓，深受欢迎。大学毕业后，陈潮先进入全球500强富士康科技集团从事管理工作。2006年开始创业，参与并创立过4家电子行业制造工厂。其中，深圳市致尚科技股份有限公司（简称致尚科技）专注于精密电子零部件的研发和制造，致力于游戏机、VR/AR设备、专业音响为主的消费电子、通信电子及汽车电子等零部件的研发、设计、生产和销售。该公司于2023年7月7日在深交所创业板成功上市。

二十年前，初到东北大学的陈潮先还是一名青葱学子，满怀着憧憬与理想。大学四年，学习、社团活动、创业……让他多了一份智慧与信念。毕业之后，从创业者走向企业家，慢慢积累起来的是责任、担当。陈潮先一直尝试同龄人未做的事，抓住转瞬即逝的机会，不断引领潮流之先。

二十年后，陈潮先已年过不惑，外在的环境和他个人都发生了很大的变化，但始终不变的是一份对母校的情怀。无论是创业还是投资，无论身处何地，他

心中始终秉承的是东北大学的校训——自强不息，知行合一。

陈潮先出生于福建永定，是一名正宗的客家人。自小不服输的个性，让他学习勤奋刻苦，顺利考上了当地有名的重点高中——永定一中。而几乎和当时所有的男生一样，陈潮先爱看武侠小说、爱读诗，侠义与文艺并存。一进入高中，他就在文学会任会长职务，还在高中时期创办了晨风诗社，出版过诗刊，组织团队的能力也在那时打下了基础。

高中时，正值青春年少，陈潮先的思维无比活跃，不甘于只是埋头学习课本上的知识，更渴望了解外面的世界。所以他在图书馆海量阅读，看过各种杂志和书籍，最让他感兴趣的还属《南风窗》与《商界》两本极具高度和影响力的财经杂志。《南风窗》中的时事评论、社会经济趋势解读和《商界》中的商业领袖自传、商业案例让他激情澎湃，不仅让他看到了另外一个世界，而且让他找到了人生努力的方向。这两本杂志，陈潮先整整坚持看了五年。

印象最深刻的是1997年突如其来的亚洲金融危机席卷东南亚，在香港房地产业几近停滞的状态下，李嘉诚采取的经营策略对危机带来的冲击起到了化解作用。李嘉诚当时采取的策略是："在开拓业务方面，保持现金储备多于负债，要求收入与支出平衡，甚至要有盈利，我想求的是在稳健与进取中取得平衡。"也正是因为他采取了不同的应对策略，其财富不降反升。李嘉诚等企业家们在商界叱咤风云的魄力，危机时刻力挽狂澜、绝处逢生的谋略及最终回报社会的高度，令还是高中生的陈潮先心生向往。

受这些顶级企业家的影响，陈潮先一心想学习经济从事商业，所以高考填报大学志愿的时候果断报考了国际经济法专业，并决定北上读书增长见识、磨炼意志。陈潮先的高考分数最终超出重点线50多分，几乎可以填报南方地区大部分重点大学，但他还是选择了东北大学。因为只有将自己置身于一个陌生的、不同的文化和环境中，才有机会在性格与做事方式上有所锻炼，才能更彻底地走出舒适圈，这也是创业甚至成为企业家必备的素质之一。事实也证明他的选择是对的——年轻的时候不怕吃苦、多锻炼自己，步入社会后会走得更顺。

1998年，陈潮先踏进东北大学校门，就被校训吸引了："自强不息，知行合一。"这不就是那些杂志上企业家的人生信条吗？他觉得自己选了一个最适合自己的学校。

陈潮先是一个很有目标的人，大学对于他来说不仅仅是一个学习知识的地方，更是增长见识、锻炼动手能力和培养思维方式的场所。所以当大多数同学埋头图书馆或外出游玩的时候，他却在思考怎样在保证学业的前提下，尽可能多地接触校内外的新事物、锻炼自己的各种实践能力。

因为有目标，所以陈潮先大一就竞选了学生会外联部副部长，为学校的各种活动找企业、拉赞助。拉赞助是很难的事，但他总是能很顺利地获得企业的认可，第一次就为学校的活动赢得统一方便面和联想电脑的赞助。为什么别人看起来很难的事，他却这样轻易完成了？他笑着说道："其实我是有方法的，比如去拉联想的赞助之前，我就会想联想的需求是什么，学校可以为他们做些什么，想清楚之后，我先把联想所有的广告语背下来，然后跑去对联想当地的负责人展示自己的计划——学校会如何将广告语与学校的活动结合起来做宣传，帮助联想品牌在学生中扩大知名度、促进销售。经过沟通之后，联想立刻拍板给了我们一笔不小的赞助费。后来我发现，我先分析对方的需求再想解决方法，用现在流行的说法，其实叫作用户思维，而我二十年前就已经不知不觉在用了。"谈到多年前的事情，陈潮先还能如数家珍。

1998年陈潮先正在读大一的时候，中国改革开放红利开始集中释放，传统产业的众多品牌都进入成熟期，互联网创业更是如雨后春笋般破土，比如新浪、搜狐、网易、腾讯、百度、阿里巴巴等，都诞生在1998年的第二季度到第四季度。此外，房地产乘风而起，开始了快速成长期。

在这样的时代背景下，整个创业环境开始逐渐火热，经常阅读各种资讯的陈潮先也感受到这种热烈的氛围，跃跃欲试。真正让他感到有激情的，还是在大二时堪称"开拓式"的创业。那年暑假陈潮先没有回家，而是在学校附近寻找和发现商机。他发现学校附近有一个废弃厂房，已经闲置了三四年，感觉这个房子空着很可惜，并想如果作为一个老板，他将如何去盘活它？很快，他就有一个大胆的设想：每逢暑期考研人数激增，同学们为了寻求一个安静的环境在外租房的需求不小，学校公告栏经常有求租考研宿舍的信息，为什么不能把厂房改造成大学生考研公寓租给学生呢？

仅有这样的思路是远远不够的，他迫不及待地回到宿舍，将脑中的思路不断推演和完善，形成一个完整的商业逻辑，并很快完成一份《大学生考研公寓商业计划书》。在找到厂房老板之后，他详细阐述了把厂房改造成大学生公寓的想法，并放下豪言"我可以帮你把面积增加一倍"。工厂老板将信将疑，但当他听说可以将厂房做隔层把两层变四层的设计时，他认为这个大学生非常有想法。之后，老板出资改造厂房，建成了一个有100多个房间的大学生公寓，由陈潮先负责推广和管理,考研公寓一经推出深受欢迎,很快客满。

为了保持这个良好的发展势头,陈潮先还在实践中逐步建立起大学生考研公寓的管理制度,并沿用至今。回顾这个创业经历,大学生考研公寓的想法能够最终成功,都是因为当时打通了商业逻辑和流程。如果不是去找厂房老板谈之前就把问题想得足够透彻,老板不可能信任陈潮先。同样,他为沈阳招商银行策划到学校办卡获得赞助等成功案例,也都是遵循这种商业思维。

大学生考研公寓的创业尝试让陈潮先获得了丰富的经验和经济上的支持,不仅让自己能够独立负担学费和生活费,甚至还有节余可以资助学院里的特困同学。在保持学业水平的同时做一些自己喜欢的事情,获得教师的支持和认可,最终再去帮助一些人,让他倍感自豪和欣慰,更觉得自己这样做是值得的。每一次创业尝试都让陈潮先离自己的人生目标更近一些。

在陈潮先看来,当有一个问题出现时,他的思维习惯是想尽办法去解决问题,一个问题可能会想出很多种解决的方式,这既是他作为福建人从小就在经商智慧的氛围中长大,骨子里所具有的本能,也和母校务实的校风和"自强不息,知行合一"的校训影响不无关系。正是在大学的这四年涉商经历,在学校和教师的支持下,他才有机会将平时积累的观点和专业知识付诸实践,拥有了超出年龄和阅历的见识与思维方式,搭建起了一个"思维脚手架",从而让他在看待市场上的风吹草动时,能够透过现象看本质,庖丁解牛一般分析解构,然后分门别类地架构在这个"脚手架"中,重新认知一个事件、一家公司甚至一个行业,这个精神财富伴随着他走出校门,直到现在。

创业之初——积累经验,与时代风雨同舟

2002年,陈潮先大学毕业,按照他当时的自身条件完全可以进入公检法系统工作,也可以选择进当地的银行,但最终他还是选择了南下深圳。这个决定就和当初北上念书一样坚定,因为对他来说,深圳是最适合创业的地方,那里更开放、更创新,离梦想更近。

当他真正踏上这片创业热土时,却没有急于创业。他深刻地懂得,大学时期的创业经历虽然不是小打小闹,但是如果没有系统性的管理经验、行业背景及人脉资源,真要做成一家企业仍然显得青涩和稚嫩。在这样的考虑下,他选择进入当时在制造业行业排名第一的富士康科技集团,成为2002年新干班的

一员，也就是现在所说的管培生——企业通过校园招聘选拔的优秀毕业生，并逐步培养成企业未来的管理者。

与他一起进入富士康的还有许多其他毕业生，很多人不习惯制造业，不到一年便陆续离开。但对陈潮先来说，在富士康却是一个静心沉淀和学习的过程。制造业的各个环节、严密的流程管理、大企业的管理制度都让他养成了系统性思考的习惯。尤其是在产品市场部，他有了与客户频繁打交道的机会，不仅让他自己开朗外向的性格有处施展，还更多地了解到关于电子行业的最新资讯和风向。四年时间，陈潮先不仅学习到了制造业龙头企业的全流程化管理，也积攒了大量人脉，还与团队一起开发出许多大受欢迎的电子产品。

2005年，第一款内置4GB微硬盘的手机——诺基亚N91诞生，市场反响非常不错。2006年，电子行业正处于上升期，仅2005年的移动通信手持机的产量就比前一年同期增长了30%。即便这样，市场上的产品仍然供不应求。2006年，陈潮先意识到机会来了，便谢绝了上级的极力挽留，决定离职创业。

创业的第一步，陈潮先成立了一家手机零部件的制造工厂（该工厂在2009年时卖给当初的合作伙伴）。2007年前后，诺基亚正处在鼎盛时期，在中国市场的占有率高达36%。尽管苹果手机已经开发，但还远未撼动诺基亚的统治地位。2008年销量榜上，诺基亚N95、N73独领风骚，2009年的5800、N78和2010年的5230，诺基亚的各个机型都能占据销量前10名中的七八个席位。在诺基亚手机风靡全球的时候，陈潮先的工厂做了很多诺基亚手机的零部件，乘着这股东风，当初投资的200万元，不到半年便收回投入成本，公司发展一片向好。

2008年，金融危机席卷全球。当中国企业都在大幅度缩减开支、大规模裁员之时，陈潮先准确判断趋势，选择了逆势扩张。公司规模逐渐扩大到300人，甚至给员工们加薪。在大家都不愿意投资的时候，陈潮先毅然砸下重金与一个日本著名的游戏公司共同开发产品，在危急之际与他们风雨同舟，最终成为他们的深度供应商。他坚信，游戏行业在大环境下虽有低谷，但在未来两年间必定有非常大的成长空间。低谷时期提前进行准备，才有机会迎来爆发期。事实再一次验证了他当时的判断是对的，在接下来的十年，陈潮先也与这个客户保持了非常密切的合作，共同创造了巨大的价值。

陈潮先庆幸自己在大企业磨炼的沉稳、辞职创业的坚定、天生的敏锐和企业扩张时的果敢，但这些绝非偶然。无论是经商天才还是磨炼出来的企业家，都离不开通过各种渠道捕捉到市场风向，形成自己的商业逻辑，并脚踏实地去落实。

发展机遇——洞察大势，把握发展的黄金时刻

有这样一个典故：孔子周游列国，路过一个瀑布，见一老者顺着瀑布走了下去，不一会儿，在百米开外，老者又从旋涡里冒了出来。孔子甚感惊奇，问老者："你是用什么力量驾驭旋涡的？"老者回答："我哪有那么大的力量去驾驭旋涡，我只是让旋涡驾驭着我，顺势而行，让自己顺着旋涡进去，再顺着旋涡出来。"这个故事恰恰映射了商业中的"顺势而为"，市场的潮流浩浩荡荡，如同孙中山先生说的"顺之则昌，逆之则亡"，行业的趋势是无法阻挡的。

在商海打拼，陈潮先的经营逻辑非常简单。2004—2005年，MP3和MP4备受年轻人青睐，只要做相关产业链，一定能赚得盆满钵满；2006—2009年，诺基亚等品牌为主的手机时代兴起，相关的手机零部件配套生产就是趋势；2010年之后，随着以苹果为代表的智能手机逐渐取代传统手机，为智能机配套服务就势在必行。

苹果取代老牌手机后，外壳开始使用铝合金，而铝合金正需要刀具来进行切割。除了手机外壳，刀具还广泛应用于各个行业的高精密加工，因此刀具被称为"工业的牙齿"。从国家政策层面来看，2010年国家"十二五"对高端装备制造业提出了发展的规划，未来行业发展的方向将加大高端产品的投入，发展高新技术，替代进口高端产品。相应地，与装备制造业紧密相连的刀具产业、高端产品的市场需求也随之加大，迎来新的商机。

基于这些判断与认知，2010年年底，陈潮先顺应"国家之势"与"市场之势"创办了深圳市致尚科技有限公司，从钨钢刀具切入，研发、生产和销售硬质合金数控刀具、非标刀具及金刚石磨头等高科技产品。

由于高科技产品需要引进国外先进技术设备，机器到位调试等花费了很长时间，直到2011年8月才走入正轨。但这样的等待是值得的，在钨钢项目之后，致尚科技还在2013年和2017年先后筹备了CNC（计算机数控技术）项目和陶瓷项目。

正因为顺应了时势，致尚科技发展得很顺利。时至今日，致尚科技已经拥

有多个生产基地,并顺利通过 ISO9001、ISO4001 质量和环境管理体系认证。高素质的团队和技术都是企业的核心。产品因为品质优良、贴合市场需求也大受欢迎,不仅成为知名手机品牌的供应商,自主研发的致尚刀具还广泛应用于航天、汽车、钟表、手机、电子和医疗器械等行业的高精密加工。除了自主研发自有品牌外,公司还代理了国际知名品牌,并收购了浙江春生电子,成为致尚科技的全资子公司。

创办致尚科技的这 14 年,虽也遇到过难题,但最后都能完美解决,整个过程是比较顺利的。这不能仅仅概括为"运气好",而需要决策者有清晰的战略规划和趋势预判,谋定而后动。比如陈潮先在 2017 年初就判断:中国的经济将在未来两年有一个很大的下滑期。这样的危机意识会促使他去做一些准备,比如多保留现金流,少做一些固定资产的投资。2018 年以来,市场的各种声音和反馈都在印证他一年前的预判,市场流动性变得很紧张,有些企业已经开始遇到资金问题。但对陈潮先来讲,因为早有准备,所以几乎没有什么影响。

若能够规划未来 3~5 年的战略,对情势进行预判,便能很大程度上避免极端情况的出现,而不是等跌到谷底了再亡羊补牢,这样往往为时已晚。这样的市场预判能力并非一朝一夕就可练成,除了天生的敏感性之外,高中养成的阅读和思考习惯起到了很大的作用。直到现在,陈潮先仍保持每天 1~2 小时的阅读习惯,只不过媒介从杂志、书本变成了互联网 App 和公众号。当代的企业家,应该多看、多谈、多接触,熟能生巧之后就会慢慢培养自己的市场判断力。

除了对市场趋势做出预判,高效的管理更不可忽略,这是撑起每年 6 亿~7 亿元产值、1600 多名员工这样体量的公司的关键因素之一。在富士康的几年所收获到的管理哲学,让陈潮先一直以来都将"制度"和"系统"奉为管理的核心。在制度框架下去搭建企业的组织架构,将合适的人放在合适的岗位上,明确职责。而"系统",则可以理解为"系统化流程",在企业的业务管理流程中,需求、资源、业务规则、活动、产品输出、价值和客户的要素缺一不可,每个流程匹配一个表单,才能构建企业的标准化系统,而不是仅仅依靠人治。当然,人才同样十分重要。有了规划,就会找合适的人才去匹配,不吝分享。公司每年都将利润的 8% 分配给管理团队,让大家干劲十足。

顺势而为、准确预判和高效管理是致尚科技成功的核心,也是陈潮先多年来一直秉持的理念。

行稳致远——脚踏实地，铸就坚固基石

从大学时代算起，陈潮先的创业之路已经走过近20年。夜深人静的时候，陈潮先时常会想一想自己这些年走过的路，总结得失，把心得归纳为经验，将经验升华成思维。他发现，这些年来，自己的成长其实是一个创业者蜕变为企业家的过程。

高中时，他最崇拜的人是李嘉诚，但现在，他最钦佩的人是华为的任正非。任正非在不惑之年才开始创业，把华为从一家小公司培育成了全球知名的跨国巨头，业界更是称其为"商业思想家"。任正非曾提到："企业发展就是要发展一匹狼。狼有三大特性：一是敏锐的嗅觉；二是不屈不挠、奋不顾身的进攻精神；三是群体奋斗的意识。"他的理念与陈潮先不谋而合。带领团队发挥拼搏精神，踏踏实实地将产品做好，是成为企业家的首要前提。

成为企业家的第二条标准，是道德与责任感。当下，"企业家"一词十分时髦，但并非赚到钱就能被称为企业家。关于企业家精神，陈潮先心中有一套特别简单的准则：一是不做违背良心和社会道德的事；二是要完全依靠市场的力量来获取利润，通过产品质优价廉、客户认可来创造利润；三是要遵守仁、义、礼、智、信；四是对社会有价值。这种责任感，让他多了一份家国情怀。

一个真正的企业家需要综合考量的远远超出了公司本身，更多的是产业链的搭建、行业的布局、生态的建设和社会责任感的集中体现。大学时，陈潮先就开始资助特困生，进入社会之后也没有停止做公益。从2006年创业之初开始，他就长期坚持帮助老人和学生，包括资助家乡的孤寡老人，回到母校捐赠、设立助学金等。这样的帮助都是发自内心的，于个人，追求内心的安定；于社会，这份责任会有示范作用，能够传承。这也是他作为客家人勤劳善良、助人为乐的一大特质。

实现企业社会价值的方式还有很多。比起直接捐款资助，陈潮先对有梦想的年轻人采取的是"授人以鱼不如授人以渔"的态度。2014年"大众创业，万众创新"浪潮涌起时，他在深圳南山区设立天使园创业孵化基地。在这里，创业者可以免费办公，高峰期时有100余人在孵化基地免费办公。

2015年，陈潮先受邀成为中国最早的创业大赛——南山"创业之星"大

赛的导师，接触到更多创业者。看着这些年轻人，就像看到了刚创业的自己，对世界充满好奇，野心勃勃，未来可期。为了帮助这些有创业梦想和激情的年轻人，陈潮先也做一些创业项目的天使投资，为创业者提供资金。这也是天使投资中"天使"的含义——像天使一样从天而降，使有志于创业的年轻人可以迅速启动项目，帮助他们的美好理想变为现实。

虽然致尚科技是做实业的，但通过投资新项目，陈潮先也开始了解互联网行业，具备了互联网思维，在整个业务版图上始终能保持创新。从前几年比较热门的移动互联网，到现在开始受关注的物联网行业，他都有涉猎和投资。陈潮先现在主投的方向是智能硬件，因为这对致尚科技的业务是一种协同和补充，对新项目也可以进行资源上的支持。而就投资逻辑来说，他认为投资就是"投人"，他更看重创始团队的为人、理念和团队本身。只要选对了人，投资成功率就会很高。

投资和公益都是一个企业家需要长期坚持的事，它们都离不开"价值"一词。发现价值、实现价值和创造价值是一个企业家真正的使命，志存高远，终其一生做好对行业和社会有推动作用的事业。而陈潮先和他的企业在这个过程中，始终深受客商文化的影响，低调地行善、有价值地助人。

深圳的客商中，陈潮先算是年轻一辈。而在他的理解中，客商文化首要是善良，在与人为善中才能获得更多认可和尊重；其次是勤奋，当你认为某件事情值得做的时候，就十分潜心地去投入和完成；最后是共赢，怀有分享的精神，共同促进行业的发展，互相帮助、互相成长。将这三方面付诸企业的发展和个人的成长中，才可实现立德、立功、立言"三不朽"。陈潮先也不断在创业的征途中，将客商文化结合胆识、智慧、谋略及敏锐的洞察力，实现事业上的新突破。正如他创办的致尚科技一样，他希望在 5 年内带领公司走进资本市场，在 A 股上市。

有人说，陈潮先是一个不太会享受的人。是的，实业兴国且强国，这种社会责任感和希望担当的本能总会不断迫使他严阵以待、做出变革，思考最多的还是要对企业 1000 多名员工、产业的发展乃至国家的强盛负责。

创业感悟——预判大势、把握机遇

陈潮先在大学期间，可谓一刻都不肯闲着，积攒下一笔属于自己的精神财富。所以他给大学生们的建议是：在保证学业的前提下，尽可能地在大学这个平台上，放开思想的束缚，投入社会中去，多学多看、多与人交往，在趋势中发现机会。即便最后未能走上创业之路，也可以锻炼自己的综合素质。

创业已然成为一种时尚，创业的环境也越来越好，但这是一场理想与理智的拼搏，这条路并不好走。创业者如何获得成功？陈潮先根据自己多年的实践经验，认为需要满足以下的条件。

创业者要勤于思考，善于接受新事物，要有自己的专业知识，善于凝聚他人、组织团队。作为一个创业者，这是必须具备的素质。刚毕业的大学生想创业还不成熟，建议在行业领先的大公司先锻炼几年，学习技术、管理，积累人脉和经验，这可以提高创业的成功率。如果不是搞 AI、机器人等纯技术型的人才，都建议先在大公司进行磨炼。磨刀不误砍柴工，有这样的行业背景也会更容易获得投资人和社会的认可。

创业还要讲团队精神，不能单打独斗，正确挑选合适的合作伙伴，取长补短。缺什么补什么，技术、市场、管理等职能缺一不可。

创业者要准确把握市场趋势，让市场力量推动企业前进，不能靠投机取巧。除了多渠道、多方位地接收各种资讯之外，更需要去整理、总结和复盘，进行"验证性学习"，先向市场推出极简的原型产品，然后在不断试验和学习中，以最小的成本和有效的方式验证产品是否符合用户需求，并迭代优化产品，灵活调整方向。这种"精益创业"的模式更适合白手起家的创业者，之后在企业发展过程中逐步形成自己的商业思考方式。

创业者要让公司有规划性地稳健发展。现在有许多浮躁的创业者，一拿到融资，就没有规划性地大把"烧钱"，而不是从管理成本等角度考虑让企业持续性发展。同样一笔资金，真正的创业者需要预测公司三年没有收入的情况下，怎么把这笔资金用好、用足三年，使公司良性运转，更有可持续性，从而熬过黎明前的黑暗。

创业者要有高效的执行力，战略看大方向，战术从小做起。融资、估值都不能证明自己有多优秀，只有将产品或者服务做出来，坚定信念一步一步去实现目标，才能得到市场的认可。

如同《滚雪球》一书中所说："创业就像穿越一段幽长黑暗的隧道，心中的理想就是那隧道尽头的光亮，只要光亮还在，就能支撑着走下去。"而创业的最终结局将会是面朝大海，春暖花开。

创业之星

陈潮先，1979年10月生，福建永定人。1998年考入东北大学文法学院国际经济法专业，2002年顺利完成学业，获法学学士学位。现任深圳市致尚科技股份有限公司董事长，浙江春生电子有限公司董事长，南山"创业之星"大赛导师评委、天使投资人，东北大学校董会常务董事。

参考文献

[1] 谢火木.爱拼会赢,敢闯会创:大学生创新创业实践优秀案例[M].厦门:厦门大学出版社,2020.

[2] 杨其龙,李婷,黄重成.创新创业案例分析与能力训练[M].上海:上海交通大学出版社,2019.

[3] 鲁柏祥,阮俊华.创业征途 浙里启程:我们交给时代的答卷(2022)[M].杭州:浙江大学出版社,2022.

[4] 郭斌,王成慧.大学生创新创业案例(第二辑)[M].天津:南开大学出版社,2023.

[5] 徐德锋,陈群,江一山.大学生创新创业实践与案例[M].武汉:华中科技大学出版社,2021.

[6] 薛永基.大学生创新创业案例集[M].北京:北京理工大学出版社,2017.

[7] 聂强.勇立潮头:大学生创新创业典型案例集[M].重庆:重庆大学出版社,2020.

[8] 张新."新时代未来合伙人"的实践之路:大学生创新创业大赛案例教程[M].济南:山东人民出版社,2023.

[9] 李鹤,王凌宇.东大校友创业之路[M].沈阳:东北大学出版社,2018.

[10] 王钰深,黄悦恒,黄谦,等. 基于霍夫变换的书脊识别研究[J]. 科技创新与应用, 2020(36): 7-11.

[11] 东北大学信息学院. 信息学院三名学生荣获东北大学第六届学生创新创业"校长奖章"[EB/OL]. (2021-05-06) [2024-02-21]. http://www.ise.neu.edu.cn/2021/0506/c4591a194493/pagem.htm.

[12] 东北大学信息学院. 信息学院在2020年度创新创业工作中再创优异成绩[EB/OL]. (2021-06-23) [2024-02-21]. http://www.ise.neu.edu.cn/2021/0623/

c159a199316/page.htm.

[13] 王忠堂,张士宏,张坤,等.镁合金板材热拉延工艺研究[C]//中国科协"振兴东北地区等老工业基地"专家论坛暨首届沈阳科学学术年会论文集.沈阳:沈阳出版社,2004:911-914.

[14] 东北大学新闻网.我校在第六届全国"TRIZ"杯大学生创新方法大赛中喜获佳绩[EB/OL]. (2024-05-11) [2024-02-21]. https://neunews.neu.edu.cn/info/1006/263391.htm.

[15] 东北大学新闻网.东北大学学生企业获百万投资并入选奇绩创坛2024年春季创业营[EB/OL]. (2024-04-25) [2024-02-21]. https://neunews.neu.edu.cn/info/1006/785771.htm.

[16] 机械工程与自动化学院.东北大学学子企业获得小米谷仓股权投资,在奇绩创坛路演中大放异彩[EB/OL]. (2024-07-20) [2024-02-21].

[17] 教育部教育信息化专项网.守护能源安全！东北大学这只"能脉之眼"勇夺全国特等奖[EB/OL]. (2024-04-22) [2024-02-21]. http://fx.xwapp.moe.gov.cn/article/202404/6625d7036eab5a4329c5e642.html.

[18] 新华网.这群"90后",正让人工智能"嫁接"上机器人[EB/OL]. (2024-05-04) [2024-02-21]. http://www.news.cn/mrdx/2024-05/04/c_1310773559.htm.

[19] 新浪网.东北大学:让创新创业扬起思政教育的风帆[EB/OL]. (2020-08-01) [2024-02-21]. https://news.sina.com.cn/o/2020-08-01/doc-iivhvpwx8554218.shtml.

[20] 东北大学新闻网.自强不息知行合一 锻造大国战略科技力量[EB/OL]. (2024-4-19) [2024-02-21]. https://neunews.neu.edu.cn/info/1003/790911.htm.

[21] 教育部教育信息化专项网.全国仅30人！东北大学学子荣获"大学生年度人物"提名奖[EB/OL]. (2024-05-15) [2024-02-21]. http://fx.xwapp.moe.gov.cn/article/202405/6644050c6eab5a4329c5f27e.html.

[22] 央视网.守正创新,聚力赋能,《全国大学生党史知识竞答大会》打造年轻态党史公开课[EB/OL]. (2021-06-12) [2024-02-21]. https://tv.cctv.com/2021/06/12/ARTIK5dVczG6i401io5loiK3210612.shtml.

[23] 东北大学.信息学院开展传承新时代科学家精神暨先锋模范评选表彰活动[EB/OL]. (2020-12-07) [2024-02-21]. http://www.ise.neu.edu.cn/2020/1207/c159a184580/page.htm.

[24] 东大创新网. 敢闯会创 奔向卓越:东北大学2020年度学生创新创业工作表彰大会暨第六届学生创新创业校长奖章颁奖仪式举行[EB/OL]. (2021-07-05) [2024-02-21]. http://cxzx.neu.edu.cn/2021/0705/c1508a199921/page.htm.

后 记

时隔多年，由东北大学创新创业学院精心编辑的《东大双创人》和东北大学校友总会倾情打造的《东大校友创业之路》综合升级版《敢闯会创东大人——东北大学创新创业典型案例》和大家见面了。本书是对东北大学28位优秀师生和杰出校友的创新创业经历与奋斗精神的深刻挖掘，更是对东大文化与家国情怀的生动诠释。在成文过程中，我们得到了来自师生和校友的大力支持与帮助。在教育界、科技界及各类优秀企业中的前辈和导师，给予了我们宝贵的经验与指导，使我们能够更好地梳理和呈现这些充满激情与智慧的人生旅程。东大的培养与支持为这些卓越人才成长打下了坚实的基础。他们在学术研究和实践中磨砺而成的创新精神，对东北大学教育英才、追求卓越的育人理念具有积极的指导意义。各行各业的企业和社会组织提供的平台与机会，使他们能够在实践中不断探索、挑战自我，实现个人与社会的双重价值，这都是推动国家进步与社会发展的重要力量。

本书不仅记录了东大人的奋斗历程，更传递着勇于创新、追求卓越的精神品质，每个故事都如同一盏明灯，照亮前行的道路，激励着更多的青年学子以实际行动参与到国家和社会建设中来。希望通过本书能够唤起更多人对于创新创业的关注，共同创造更加美好的未来。

在此，我们衷心感谢所有为本书成文付出辛勤努力的创新创业学院的全体教师，感谢28位师生和校友的积极参与和大力支持，感谢东北大学出版社编辑的审核校对，正是你们的支持与鼓励，让这些故事得以分享并激励更多人投身创新创业的时代洪流中，勇毅前行、开拓进取。愿一代又一代的东大学子，传承东大精神，不忘初心、牢记使命，续写东北大学新百年的辉煌篇章！

由于编者水平有限，书中难免存在不尽完善之处，恳请广大师生、校友、专家、读者批评指正。

编委会

2025年1月